신비한 동양철학 111

팔자소관

김봉준·안남걸 공저

삼한

김봉준(金奉俊)

충남 서산에서 태어나 서산 서령고등학교 졸업했다. 도학연구, 서울시 행정개선 제안 3회 입상, 지방 행정공무원과 국영기업체 근무, 기업체 정신교육 강사, 동국대 사회교육원 강사를 지냈으며, 지금은 백우역학원을 운영하고 있다.

저서 『쉽게 푼 역학(개정판)』, 『운세십진법｜本大路』, 『國運｜나라의 운세』, 『통변술해법』, 『말하는 역학｜알기 쉬운 해설』, 『핵심 관상과 손금』, 『나의 천운 운세찾기｜몽골 정통 토정비결』, 『천직｜사주팔자로 찾은 나의 직업』, 『완벽 사주와 관상』(공저), 『正本｜완벽 만세력』, 『팔자소관』이 있다.

· 전화 (02) 2275-5607~8   · 팩스 (02) 2275-5608

안남걸(安南杰)

대구에서 태어나 중앙대학교를 졸업했다. 삼성전자에서 근무한 적이 있으며, 지금은 미촌역학원을 운영하며 한국역리학회 부회장을 맡고 있다.

· 전화 010-9061-9552

팔자소관

초판 인쇄일 ｜ 2017년 3월 6일
초판 발행일 ｜ 2017년 3월 16일

발행처 ｜ 삼한출판사
발행인 ｜ 김충호
지은이 ｜ 김봉준·안남걸

신고년월일 ｜ 1975년 10월 18일
신고번호 ｜ 제305-1975-000001호

10354 경기도 고양시 일산서구 고양대로 724-17호
(304동 2001호)

대표전화 (031) 921-0441
팩시밀리 (031) 925-2647

값 30,000원
ISBN 978-89-7460-175-1 03180

沈

丙申年 仲秋佳節
白羽稼余
晶 金聲俊

머리말

　2016년 입춘날 아침! 나는 새롭게 정진한다는 마음으로 새벽 일찍 일어나 오랫동안 쓰다만 채 한켠에 쌓아두었던 때묻은 원고지에 글을 채우기 시작했다. 오랜만에 쓰는 글이다. 그동안 빗발치듯 다음 책을 기다리는 독자들의 성원과 독촉을 받으면서도 글쓰기를 삼갔다. 이유는 간단했다. 옛말에 "새는 집을 옮길 때마다 깃털이 빠진다"는 말이 있다. 하지만 나는 집을 옮긴 것이 아니라 삶의 무게가 무거워서였다. 그렇지 않아도 내 나이 지금쯤 깃털은 다 빠지고 쭉지만 푸드득거리는 때가 되었기로 말이다.

　그러나 인생유전(人生流轉)이라 세월과 인생은 흘러가는 것. 어찌 깃털이 무성하기를 바라겠는가. 그나마 남아있는 기력을 다하는 것도 헛됨이 아니라는 생각에서 이 책을 다시 쓰게 되었다. 다만, 이제는 혼자 다 할 수 없어 동행동습하며 고락을 같이한 미촌(未寸) 안남걸(安南杰) 후배의 도움을 받아 같이 했다. 특히 이 책을 쓰기까지는 기진역절하도록 진력을 다했다고 부연하는 바다. 이것은 우리 둘의 자산을 모두 여기에 쏟아붓느라 애씀이 컸기 때문이다.

이 책은 역학의 대조인 하락(河洛)에서 우주가 변화는 원리를 정리한 것으로, 이는 만물의 근본과 인간의 운명은 한 치의 오차도 없이 맞물려 돌아간다는 내용을 담았다. 이는 즉 우리가 생활 속에서 흔하게 쓰는 "팔자 못 고친다", "팔자소관이다", "팔자 탓이다" 등등 많은 말로 팔자를 뛰어넘을 수 없다고 하는데, 이는 마지막 체념의 말인가 하여 이 책의 제목도 『팔자소관』으로 했으며, 이를 증명하는 데 주력했다. 운(運)은 시간이요 명(命)은 공간이다. 이를 주제로 누구나 알기 쉽고 이해하기 쉽도록 쓴 글이니 필독을 권하는 바다.

　역(易)은 도(道)다. 역문(易門)의 도에 올라 경지에 이른 노자는 천명은 우주의 상리(常理)라며 상을 당했으면서도 곡을 하지 않았고, 장자는 오히려 상가에서 노래를 불렀다는 고사가 있듯이 여러분도 역문의 도에 이르기를 기원하는 바다. 끝으로 영리를 떠나 한국의 역학 발전과 보존을 위하여 국내에서 역학서를 가장 많이 출간하신 삼한 김충호 사장님께 감사를 드린다.

백우 김 봉 준
미촌 안 남 걸

차 례

1장. 우주의 원리

1. 사주팔자와 사통팔방 ——————————————— 11
2. 오행과 5대 원소 ————————————————— 13
3. 사주의 격국과 운 ———————————————— 15
   재격의 희용신 16 ｜ 일주의 강약 19 ｜ 재 22
4. 십신격(十神格)의 성격 ——————————————— 22
   정재격 22 ｜ 편재격 24 ｜ 식신격 26 ｜ 상관격 26 ｜ 정관격 26
   편관격 27 ｜ 정인격 27 ｜ 편인격 28 ｜ 비견 28 ｜ 겁재 28
5. 역학은 종교가 아니다 ——————————————— 29

2장. 팔자소관이다

1. 통변 요령 ——————————————————— 33
2. 손님이 많다 —————————————————— 39
3. 7번 결혼한 여자 ————————————————— 42
4. 끔찍한 이야기 —————————————————— 51
5. 내 팔자에 남편이 없나요? ————————————— 59
6. 인간은 학습된 동물이다 —————————————— 61
7. 시(時) 한번 좋다 ————————————————— 64
8. 여선생님과 제자의 사랑 —————————————— 66
9. 노처녀의 고백 —————————————————— 71
10. 아버지가 돌아가신 뒤 사업을 물려받았으나 ——————— 76
11. 마음 좋은 사람이 먼저 취한다고 —————————— 79
12. 승려팔자다 —————————————————— 80
13. 이런 사람도 쓸모가 있으려나 ——————————— 82
14. 선생팔자요 —————————————————— 83
15. 갑술(甲戌)이 말한다 ——————————————— 85
16. 인걸지령이라 —————————————————— 86
17. 울고 싶어라 —————————————————— 90
18. 엄마 결재를 받지 못해 결혼하지 못하는 아들 ————— 92
19. 날개 없는 새가 되어 떠난 조성민 —————————— 94

20. 신이여! 이 여인을 살펴주소서! ——————————— 97
21. 땅이 주인이요, 농부는 머슴이다 ——————————— 99
22. 다발돈 풀어 꿔주지 말아라 ——————————— 102
23. 애간장을 태우는 사람 ——————————— 103
24. 사랑한다면 놔줘라 ——————————— 104
25. 논두렁에서도 우측통행 하는 사람 ——————————— 106
26. 이 사람의 병은 못 고친다 ——————————— 107
27. 그게 안돼요! ——————————— 109
28. 왕탱이한테 쏘여 죽은 사람 ——————————— 113
29. 용신(用神) 없는 사주가? ——————————— 118
30. 싸우며 사는 팔자 ——————————— 119
31. 남이 보면 잉꼬, 집에서는 앙숙 ——————————— 121
32. 면도칼로는 어림도 없다 ——————————— 122
33. 남이 망한 것만 사서 부자가 된 사람 ——————————— 124
34. 비행사라는데 ——————————— 125
35. 매 맞고 사는 여자 ——————————— 125
36. 눈을 뜨고도 못보는 맹인 ——————————— 126
37. 신(神) 들어왔다 ——————————— 127
38. 재혼 남편은 장애인이다 ——————————— 128
39. 꿈이었나봐! ——————————— 129
40. 인연법에 따라 들고난 여자들 ——————————— 131
41. 기묘년(己卯年)에 봐라 ——————————— 132
42. 자식 낳으면 부부연이 끝난다 ——————————— 133
43. 이거 보통 어려운 게 아니다 ——————————— 134
44. 십년 대운 들었다 ——————————— 135
45. 남편이 성불구다 ——————————— 136
46. 삼재(三災)로 본 사주 ——————————— 137
47. 남편이 생산을 못한다 ——————————— 139
48. 중부격은 된다 ——————————— 140
49. 화(火)가 없어서 ——————————— 141
50. 종신자식 하나 있다 ——————————— 142
51. 연상의 여자가 복녀다 ——————————— 142

52. 본처와 해로하기 어렵다 ———————————— 143
53. 내정보다 외정이 좋다 ————————————— 144
54. 기대하지 마라 ——————————————— 145
55. 공부 많이 했다 ——————————————— 146
56. 뜻은 크다마는 —————————————— 146
57. 둥글다 둥글다 —————————————— 147
58. 특별한 사람들 —————————————— 151

3장. 생활 속의 천간(天干)과 지지(地支)

1. 이날 태어난 사람은 ————————————— 155
　　갑목 155 ｜ 을목 155 ｜ 병화 156 ｜ 정화 157 ｜ 무토 158
　　기토 159 ｜ 경금 160 ｜ 신금 161 ｜ 임수 162 ｜ 계수 162
2. 지지(地支)의 발달과정 ———————————— 163
3. 동물의 습성과 대운(大運) ——————————— 165
　　자 165 ｜ 축 168 ｜ 인 170 ｜ 묘 172 ｜ 진 174 ｜ 사 177
　　오 179 ｜ 미 181 ｜ 신 183 ｜ 유 184 ｜ 술 185 ｜ 해 186

4장. 실용 신살(神殺)의 모든 것

1. 삼형(三刑)의 구성과 작용 ——————————— 189
　　인사신 삼형 189 ｜ 축술미 삼형 191 ｜ 자묘형 191
2. 기타 여러 살(殺) 모음 ———————————— 192
　　자형살 192 ｜ 귀문관살 193 ｜ 탕화살 194 ｜ 원진살 195
　　도화살 195 ｜ 천라지망살 196 ｜ 공망살 196 ｜ 천전살 198
　　지전살 199 ｜ 적벽살 200 ｜ 효신살 200 ｜ 백호대살 201
　　상문살과 조객살 202 ｜ 병신살 202 ｜ 의처살 203 ｜ 금쇄관살 203
　　괴강살 203 ｜ 낙정관살 204 ｜ 고란살 204 ｜ 과살 205 ｜ 소실살 205
　　급각살 205 ｜ 해살 206 ｜ 단교관살 207 ｜ 음양차착살 208
　　양인살과 비인살 209 ｜ 고신살과 과수살 212 ｜ 합과 살 213
3. 길신(吉神) ———————————————— 215
　　건록 215 ｜ 금여록 216 ｜ 녹방도화 216 ｜ 문창귀인 216
　　문곡귀인 217 ｜ 학당귀인 217 ｜ 옥당천을귀인 218

4. 십이신살(十二神殺) ———————————————— 218

겁살 219 ｜ 재살 221 ｜ 천살 223 ｜ 지살 225 ｜ 년살 226
월살 227 ｜ 망신살 228 ｜ 장성살 230 ｜ 반안살 231 ｜ 역마살 234
육해살 235 ｜ 화개살 237

5장. 역학 상식

1. 간여지동(干與之同)의 성격과 신체 ———————————— 241
2. 오행(五行)의 길흉(吉凶) ———————————————— 247
3. 천간(天干)의 길흉(吉凶) ———————————————— 248
4. 육친(六親)의 길흉(吉凶) ———————————————— 249
5. 용신(用神)을 정할 때 ————————————————— 250
6. 용신(用神)과 불용(不用) ———————————————— 250
7. 구름(庚辛), 비(壬癸), 바람(甲乙) ————————————— 251
8. 삼자역어(三字易語) ————————————————— 253
9. 사자역어(四字易語) ————————————————— 254

6장. 생활 역학

1. 구름의 색과 비 —————————————————— 261
2. 오행일(五行日)로 본 비 ———————————————— 261
3. 여행 일진과 동석자 ————————————————— 261
4. 상대를 알아보는 방법 ———————————————— 262
5. 일간(日干)으로 본 얼굴 ———————————————— 264
6. 육친(六親)으로 본 얼굴 ———————————————— 266
7. 육친(六親)과 목소리 : 일지(日支)로 본다. —————————— 267
8. 오행(五行)으로 본 장부의 질병 —————————————— 268
9. 일간(日干)에 극(剋)이 많으면 —————————————— 271
10. 일지(日支)로 본 질병 ———————————————— 273
11. 방위(方位)로 본 길흉 ———————————————— 274

1장. 우주의 원리

1. 사주팔자와 사통팔방

무에서 유가 창조되어 변하는 것을 역(易)이라 하고, 역(易)으로 제 3의 변화가 생기는 것을 삼재(三才) 혹은 삼형(三亨)이라 한다. 삼형(三亨)이란 머리와 꼬리가 있으면 몸통이 있듯이, 하늘과 땅 사이에 사람이 있는 것을 말한다. 특히 인간은 만물의 영장답게 하늘의 이치에 따라 세 등분씩 나뉘어져 있다.

그런가 하면 하늘에는 북극성의 극(極)과 태양의 극(極)이 있고, 태양을 중심으로 9성이, 즉 명왕성·혜왕성·천왕성·토성·목성·화성·지구·금성·수성이 흩어져 돌고 있다. 이를 사태(四態)라고 하며, 이들의 형상을 사상(四象)이라고도 한다.

이렇게 우리 주위에는 사방(四方)과 사태(四態)와 사상(四象)이 한데 어울려 있고, 사상(四象)의 중심에 지금 내가 서있는 곳이 땅이다. 땅을 더 축소하면 전후좌우 중심이 되고, 전후좌우 중심을 더 축소하면 바로 내 몸이 되는 것이다. 그러므로 인체를 하나의 극점이라고 할 때 이를 세분해 보면 이목구비와 수족과 사지도 모두 음양으로 구성되어 있음을 알 수 있다.

머리·몸통·다리가 삼정(三亨)이요, 이마·코·턱이 삼정(三亨)이요, 어깨·손·손가락이 삼정(三亨)이요, 다리·발·발가락이 삼정(三亨)이다. 이렇게 3가지씩을 모두 삼정(三亨)이라고 한다.

또한 사방(四方)에는 사상(四象)이 떠나지 않는다. 몸에는 사지도 팔 2개, 다리 2개. 얼굴에는 눈·코·입·귀 4개로 사태(四態)를 이루고 있으니 이를 삼정사방(三亨四方)이라고도 한다. 인체에서 하늘을 상징하는 얼굴에는 이목구비의 사상(四象)이 있고, 인체의 중앙인 몸통에는 사지가 매달려 있으니 몸통의 사지는 사방(四方)을 뜻하고, 손가락의 오지와 발가락의 오지는 천간십간(天干十干)을 의미한다.

손가락 5개 가운데 모지(엄지)는 천지를 뜻하며, 손가락 4개의 마디마다에는 3마디씩 있으니 4×3=12마디다. 이것은 12절로 1년의 12절기를 뜻하고, 12포태법으로는 1년의 12달을 의미한다.

사지에 음양(2)을 곱하면 4×2=8 곧 팔괘를 뜻하며, 천지인(天地人) 3정(亭)에 음양(2)을 곱하면 3×2=6으로 육의(六儀)를 뜻하고, 사상(四象)×육의(六儀)=24가 된다. 이것은 1일은 24시간이 만들어진 우주의 근본이요, 인체의 뼈마디가 3,000개라 3,000마디가 육의(六儀)를 거듭하니 지구가 정원인 우주를 하루에 한 바퀴 회전하므로 360도를 돌고 있으니 이는 곧 주천(周天)을 의미한다. 지구가 1년에 태양을 한 바퀴 돌아오는 자전일수가 365일이 되므로, 인체의 온도 역시 지구의 온도에 맞도록 36.5도를 유지한다.

사상(四象)×음양=팔방이며, 팔방×팔방=64방으로 이는 곧 64괘를 뜻하고, 64방향의 형태를 입체적으로 보면 밤송이처럼 둥근 물체의 형상이 되니 이것은 곧 지구가 둥글다는 것을 뜻한다. 인간도 64괘의 방에 따라 여기서 미치는 영향에 따라 길흉이 있게 되는 바 하늘도 상천(上天)·중천(中天)·하천(下天) 이렇게 삼정(三亭)으로 구분한다. 인간이 살면서 천인지(天人地)의 삼정(三亭)이라는 영향을 떠날 수 없으니 어찌 하늘을 우러러 숭배하지 않을 수 있겠는가.

우주와 비교되는 인체 역시 하늘로 상징되는 머리를 맨 위에 두었고, 음양의 귀를 번쩍 세워 하늘에 대고 천리로 통하는 이치를 귀로 듣게 하였으며, 두 눈을 일월삼아 얼굴을 밝게 하여 일기의 좋고 나쁨을 알게 하였다.

그런가 하면 이목구비에 해당하는 사상(四象)으로 사방에 흩어져 있는 오행의 정기를 흡수하여 중앙의 오장기관에 조화롭게 하기 위하여 인체의 구석구석에 영양분을 뿌려주고, 하늘의 기상과 변화되는 날씨를 또한 얼굴에 나타내 알게 하였으며, 정의 조화로 남녀 서로 같은 부위에 성기를 붙여 동등하게 함으로써 제한없이 즐기고 제한없이 자녀를 생산하게 만들었다. 이 모두 음양의 조화요, 팔괘의 진리에서 비롯된 것이다.

2. 오행과 5대 원소

(1) 목(木)은 만물의 생물과 생명을 대표한다.

- 산소 발산 : 산소는 물이 없으면 생기지 않는다. 그러므로 물이 있다는 것은 산소가 있다는 것이다. 그러므로 목(木)은 생명체를 대표한다.
- 태아가 첫 숨을 쉴 때, 면역성을 얻는데 이것이 목(木)이다.
- 나무가 사는 곳만이 생명이 산다.
- 물은 7일 동안 마시지 않아도 살지만 숨(산소)은 7분만 안 쉬어도 죽는다.

  ※ 첫 숨을 쉬는 순간 면역체가 생겼다.

※ 면역체가 생기면 다른 물질을 넣어도 변하지 않는다.

※ 귀빠진날 : 귀가 마지막으로 나와야(오관) 비로소 생명이 탄생하는 것이다.

※ 첫 숨을 쉬는 순간 : 오행의 기를 흡수하게 되는 것이다.

(2) 금(金) : 나트륨

선천시대 : 수생금(水生金). 바다의 침전물에서 나트륨이 나온다.

　　　　　개벽시대.

후천시대 : 금생수(金生水). 물의 고향이 금(金)이다.

(3) 수(水) : 수소

－ 힘이 가장 강하다.

－ 앞으로 수소시대(지구의 종말)가 온다.

－ 전부 무기화시킬 수 있다(빙산을 녹일 때 버튼만 누르면 지구는 끝장난다).

－ 화(火)의 전기도 역시 물에서 나온다.

(4) 화(火) : 탄소

－ 지금은 화(火)시대다.

－ 첨단과학이 발달하는 시대다.

(5) 토(土) : 질소

플라톤은 2000년 전 최초로 자연의 4대 원소론을 발표했다.

- 수(水) : 수소, 물
- 화(火) : 탄소, 불
- 목(木) : 산소, 바람
- 토(土) : 질소, 흙
- 금(金) : 나중에 추가로 발견하여 5대 원소가 되었다.

3. 사주의 격국과 운

월공(月空)은 격(格)을 세우지 못하고 충공(沖空)은 전실되지만, 그래도 공(空)은 공(空)이다.

- 월지(月支) → 월상(月上) → 시지(時支) → 시상(時上) → 년지(年支) → 년상(年上)
- 비겁(比劫)이 격(格)을 못 잡는 이유는 아무리 친해도 재관(財官)을 보면 질투하기 때문이다.

격(格)은 국가다. 격(格)은 활동무대다. 예를 들어 정인격(正印格)이라면 선비집인데 어떤 선비인가는 용신(用神)에 따라 달라진다.

- 용신(用神) : 수상이요 통치자다.
- 부서 : 적성에 맞는 부서
- 목용신(木用神) : 목(木) 분야

– 금용신(金用神) : 금(金) 분야
– 식신용신(食神用神) : 생산 분야
– 격국(格局) 혼잡 : 직업이 많다.
– 관살(官殺) 혼잡 : 직업이 많고 변화가 많다.

　용신(用神)이나 기신(忌神)이 많으면 역시 이것 해볼까, 저것 해볼까? 이것도 용신(用神) 저것도 용신(用神)이면 갈피를 잡지 못한다. 재격(財格) 사주가 물질로 가면 장사꾼이요, 정신으로 가면 공재냐 사재냐에 따라 달라진다.

1) 재격(財格)의 희용신(喜用神)

– 신약(身弱) : 불가분 인(印)을 쓰는데 울며 겨자먹기 식이다.
– 신강(身强) : 식신(食神) 관(官)으로 쓴다.

　격용(格用)을 보고 학교와 학과를 말해준다. 그러나 운에서 격용(格用)을 파할 때는 학과를 바꾼다. 앞으로 생활이 윤택해질수록 격국(格局)은 분명하게 맞는다. 나라가 어지러울 때(6·25)는 격국(格局)이 무슨 소용이 있겠는가. 체면을 따질 처지도 못되고 꿀꿀이 죽이고 뭐고 닥치는 대로 먹을 수밖에 없다.
　그러나 격국(格局)이 제대로 서있어 체면이 서면 오직 격국(格局)을 따라간다. 격(格)이 낮은 사람은 굳이 격국(格局)으로 감명할 필요가 없다. 살로만 봐라. 내 집이라도 갖고 있으면 격(格)을 갖춘 것이다. 격(格)이 좋다고 꼭 복이 있는 것은 아니다. 격(格)과 복은 별개다.

- 관격(官格)은 강해도 인(印)을 쓴다. 예를 들면 관(官)이 약한 사람이 돈을 주고 명예를 사는 것과 같은데, 이것이 곧 재자약살(財慈弱殺)하는 이치. 공직으로 가는 사람은 격(格)이 순청한 사람이다.
- 재격(財格)이 겁재운(劫財運)을 만나면 다른 길로 가는데, 고생길이다.
- 학생은 격용(格用)대로 학교를 가나 격(格)을 깨면 예체능으로 가는 경우가 많다.
- 격(格)이 높거나 크면 꼭 체면을 따진다.
- 돈이 많아도 파출부 나가는 사람이 있는데, 대체로 격(格)이 없어서 그렇다. 고로 격(格)과 복은 별개다.
- 격(格)이 없는 사람은 돈이 있어도 셋방살이를 한다. 체면(인격)을 버리고 돈을 따라갔기 때문이다.
- 격(格)이 있는 사람은 돈이 없어도 셋방살이를 하지 않으려고 하는데 이것은 인격 때문이다.
- 격(格)이 있는 사람은 노력으로 복을 만들었기에 남의집살이를 하지 않으려고 한다.
- 일주(日柱)는 군주다. 고로 신왕(身旺)해야 하는데, 여자는 약간 신약(身弱)한 것이 좋다.
- 여성 상위 시대가 되었으니 이제는 여자가 애를 낳지 않고 남자가 낳도록 해봤으면 좋겠다. 사실 여자는 역사를 이어갈 2세를

책임질 막중한 의무와 가정을 지키며 가문을 번창시킬 사명감이 있으므로 언제나 여성 상위 시대여야 한다는 것이 나의 지론이다(미국 같은 나라에서는 벌써 여성 상위 시대를 만들어 발전시켰다).

- 월지(月支)는 수도와 같아 이곳이 공망(空亡)이 되면 수도 서울을 옮긴 임시정부와 같으니 반드시 이로성공(異路成功)이라, 자기 뜻에 따라 살지 말고 고향을 떠나 다른 방면에서 성공하는 경우가 많다.

- 직업이 튼튼하냐 아니냐는 격에 따라 달라진다. 격(格)이 튼튼해야 직업도 튼튼 하지, 격(格)이 약하면 직업에 변화가 많다.

- 용신(用神)도 하나이면서 건실해야 발전하는 법이다. 격(格)이 많거나 기신(忌神)이 많으면 직업에 변화가 많다.

- 용신(用神)이 약하면 주관이 없고, 용신(用神)이 많아도 난리가 난다.

- 일주(日柱)는 군주다. 아무리 나라(격)가 좋고 수상(용)이 좋아도 임금이 튼튼해야 나라를 지키고 백성을 다스리며 수상을 부리지, 임금이 약하면 아무리 수상이 똑똑해도 쓸모 없고 무능한 임금이 된다. 이때는 수상이 난리를 일으켜(혁명) 임금을 무시하고 나라를 전복시키기도 한다. 이것은 내가 신약(身弱)하여 감당하지 못하기 때문이다. 그러나 내가(임금) 강하면 수상이 좀 부족해도 박정희처럼 밀어붙여 아랫사람을 부려먹을 수 있으니 문제가 없다. 말은 천리마요, 검은 보검인데 장군의 힘이 약하면 말은 병든 말이요, 보검은 녹슨 칼에 지나지 않는다.

- 운이란 때를 가리키는 말이다. 때는 곧 시간을 말하는데 이순신 장군이 아무리 해전에 능했어도 그때 임진왜란이 일어나지 않았으면 오늘의 이순신이 있었겠나. 이것이 곧 운이다.
- 월(月)에서 일주(日柱)가 통근(通根)하지 못했다면 이것은 자기가 배운 전공과목에서 기를 잃어 써먹지 못했다는 말이다. 이봉조가 건축과를 나왔어도 작곡을 하며 뺀드를 불어댄 것을 격(格)을 잃어서요(이탈), 공망(空亡)되었기 때문이다. 희신(喜神)은 내가 가는 방향이며, 운의 영향을 받는다. 예를 들어 희신(喜神)은 남방화운(南方火運)을 원하는데 내가 원하는 대로 가느냐 못 가느냐는 오직 운에서 결정하는 것이므로 희신(喜神)과 운은 절대적인 관계다.

2) 일주(日柱)의 강약

- 일주(日柱)가 강하면 용신(用神)을 통솔해서 끌고다닌다. 이것은 자기 주관이 뚜렷하기 때문이다.
- 일주(日柱)가 강하면 끌고다니고, 약하면 끌려다닌다. 기신(忌神)이 많을 때도 자꾸 변화가 찾아온다.
- 정재격(正財格), 정인격(正印格), 정관격(正官格)이 순청하면 직장으로 가고, 혼잡하거나 불청하면 사업으로 간다.
- 흔히 격(格)이 나쁘거나 약한 사람이 운이 나쁠 때 자기 사업을 하려 한다. 편재(偏財)를 갖고도 직장으로 가는 사람이 있다. 이것은 재(財)가 사재가 아니라 공재라 국가의 재물을 관리하는 것

으로 보면 된다.

예) 격(格)은 강해도 일주(日柱)가 약해 밀려난 경우

己 庚 丙 丁 (乾命)
卯 午 午 丑

편관격(偏官格)에 인용신(印用神) 사주다. 격(格)이 매우 강하다. 당연히 화격토용수희(火格土用水喜)한다. 수(水)가 있어야 화(火)도 힘을 발하므로 조후(調候)삼아 수(水)를 기뻐하는데 아무리 화(火)가 강해도 수(水)가 없으면 뜨겁기만 할 뿐이다. 그러나 수(水)가 있으면 뜨겁기는 해도 더위를 느끼지 못하는 이치에서다.

이 사람은 관(官)이 많아 겸손하다. 축토(丑土)를 용(用)했는데 옛날 같으면 구루마 끄는 사람이다. 쌍마 오(午)가 2개 있고, 축토(丑土)가 용신(用神)이라 말이 땅바닥에 있으니 이 사람은 운수업이 천직이다. 격(格)이 강하여 직업에 변화가 많았다. 공직생활, 운수업, 해운업 즉 자갈 수송 선업(바지선)을 하여 돈을 많이 벌었다.

※ 축토(丑土) : 자갈
※ 축중계수(丑中癸水) : 이 사주 희용신(喜用神)이 여기 다 모였다.

다음은 앞 사람의 아내 사주다.

丁 庚 戊 庚 (坤命)
亥 寅 子 辰

자수상관격(子水傷官格)이라 격(格)을 따라 배우자를 만나는 것이 원칙이나, 격(格)이 해자축(亥子丑)으로 너무 강하여 용신따라 희신(喜神)따라 부부가 만났다. 남편은 해자축(亥子丑) 수(水)를 따라 아내를 만났고, 아내는 동짓달 경금(庚金)이라 화용신(火用神)을 따라 정축생(丁丑生) 남편을 만났다.

　이 사주는 경금(庚金)이 금수상관(金水傷官)으로 냉하니 정화생(丁火生)을 강력히 원하여 정축생(丁丑生)을 만났다. 만약 못 만났으면 음독도 해봤을 것이다. 제아무리 인목(寅木)이 강해도 동짓달 나무는 추워 조후(調候) 희신(喜神)으로 정화(丁火)를 찾지 않을 수 없다. 남편도 조후(調候) 수(水) 희신(喜神)을 안 찾을 수 없다. 남편이 수산업을 한 것 역시 수격(水格)에 인역마(寅驛馬) 재(財)가 편재(偏財)가 되어 큰 돈을 벌지 않았나 생각한다.

　또 남편자리에 큰 돈 편재(偏財)가 있다. 격(格)이 자동차라면 용신(用神)은 운전수와 같다. 자축인(子丑寅)으로 축토(丑土)를 협공(狹供)했다. 동짓달 경금(庚金)은 정화(丁火)가 희신(喜神)이므로 정축생(丁丑生) 남편을 운명적으로 맞아들였고, 정화(丁火) 사랑따라 희신(喜神)따라 만났으니 연애결혼이 분명하다. 그러나 격(格)이 상관격(傷官格)이요, 남편을 극(剋)하는 수격(水格)이라 남편을 존경하지 않는다.

　사주는 격(格)을 따라가는 것이 원칙인데 희신(喜神)을 따라 결혼하면 어느 한쪽은 반드시 속을 끓이게 되어 있다. 희신(喜神)이란 사랑으로 만나는 것이지만 희신(喜神)은 운이 가면 변하기 때문이다. 사랑이란 반드시 상대적인 것이다. 내가 사랑해도 상대가 좋다고 해야 사랑이 통하는 것이지 한쪽에서 싫다고 하면 그만이다. 격용(格用)은 희신(喜神)처럼 조건부가 아니다. 격국(格局)을 따라 만나면 굶어죽어도 죽을 때까지 같이 간다.

편재격(偏財格)인 사람은 장사를 해도 화끈하게 해서 큰 돈을 번다. 역학 공부를 하는 사람은 대부분 격용(格用)이 많아서인지 구신(仇神)이 많아서인지 제 길을 가지 못하고 마지못해 역학을 공부하는 사람이 많다.

3) 재(財)

- 목(木) : 봄, 파종(일을 하는 것, 일을 만드는 것), 일을 벌리는 것, 자꾸 일을 벌린다.
- 화(火) : 무성하게 성장하며 발전시키는 성분이다.
- 금(金) : 추수, 야무지게 거둔다. 실속 위주다.
- 수(水) : 저장하는 성분(장기 계획)이 있다.
※ 봄, 여름, 가을, 겨울의 의미를 알아야 한다.

4. 십신격(十神格)의 성격

1) 정재격(正財格)

- 정재(正財)는 유동성이 아닌 고정성이며 땀의 대가다.

- 정재(正財)가 큰 부자가 되려면 반드시 관(官)이 있어야 된다.
- 관용신(官用神)이면 돈을 벌어 감투를 쓰려고 한다.
- 사업을 하면 돈 때문에 애로가 많다.
- 신약(身弱)에 정재격(正財格)이 돈을 벌면 재앙이 따라온다.
- 수비적이며 실리적이라 낭비를 하지 않는다.
- 정재격(正財格)에 관(官)이 강하면 쪼다.
- 신약(身弱)에 정재격(正財格)이면 두뇌와 지식이 있다.
- 인용신(印用神)이면 교수, 공무원, 학문이 좋다.
- 편인(偏印)이면 기술 성분이 있고, 의사나 설계가 좋다.
- 신강(身强)에 정재격(正財格)인데 정관(正官)이 용신(用神)이면 여당 성향이며 감투를 쓰고, 편관(偏官) 용신(用神)이면 야당 성향이며 큰 감투를 쓴다.
- 암장(暗藏)에 편재(偏財)가 있는데 투출(透出)하면 일시적으로 성공한다. 그러나 관(官)이 있어야 반드시 재(財)를 지킨다. 정재격(正財格)은 돈이 있어도 아까워 바람을 피지 못한다.

예)
丙 癸 丙 丁 (乾命)
辰 巳 午 丑

태양 정재(正財)가 정화(丁火) 편재(偏財)를 가리고 있다. 정화(丁火) 사령에 오(午)가 공망(空亡)이 되어 편재(偏財)라 해도 정재(正財) 값을 한다. 재(財)가 많고 좋아도 이렇게 많으면 쓰지 못한다. 남이 볼 때 부정한 짓으로 번 돈인 줄 안다. 만약 편재격(偏財格)으로 처를 만나면 그 처는 돈을 무척 좋아한다. 부인이 너무 돈타령만 하면 지겨워하는 남편에게 축오(丑午) 원진(怨嗔)을 당한다.

정주영은 어째서 큰 부자가 되었을까?

丁 庚 丁 乙 (乾命)

亥 申 亥 卯

식신격(食神格) 속에 갑목(甲木) 편재(偏財) 작용이 컸고, 정화(丁火) 관(官)이 목재(木財)를 지키며 키워주었다. 도처에 목녀(木女)가 있고, 욕지(浴地)의 관(官)이다. 도처에 자식을 두었다.

2) 편재격(偏財格)

− 유동자산·후처·애인·변화 성분이 있다.
− 금전 융통을 잘 하는 성분으로 본다.
− 흥망성쇠가 크다.
− 월급쟁이면 부수입이 오히려 크다.
− 정당하지 않은 부수입이 있다.
− 욕망이 강하다.
− 계산이 분명하다.
− 이재술이 탁월하다.

- 편재(偏財)가 기신(忌神)인데 편재(偏財)를 탐하면 강도나 도둑이 되어 인생을 망친다. 장사를 해도 가짜를 만들어 팔고, 불량식품을 만들어 판다.
- 정재(正財)는 처음에는 잘 하나 마지막에 약하고, 편재(偏財)는 처음에는 신통치 않으나 마지막에 강하다.
- 영웅 심리가 있어 돈으로 명예를 산다[재생관(財生官)].
- 장군 역시 편재(偏財)가 있어야 장군감이다.
- 편재격(偏財格)을 놓고 겨울 사주가 못산다고 보면 거짓말이다. 돈에 집념이 강하여 안 쓰고 안 먹으면서 돈을 모은다.
- 스님도 편재격(偏財格)이면 신도가 많다.

예)

癸　癸　丙　己 （坤命）
丑　卯　子　卯

- 정재용관격(正財用官格)이다.
- 화(火)가 용신(用神)이라 돈에 집념이 강하다.
- 남편 기토(己土)보다 병화(丙火) 돈을 더 사랑한다.
- 겨울 사주 재화(財火) 용신(用神)이라 돈에는 무섭다.
- 밖에서 돈을 쓰며 영웅석 과시로 으시대며 산다.
- 편재격(偏財格)은 술을 좋아하는데 특히 그 옆에 관(官)이 있으면 더 그렇다.

3) 식신격(食神格)

- 의식주를 관장한다.
- 재산을 만드는 능력이 있다.
- 창의력과 개척 정신이 있다.
- 총명, 성실, 문학, 덕망, 설득력, 이해력 좋다.
- 구복교문(口福敎門) : 입에 복이 있다.
- 망신살(亡身殺)과 겁살(劫殺)이 상충(相沖)하면 이과다.

4) 상관격(傷官格)

- 생산성, 총명, 봉사, 희생정신 강하다.
- 베풀고도 욕을 먹는 팔자다.
- 비판, 독선, 아집, 고독, 반발의식이 강하다.
- 나가서 하는 일을 좋아하고, 집에서는 매사 비판적이다.
- 가정불화가 많다.
- 겨울 상관(傷官)은 정화(丁火)가 희신(喜神)이고, 여름 상관(傷官)은 수(水)가 희신(喜神)이다.

5) 정관격(正官格)

- 통치수단, 법인, 명예, 행정관리, 질서, 온후, 보수적 기질, 모험 금물, 순리 복종형이다.

- 정관격(正官格)이 신약(身弱)하면 중심이 없고, 신강(身强)하면 중심이 뚜렷하다.
- 개인 관리가 철저하다.
- 사법기관으로 가면 판사다.
- 책임의식이 강하다.

6) 편관격(偏官格)

- 주식 성분과 투기와 모험성이 있다.
- 깡패 성분이 있다.
- 대표가 되려면 편재(偏財)와 편관(偏官)이 있어야 한다.
- 과감, 혁신적, 법관, 무관 기질이 있다.
- 난세득세형으로 쥐가 지나갈 때까지 기다리는 고양이 같다.
- 영웅 심리와 기질이 풍부하다.
- 권위주의 기질이 있고, 약점 잡힐 짓을 하지 않으며, 권모술수에 능하다.

7) 정인격(正印格)

- 결재권, 학문, 지식, 선비, 예절, 덕망, 교수 성분
- 박학다식, 문장력, 양심적
- 남을 속이면 괴로워서 견디지 못한다.
- 깔끔하며 정돈을 잘 하고, 질서가 있다.

- 남이 잘못하면 꼬집어 지적하고 이해시킨다.
- 정인격(正印格)에 정관(正官)이 용신(用神)인데 상관(傷官)이 있으면 파격(破格)이 되어 쓰지 못한다.

8) 편인격(偏印格)

- 고약하다.
- 기술 성분, 서모, 계모
- 예술, 의업, 철학, 순수 학문이 아닌 편인(偏印)된 길
- 육감 발달, 계략적, 기만
- 이해력이 강하나 산만하다.
- 임기응변이 뛰어나다.

9) 비견(比肩)

- 내가 저지르지 않으면 손해는 안 본다.
- 상호부조, 협상, 친교, 우방
- 경제적으로는 재(財)를 보면 분배한다. 이것은 안 빼앗기려고 감추는 기질이 있어서다.
- 낭비벽이 있다.

10) 겁재(劫財)

- 분쟁, 이복형제, 이성친구, 손재, 불화, 배신, 투쟁, 강탈, 변덕, 폭력
- 겁재(劫財)가 사주에 있다고 꼭 망한다고 보면 안 된다. 겁재(劫

財)가 용신(用神)이면 남의 도움을 받아서다.

- 비겁(比劫)이 월(月)에 통근(通根)하면 작용이 가장 강하다.

5. 역학은 종교가 아니다

병원을 찾는 사람은 몸이 아파서 찾고, 법원을 들락거리는 사람은 사건·사고가 있어 찾으며, 철학관에 자주 들락거리는 사람은 무슨 일이 됐건 물어보려고 찾아오는 사람이다. 사람이 살며 아프지 않은 사람이 없다. 마음이 아픈 것도 아픈 것이요, 하는 일이 여의치 못한 것도 아픈 것이다.

철학관에 오는 사람들의 괴로움은 천태만상이다. 기도와 굿으로도 풀리지 않은 사람이 마지막으로 찾는 곳이 철학관이 아닌가 한다. 왜냐하면 궁극적으로는 모든 것이 팔자소관이라는 인간 본연의 마음이 잠재되어 있기 때문이다.

다시 한번 말하지만 사람은 누구나 그릇이 있다. 이를 묶어 팔자소관이라 하는 것. 그러므로 사람은 팔자대로 산다. 티코는 티코일 뿐 리무진이 될 수 없다. 그런데도 티코를 리무진으로 알고 있는 사람들이 문제다.

그런가 하면 시운불래(時運不來)하여 운이 아직도 멀었는데 때를 모르고 마구잡이로 달려드는 사람들이 있어 서글픈 생각이 들 때도 많다. 우리는 때가 오고가는 것을 말하는 사람들이다. 역학에서는 언제 꽃이 피고 언제 진다는 것을 안다. 이것이 명리학의 권위다.

명리학은 점을 치거나 불확실한 예언 따위는 하지 않는다.

음양오행의 배열과 천도천기의 운행에 따른 질서를 보고 추명하는 학문이기 때문이다. 그렇다고 종교는 더더욱 아니다. 우리나라의 오랜 역사로 보아 종교라는 단어는 본래 없었다. 20세기에 기독교가 들어오면서 종교라는 말을 쓰기 시작했다. 그 이전에는 하느님, 부처님, 조상신 등으로 불렀다. 지금은 다양한 종교가 들어오면서 종교라고 쓰게 된 것이다.

종교가 다양화되면서 이를 믿는 사람이 많아졌는데, 혹자는 역학원에 들어와 하는 말이 나는 이것을 믿지는 않지만 하면서 밑자리를 깔아놓고 말하는 사람도 있다. 이때마다 나는 바로 잡아준다. 믿고 안 믿고는 종교에서 쓰는 말이지 역학은 종교가 아니므로 믿고 안 믿는다는 말은 틀린 말입니다 하고 바로 잡아준다.

다시 한번 말하지만 역학은 종교가 아니다. 종교는 경전이 있어야 하는데 역학은 경전이 있을 수 없다. 있다면 경전보다 더 위대한 만세력이 있을 뿐이다. 역학자들은 만세력에 자긍심을 갖고 있다. 만세력 속에는 자연의 풍우설상과 대기의 흐름에 의하여 풍년이 들고 흉년이 드는 것까지 모두 이 속에 들어있기 때문이다. 우리는 신께 기도하고 기원하는 일은 하지 않는다. 오직 천기대요로 운명의 길흉을 가늠하는 도학이 역학이라는 말을 전하며, 다음 장에서는 여기서 비롯된 사주팔자를 살펴보기로 하겠다.

青 我 蒼 我 綠 貌
也 也 也 水 也

今 無 今 無 明 天
我 語 我 坵 風 命

청산은 나를보고 말없이 살라하고
창공은 나를보고 티없이 살라하네
탐욕도 벗어놓고 성냄도 벗어놓고

懶翁 順翁禪師의 글, 奮鵲大師의 스승
이며 高麗의 國師

2016. 6. 6.
栢玄

2장. 팔자소관이다

큰 일은 실력으로
되는 것이 아니라
運이 있어야
되는 것이다

1. 통변 요령

1) 재(財)가 약한 사람이 사업을 하려고 할 때

(1) 목(木)이 없으면

- 봄이 없어 씨도 못 뿌리는 격인데 무슨 장사를 하느냐?

(2) 화(火)가 없으면

- 나무에 꽃이 피지 않는 것과 같은데 무슨 장사냐? 재(財)가 강하면 이런 소리 안 한다.
- 동짓달 나무가 토(土)에 뿌리는 박았으나 겨울나무가 꽃피는 것 보았느냐? 설령 꽃을 피었다 해도 열매를 맺지 못한다.
- 겨울 병화(丙火)가 사주에 있으면 꽃은 피었으나 설중매화다. 열매 없는 꽃이니 허화다. 열매 없는 꽃이 무슨 장사냐? 인격(印格)이 장사를 한다면 더더욱 이런 말로 통변한다. 그러나 편재격(偏財格)이면 이런 말을 하지 않는다.
- 겨울나무라 하더라도 땅이 많으니 돈은 잘 벌고, 돈 벌어 몽땅 땅만 샀으니 땅 부자다. 현금은 없으니 몽땅 땅만 사거라
- 땅에 욕심이 많다.
- 여름나무가 식상(食傷)이 화(火)일 때 흙에 뿌리는 잘 박았으나 열매가 실하지 못하구나. 여름나무 꽃은 무성할지언정 가을처럼 열매를 맺지 못한다. 이래도 장사를 하겠느냐?

(3) 사주가 신약(身弱)하고 격(格)이 약하면

이런 사람은 관(官)의 보호를 받으며 관(官)을 업고 사업하면 무난하다. 재(財)가 약하거나 신(身)이 약할 때 그것을 지켜주는 것이 모두 관(官)이다. 격용(格用)이 약할 때 사업을 하려면 관청을 업고 하거나, 법인체를 설립해야 한다. 사주에 관(官)이 없는 사람은 아무리 까불어도 큰 재물이 없다. 대재는 공재와 같아 국가에서 관리해준다(경제인연합회 상공회의소).

정주영 같은 사람은 대통령도 마음대로 못한다.

丁 庚 丁 乙 （乾命）
亥 申 亥 卯

격(格)도 왕, 용신(用神)도 왕, 희신(喜神)도 왕. 나라자리 정해(丁亥)에 용신(用神)과 재(財)가 있으니 권력도 이 사람을 마음대로 못한다. 법인체를 하지 않았어도 성공했다.

예)
丁 戊 戊 壬
巳 申 申 午

식신생재격(食神生財格)이다. 부자이긴 하나 관(官)이 없으니 큰 부자는 못 되고, 사기를 당할 징후가 많다. 격용(格用)은 분명한데 관(官)이 없어 의심이 많다. 관(官)이 없다는 말은 나를 보호해줄 곳이 없다는 것이다. 재격(財格)에는 관(官)이 용신(用神)이다. 격(格)이 왕할 때는 장지(葬地)에 빠져도 좋으나 빠지지 않는다.

이 사람은 일생 중 축운(丑運)이 제일 좋다. 축(丑)이 오면 사화(巳火)를 묶어버려 격(格)을 더 키운다. 토금(土金) 식신(食神)으로 생재(生財)하면 누구나 큰 부자가 된다. 그러나 관(官)이 없어 수비하느라 돈을 제대로 쓰지 못하고 지키는 데만 힘쓴다. 관(官)이 있으면 마음이 든든하고 배짱이 있다. 어쨌든 돈은 많아도 마음 편하게 사는 부자가 아니라 항상 불안한 부자다. 격(格)은 월(月)에 있어야 좋고, 시(時)에 용신(用神)은 약하다(안방 샛님).

```
甲 辛 癸 癸 (乾命)
午 未 亥 未
```

상관격(傷官格)이면 갑목(甲木)으로 용신(用神)을 삼겠는데 가식신격(假食神格)이라 미중을목(未中乙木)이 용신(用神)이다. 월공(月空)이니 자주 이동하고, 격(格)이 혼잡하니 생각이 많고, 편인(偏印) 속에 재밥이 있다.

미중을목(未中乙木) 편재(偏財)를 따르자니 월급쟁이 못하겠다. 정재(正財) 갑목(甲木) 따라가면 계수(癸水)가 싫어한다. 대운(大運)이 1대운(大運)이므로 무토(戊土) 사령 초기에 출생했다.

만약 임수(壬水) 사령기라면 상관격(傷官格)으로 잡아주겠다. 그런데 해수(亥水)가 공망(空亡)이라 격(格)을 잡지 못했고, 또 해미(亥

未)와 해미(亥未)가 합(合)되어 격(格)이 없어졌다. 그래서 계수(癸水)로 가식신격(假食神格)을 잡았다.

식신격(食神格)에는 편재(偏財)가 용신(用神)이다. 계수(癸水)는 갑목(甲木)을 싫어하고, 갑목(甲木) 역시 계수(癸水)가 욕패지(浴敗地)라 먹지 않으려고 한다.

갑목(甲木)은 계수(癸水)를 보면 썩는다. 갑목(甲木) 본처 정재(正財)가 내 밥 싫다고 가버린다. 또 장가들어도 역시 갑목(甲木)이 들어올 것이며, 내 밥 싫다고 물따라 미국으로 가버릴 것이다.

그러나 저러나 갑목(甲木)을 쓸 수도 안 쓸 수도 없게 됐다. 해월(亥月) 갑목(甲木)에 상관격(傷官格)이었으면 좋았을텐데 상관격(傷官格)이 못되어 부부궁이 나빠졌다.

미중을목(未中乙木) 역시 해수(亥水)를 사궁(死宮), 즉 병(病)자리라 싫어한다. 그래서 용신(用神)이 없다. 용신(用神)이 없는 사람이 살려니 얼마나 힘들겠는가. 거기에다 격(格)은 혼잡하여 생각이 많다. 식신(食神)도 생각, 상관(傷官)도 생각. 이것도 해보고 저것도 해보고 싶은 사람이다.

더구나 격(格)이 공망(空亡)되어 수도가 폭격을 맞은 격이니 객지로 떠돌아다닐 수밖에 없다. 더구나 계수(癸水)에서 보면 미토(未土)가 자미(子未) 원진(怨嗔)으로 원수가 되어 가는 곳마다 좋은 사람은 없고 나쁜 사람이 많은 팔자다.

이러나 저러나 미중을목(未中乙木) 편재(偏財)를 용신(用神)으로 삼은 사람이 직장생활을 하겠는가. 큰 돈 벌려고 하지. 오직 해묘미(亥卯未) 협공(狹供)으로 들어오는 묘(卯) 밖에는 쓸모가 없으니 이

것이 문필봉(文筆峰)이다.

10월 을목(乙木)이 화(火)를 만나야 꽃을 피우는데 화(火)가 개두(蓋頭)하지 못하여 방황하는 격이다. 또한 기신(忌神) 미토(未土) 속에 을목(乙木) 재(財)가 있으니 계모의 밥과 같다.

내 뜻에 맞지 않게 무슨 일이든 자꾸 거꾸로만 간다. 남들은 싫다 해도 나는 을목(乙木) 밥으로 따라가야 되겠으니 이런 사람은 철학을 해도 손님이 많지 않다. 만약 을목(乙木)이 투출(透出)했으면 명분 있는 글이 되어 대학에서 강의할 것이다. 원수 속의 계모밥이라는 세상살이가 귀찮다는 말이다. 어찌되었든 기신(忌神)을 찾아가야 밥을 얻어먹는데 이것이 눈총밥이다.

예)

丁 壬 壬 戊 (乾命)

未 午 戌 戌

철학(로뗑)하는 사람이다. 편관격(偏官格)에 편인(偏印)이 용신(用神)이다. 술중신금(戌中辛金)이다. 일주(日柱)는 가능하면 합을 하지 말아야 내 할 일을 마음대로 한다. 특히 편관격(偏官格)이 합(合)되면 장군의 발목이 묶인 것과 같다. 말을 탔으면 회초리로 때려 뛰게 해야지 꽉 묶여 버렸다면 쓸모가 없다. 격(格)이 혼잡하여 세상사는 무대가 살벌하고 괴롭다.

술중신금(戌中辛金)은 천의요, 신금(辛金) 사령이면 의대를 나오고, 아니면 돌팔이다. 격(格)이 커 고상한 생각을 많이 하는데 일주

(日柱)가 합(合)되어 마음뿐 행동이 안 된다. 격보다는 사실 용신(用神)이 좋아야 쓸모가 많은 법이다. 신금(辛金) 용신(用神)이 무토(戊土) 고산에 묻혔으니 높은 산에서 무게나 잡아본들 이런 사람이 시장바닥에서 손님 본다고 무게나 잡고 있으니 무슨 손님이 오겠는가?

예)

乙 辛 庚 己 (乾命)

未 卯 午 丑

편관격(偏官格)에 편인(偏印)이 용신(用神)이고 재(財)가 기신(忌神)이다. 축오(丑午) 원진(怨嗔), 탕화(湯火)에 격(格)이 편관(偏官)이라 깡패기질이 있다. 권모술수에 능하며 계모성격이다.

아주 더울 때 태어났다. 월남 갔다 와서 눈에 살기가 강해졌다. 기신(忌神)인 재운(財運)에 돈을 벌었는데 악을 쓰고 돈을 벌었다. 이것은 그나마 격용(格用)이 뚜렷하기에 가능했다.

편재(偏財)로 부인(애인)과 같이 장사를 했다. 그러나 편(偏)이 많아 운명적으로 의심이 많아 처한테도 돈을 주지 않는다. 정(正)은 믿어도 편(偏)은 못 믿겠다는 뜻이다.

또한 경금(庚金) 겁재(劫財)가 재물을 뺏어갈까봐 돈을 움켜쥐고만 있다. 본인은 열심히 토용(土用)을 하므로 신용이 있다 하지만 주위에서는 역시 불신받는 사람이다. 내가 그렇게 행동한다.

묘대운(卯大運)에 죽자 살자 돈을 벌었는데 을축대운(乙丑大運)에 마누라가 바람나겠다. 문단속 잘 해라.

2. 손님이 많다

戊 丁 癸 己 (乾命)

申 酉 酉 酉

지지(地支)가 전부 재(財)요, 시간(時干)에서는 무토(戊土)가 상관생재(傷官生財)를 했다. 년간(年干)에서는 기토(己土)가 계수(癸水)를 극(剋)하여 완전하게 상관생재(傷官生財)를 했으니 기명종재격(棄命從財格) 사주가 분명하다. 사주로는 부자다

8월! 가을 들판에 황금물결이 치는 때, 그 물결이 수평선을 이룬 듯한 때, 만경들에 벼이삭이 누렇게 익어가기만을 기다리는 때, 8월 곡식은 낮병화(丙火)도 쓰고 밤정화(丁火)도 쓰는 때, 이는 낮불에도 익히고 밤불에도 곡식을 익힐 만큼 가을에는 만곡이 많은 일조량을 필요로 하는 때다.

그러나 이 사주는 정화(丁火)가 그토록 많은 금재(金財)를 익힐 수 없어 종재격(從財格)이 되었다. 따라서 목화운(木火運)을 만나면 불리하고, 금수운(金水運)을 만나면 크게 이롭다. 하지만 불행하게도 목화운(木火運)을 만나 소리(小利)로 살 수밖에 없게 되었다. 어찌하랴! 천운과 시운이 서로 돕지 않으니 시운불래(時運不來) 탓이다. 이는 누구를 원망할 수도 없는 숙명으로 받아들일 수밖에 없게 됐다.

정화(丁火)는 허수아비 상으로도 본다. 하늘 높이 창공을 나르는 새의 눈으로 본 세상은 어떻게 보일까? 지지(地支)에 있는 3유(酉)와 일신하여 모두 재(財)다. 재(財)는 돈이요 여자이고, 유금(酉金)

재(財)는 현금이다. 대운(大運)이 좋으면 금은방을 하거나 펀드매니저가 되어 만금을 희롱하겠지만, 대운(大運)이 돕지를 않으니 유금(酉金)을 쫓아다닐 수밖에 없게 됐다. 유금(酉金)은 둥근 것, 도화(桃花)되어 예쁜 여자요, 그리고 명품여자들이며, 신은 역마살(驛馬殺)이다.

정화(丁火)는 눈치가 빠르고 순간 판단이 비호같다. 정화(丁火) 앞에서는 거짓말을 하지 못한다. 왜냐하면 후래쉬불처럼 훤히 보기 때문이다. 정화(丁火)는 가볍다. 천간(天干)이 도화(桃花)되어 예쁜 것을 좋아한다. 높이 뜬 새가 아래를 내려다보니 모두 여자요, 모두 돈으로 보인다. 정화(丁火)는 불티처럼 후다닥! 해치워버리는 성격이라 머뭇거릴 틈도 없이 정화(丁火)의 새는 땅으로 내려와 택시 운전을 하게 된다.

이유는 이렇다. 정화(丁火)는 택시 지붕에 켜있는 전등이요, 유금(酉金)은 둥근 것으로 택시의 작은 바퀴며, 신금(申金)은 역마살(驛馬殺)이다. 달리는 곳마다 유금(酉金) 여자 손님들이 줄서있다. 모두들 도화(桃花)요, 명품여자들이다. 이를 놓칠 정화(丁火)가 아니다.

사주대로 이 사람의 손님 중에는 여자가 많고, 모두 미녀들이며 걸쳐 입고 들고 다니는 것마다 명품 아닌 것이 없을 만큼 번쩍거리는 여자 손님들이다. 그중에서도 아가씨가 많은 것도 이 사주의 특징이다. 사실대로 이 사람은 아가씨들이 많으며 유금(酉金)은 술 주(酒) 자도 되므로 유흥업에 종사하는 사람이 많은 것도 팔자소관이라 하겠다.

또 요즘은 택시에서도 카드를 많이 쓰는데 이 사람은 현금 손님이 많다며 박장대소한다. 비록 대운(大運)은 나빠도 종재값을 하는 것이다.

여기에 덧붙여 객설한다면 정화(丁火)는 색은 좋아해도 정력가는 아니다. 정화(丁火)는 가볍기 때문이며, 정화(丁火)는 새라고 했듯이 새는 0.3초면 섹스를 마친다. 그러면서 섹스를 자주 하는 편인데, 덩치가 크다고 오래 하는 것도 아니다. 12가지 띠 중에 소만큼 큰 동물도 없다. 소도 섹스를 길게 하지 못한다. 눈 깜짝할 사이에 올라갔다 내려오기 바쁜 것이 소다.

팔자는 거짓말을 하지 않는다. 팔자는 타고나는 것이다. 팔자대로 사는 것이다. 이를 팔자소관이라고 하는데, 팔자가 붙은 사자성어 중에는 좋은 말이 많으니 참고하기 바란다. 중국 사람들이 8을 좋아하는 것은 발(發)은 중국어로 재(財)를 뜻해서이기도 하다. 사주팔자, 사통팔달, 사방팔방, 사상팔괘, 팔방미인, 팔도건달, 팔작팔작 (64괘).

지금까지의 설명을 새의 눈으로 바라본 세계와 새가 인간으로 둔갑하여 땅으로 내려와 택시 운전을 하며 먹고사는 정화(丁火) 팔자를 설명했다. 십천간(十天干)으로 태어난 우리는 모두 땅으로 내려와 둔갑하여 사는 사람들이다. 누구는 산천산하의 어느 모습을 닮았고, 누구는 암하고불(岩下古佛)처럼 외롭게 사는 사람도 있으며, 누구는 옥상옥의 주인이 되고, 누구는 바닥을 기며 사는 사람도 있으니 팔자를 원망하지 말고 사람을 원망하지 말며, 부모를 원망하지 말고 나라를 원망하지 말며 살자고 당부하는 바다.

모두 팔자려니 하고 살면 날마다 호호낙낙하며 살 때 운명은 나도 모르게 좋은 곳으로 인도하리라 믿는다.

3. 7번 결혼한 여자

■ 격국(格局)으로 보면

甲 甲 辛 辛 (坤命)

戌 寅 丑 卯

제목이 과했나? 제목이 으시시한가? 제목이 상스러운가? 이 글을 쓰기 전에 많은 생각을 했다. 우선 이 사람의 인격적인 문제도 있겠고, 비록 이 사람의 얼굴이 노출되지는 않았지만 그래도 보이지 않는 인격적인 수치심을 느낄 수 있기에 제목을 붙이는 데 많은 고민을 했다. 그러나 어차피 이렇게 태어난 몸, 공부하는 차원에서 학리적인 이론만 적기로 했다. 구차스러운 통변은 자제하고 간단하게 요점만 설명하겠다.

이것은 태공(太公) 선생의 말씀에 불언인시비(不言人是非) 하지 말고 간단개화락(看但開花落)하라는 말씀이 계셨다. 사람의 운명에 대하여 이러쿵 저러쿵 여러 소리 하지 말고 간단하게 언제 꽃이 피고 언제 떨어진다는 얘기만 하라는 말씀에 따라 그렇게 하기로 하겠다.

우선 이 사주는 갑인(甲寅)에 묘목(卯木)까지 있어 눈서리도 무서워하지 않는 겨울의 양인목(羊刃木)이다. 축토(丑土)는 겨울 땅으로 심심산천에 있는 음지다. 여기에 고목된 노송이 하얀 신금(辛金)이라는 눈을 흠뻑 뒤집어 쓴 채 꼿꼿하게 서있는 형상이니 설산고송이라 이름 붙이고 싶다.

갑인목(甲寅木)이 시(時)에 갑술(甲戌)을 끼고 있어 다행스럽게도 오화(午火)가 협공(狹供)하여 인오술(寅午戌)이 만들어지면서 이곳만 눈이 녹아 양지바른 곳이 된 것만 해도 불행 중 다행이다. 왜냐하면 월지(月支)와 년지(年支)는 축토(丑土)라 계곡이 깊고 깊어 환경이 나쁜 곳인데, 년지(年支)에 있는 묘목(卯木)을 보더라도 그렇다. 신금(辛金) 밑에 묘목(卯木)이 앉아 묘목(卯木)의 키보다 눈이 더 높아 눈 속에 파묻힌 꽃이 되었다.

그러나 천간(天干)에 있는 갑목(甲木) 입장에서는 이것이 양인(羊刃)이다. 비록 환경이 열악한 곳에 있지만 이는 전쟁터의 최전선에 파견된 묘목병(卯木兵)이다. 방한에 숙달된 목병(木兵)으로 시(時)에 있는 술토(戌土)와 묘술(卯戌)로 합하여 보급을 받고 있기에 갑목(甲木)으로서는 아주 든든한 묘목(卯木)인 셈이다.

일주(日柱) 갑인(甲寅) 건록(建祿), 시주(時柱) 갑술(甲戌) 양지, 년지(年支) 제왕(帝旺). 이로 보아 나무는 약하지 않으나 깊은 산속은 해가 늦게 뜨고 일찍 지는 바람에 화기(火氣)가 부족한 것이 흠이다. 조후(調候)가 부실하다는 뜻이다.

화(火)는 기분파, 즐거움, 화끈한 것, 흥분작용, 꽃. 이 사주는 깊은 산 중에 살면서도 꽃피는 봄이 오기만을 기다리며 스스로 좋아 흥얼거리는 팔자다.

갑인(甲寅)의 안방은 인목(寅木) 탕화(湯火)로 불을 때 따뜻하고 안방에는 술토(戌土)라는 화롯불까지 들여다놓아 안방의 온도가 27도를 유지하고 있다. 27도는 수면을 하는 데 아주 적합한 온도다. 속담에 배 부르고 등 따스면 생각나는 것이 그것밖에 없다는 말이 있듯이 갑인(甲寅) 과부 입장에서는 눈밭을 헤치고 들어오는 년간(年干)의 신금(辛金)이 그렇게 고마울 수가 없다.

왜냐하면 신금(辛金)은 정관(正官)으로 '여보'다. 신금(辛金)이 갑인(甲寅)까지 오기에는 축토(丑土)라는 얼음 계곡을 거쳐야 하는데 묘목(卯木) 위에 있는 절지(絶地)의 금(金)이라 위험하기도 하고 더구나 섣달 술시(戌時)는 한참 어두운 때라 갑인(甲寅)은 염려되어 시(時)에 있는 갑술(甲戌)에게 명령한다. "너 저 건너에서 오는 묘(卯)를 묘술(卯戌)로 합하여 데리고 오라"며 서두른다. 갑인(甲寅)의 말을 거역할 수 없는 갑술(甲戌)은 개썰매를 타고 비호처럼 달려가 묘술(卯戌)로 묶어 단숨에 데려온다.

동지섣달 긴긴 밤! 임자 없는 갑인(甲寅)댁! 혹여 지나는 길손이라도 오시면 얼은 몸을 녹여드리려고 서리서리 비단금침 풀어 설설 끓는 아랫목에 깔고 손님맞이에 들어갈 만한 배짱 있는 갑인(甲寅)이다. 갑인(甲寅)! 누가 너를 말하여 신묘생(辛卯生) 60넘은 할멈이라 하겠느냐.

갑인(甲寅)은 반남반녀의 상이다. 어깨는 벌어지고, 허리는 꼿꼿하며, 얼굴은 동안이요, 힘은 청년이다. 오래된 나무일수록 참나무처럼 속이 단단해야 천년수수(千年壽樹)하는 나무로 천 년을 사는 법. 이 갑인(甲寅)이야말로 천 년을 사는 나무가 되고 싶으나, 나무란 본래 경금(庚金)을 한번도 만나지 못하면 욕구불만이 많은 나무가 된다.

나무는 싱이 배겨야 풍우설상에도 끄떡없는 법! 그러나 이 잘생긴 나무가 나를 시원스럽게 두둘겨 패주는 도끼 같은 경금(庚金)을 만나지 못한 처지에 장도리 같은 신금(辛金)이라도 자주 만나면 도끼 같은 경금(庚金)이 될까 싶어 이 갑인목(甲寅木)은 닥치는 대로 남자를 밝히는 호색녀 팔자로 태어났다.

그저 놈이라는 이름만 붙으면 늙어도 좋고 젊어도 좋다. 젊은이는 도화(桃花) 위에 신묘(辛卯)요, 늙은이는 갑술(甲戌) 속에 있는 신금(辛金)이며, 신축(辛丑)의 축(丑)은 관고(官庫)가 되어 남자를 죽여주는 놈이다. 남자를 죽여주는 방법은 딱 두 가지다.

하나는 여자의 섹스기술이 특수하여 남자의 간장을 녹여줄 만큼 또다시 여기 오지 않고는 못 견디게 하는 방법이 있고, 또 하나는 관고(官庫)가 있는 사람이다. 이 사주는 양인(羊刃)을 놓았다지만 격(格)이 장지(葬地)에 들어갔고, 신금(辛金)이 투간(透干)하는 바람에 힘은 장사지만 쓸 데가 없어 동네 깡패라도 해야 직성이 풀릴 만큼 이 사람의 격(格)은 하격이다.

양인(羊刃)이 입격(立格)되면 장수요, 무격(無格)이면 졸병이 되어 전쟁터에서 총알받이 노릇을 하게 된다. 이때 여기에서 총알받이 노릇을 하는 사람이 신금(辛金)이라는 사람들이다. 미안한 말이지만 이 사주는 흡혈귀 같다. 이 사주가 거미줄처럼 쳐놓은 천라지망살(天羅地網殺)에 걸렸다 하면 끝이 난다. 나이 고하를 불문한다.

자연은 약육강식 법칙에 따라 존재한다. 약자는 강자의 노예가 되거나 먹이가 될 수 밖에 없는 것, 이를 정글의 법칙이라고도 한다. 비정한 자연에서 살아남는 방법으로는 은폐와 엄폐가 있다. 이때의 방법이 위장술이다. 카멜리온 같은 변온동물도 있고, 나무 위에서 사는 도마뱀이나 사마귀도 위장술의 대가로 살아간다. 이것이 자연의 모습이다.

다시 한번 말하지만 이 사주는 흔하지 않은 명이다. 술시(戌時)! 야생동물은 낮에 활동하는 것과 밤에만 활동하는 것으로 나뉜다. 보통 날개짓을 하는 새들은 밤눈이 어두워 해만 지면 꼼짝을 못하는 것들이 있는 반면, 박쥐 같은 것은 밤에만 사냥을 하는 밤귀신 노릇을 하는 것처럼 이 사람 역시 술시(戌時)라, 이때는 태양이 입묘(入墓)하는 시간이며 이때부터 신금(辛金) 사냥에 들어가는 것과 같아 밤의 포식자와 같은 사주라 하겠다.

신금(辛金)은 정화(丁火)가 칠살(七殺)이라 정화(丁火)한테 걸렸다 하면 작살난다. 정화(丁火)는 월광이라 성냥불처럼 아주 작지만 여기한테 걸렸다 하면 벌처럼 쏘고 바싹 지져버려야 직성이 풀리는 것이 신금(辛金)에 대한 정화(丁火)의 악랄한 짓이다.

고로 12월 엄동설한에 술토(戌土) 속에는 따뜻한 정화(丁火)가 있어 화롯불 구실을 하듯, 추위에 떠는 신금(辛金)들이 해가 지면 추위를 피하려고 술토(戌土) 집에 왔다가 정화(丁火)한테 걸려 살아남지를 못하는 것 역시 이상한 일이다. 불나방이 유인하여 걸려들 듯이 사람도 이와 다를 바 없는 사람이다.

결론은 지금까지 7번 결혼했고, 7번 모두 사별했다. 끔찍한 얘기다. 남의 일이라 쉽게 말하지만 만약 이 사람이 나라면 어떻겠는가?

술(戌)은 개다. 개는 사실 도둑을 지키기 위한 밤의 군인이요, 경비며 사냥개다. 술(戌)은 천문(天門)이라 영리하고 똑똑한가 하면 지금까지 사냥한 것으로 보아 백전백승한 명견임이 틀림없으니 사람으로는 명인이라 이름 붙일 만하다.

금(金)은 9다. 아직 두 사람 더 남아있다. 그녀 나이 비록 60대 중반이지만 나이 불문하고 생식기관은 본래가 청년이라 못할 것도 없다. 신묘(辛卯)로 아침에 죽어나간 사람, 축(丑)으로 12월에 죽어나간 사람, 갑술(甲戌)로 초저녁에 죽어나간 사람. 안된 말로 장의사집 같다.

양지양능(養知養能)이라. 성이란 누가 가르쳐주지 않아도 스스로 아는 것. 그러면서도 평생 섹스 한번 하려고 태어났다가 한 번 하고 죽어야 하는 놈도 있고, 1년에 딱 한 번 하는 호랑이도 있고, 하루에도 몇 번씩 하는 닭도 있다. 이렇듯 섹스는 동물만의 특권이 아니라 식물도 꽃가루를 날려 종자를 번식하는 것도 있고, 아름다운 꽃과 향기라는 미향으로 벌, 나비를 유혹하여 수정하게 하는 교활한 것들도 있으니 이를 어찌 얄미운 계집이라 하겠고, 이꽃 저꽃을 찾아다니는 벌과 나비를 어찌 천하에 난봉꾼이라고 할 수 있겠는가.

천하만물은 음양으로 만들어져 숫컷과 암컷이 있어 생태계의 균형을 이루게 되어 있다. 하다못해 건전지에도 암컷과 숫컷이 있어야 전류가 통하며, 볼트와 낫트도 암컷과 숫컷이 있어 맞춤이 되듯 이를 통칭하여 교접 혹은 교미라 하며 섹스라고 하는 것, 이것은 숨겨진 은어도 아니요 비속어도 아닌 우리 일상 용어다.

다만, 이를 불균형하거나 도덕적으로 질타받아 마땅할 때는 불륜이라는 이름으로 낙인됐을 때가 문제가 되는 것이다. 이때가 큰 일이다. 그러나 정상적인 음양 관계에서는 세상에서 제일 아름다운 것, 이를 말하여 섹스는 예술이라 하는 것이요, 미의 극치라고 하는 것. 이토록 극찬을 받는 것이 음양의 만남이다. 이래서 결혼은 성스러운 것. 이래서 남편과 아내는 성스러운 존재들. 이래서 프랑스에서는 혼전 동거까지도 정식 부부로 인정하는 것에 나는 동의하는 바다. 이토록 성스러운 것이 결혼이지만 때로는 위험한 도박이 될 때도 있는 것이 결혼이다.

■ 조후(調候)로 보면

甲 甲 辛 辛 (坤命)
戌 寅 丑 卯

12월 나무가 눈서리를 무서워하지 않는 장송이다. 12월은 얼음이 꽁꽁 얼고 산천산야는 백설로 하얗게 덮여있을 때 여기에 있는 갑목(甲木)도 혹한을 만나고 있다. 천간(天干)의 신신(辛辛) 두 금(金)으로 하얗게 눈이 내려 이미 묘목(卯木)을 덮쳤는데 일시(日時)에 있는 갑인(甲寅)과 갑술(甲戌)은 독야청청 늘 푸른 소나무가 되어 낙낙장송이 된 사주다.

이것은 인술(寅戌)로 오화(午火)를 협공(狹供)하여 양지바른 곳이 됐기 때문이며, 축묘(丑卯)는 음지라 그럴 수밖에 없게 되었다. 갑인(甲寅)은 갑술(甲戌)의 조력을 받아 건왕(健旺)하고, 묘목(卯木)

은 비록 눈 속에 붙어있지만 갑인(甲寅)한테는 묘(卯)가 양인(羊刃)이다.

이때 경금(庚金)이 투간(透干)하여 양인(羊刃)을 합살(合殺)시켜야 입격(立格)이 되는데 경금(庚金)이 없어 파격(破格)이 되고, 화(火)로 조후용신(調候用神)을 삼지 않을 수 없다. 갑인(甲寅)은 고란(孤蘭)이다. 갑인(甲寅)은 인오술(寅午戌)을 놓아 늘 안방이 따뜻하다. 런닝 하나만 입고 살아도 될만큼 27도의 초여름 날씨의 온도를 갖고 있는가 하면 잠자기 알맞은 온도도 27도로 숙면하기에 좋은 온도다.

목화(木火)는 기분파다. 이 사람도 늘 기분이 좋아 음악을 즐길 것이며, 신체 발육이 좋아 키도 크고 몸매도 늘씬하게 생겼다. 이것은 적당한 온도에서 자란 나무이기 때문이다. 갑목(甲木)은 신금(辛金)이 두렵지 않다. 오히려 갑목(甲木)을 동량목으로 키워주려고 낫을 들고 가지치기를 해주는데 갑목(甲木)이 신금(辛金)을 싫어할 이유가 없다.

그런가 하면 목(木)은 나무에 싱(金)이 배겨야 참나무처럼 단단한 나무가 되지, 목(木)이 금(金)의 맛을 못보면 시들부들한 나무가 되어 비바람에도 쉽게 쓰러지는 나무되어 쓸모없는 나무가 되고 잡목이 되어 불쏘시개로 밖에 쓰지 못하게 된다. 양지바른 곳에서 팔자 좋게 겨울을 지내고 있는 과댁 갑인(甲寅) 고란살(孤蘭殺)이라는 긴 이름을 갖고 태어난 사람 입장에서는 어찌 남자에 대한 생각이 없겠는가?

때는 긴 겨울 축월(丑月). 해가 지고 사방이 깜깜해지기 시작하는 때, 행여! 낭군이 오시려나 뜨끈뜨끈하게 안방에 불때놓고 기다리는 그림이 그려진다. 이때 저 높은 곳을 보라! 저 멀리 눈 속을 뚫고 걸어오는 신금(辛金)이 있는가 했더니 나이 꽤나 먹어보이는 신축(辛丑)도 같이 걸어오고 있다. 모두 정관(正官)이다. 모두 여보가 될 남편들이다.

이 사주 구석구석을 살펴보면 곳곳에 남자들이 숨어있다. 축(丑) 속에 신금(辛金)이 있고, 술(戌) 속에도 신금(辛金)이 있으니 보는 신금(辛金)마다 여보로 삼는 사주다. 이렇게 관(官)이 많으면 여자 운명치고는 고약한 팔자다.

왜냐하면 이 여자와 인연을 맺는 신금(辛金) 여보들은 축(丑)이라는 곳이 있어 이곳이 문제다. 이곳은 남편을 잡아먹는 묘지(墓地)가 되기 때문이다. 개미귀신처럼 땅 속에 숨어있다가 개미가 지나가면 잽싸게 끌고들어가 잡아먹듯 이 여자도 남자를 보면 귀신도 모르게 축(丑) 속으로 끌고들어가 나오지 못하는 것과 같다. 이곳이 바로 축(丑)의 묘(墓)자리요, 공교롭게도 이곳 축(丑)이 공망(空亡)되어 그녀의 남자들은 모두 공망(空亡)이 되는 사람들이다. 평생을 같이할 남편은 잃게 되어 있고, 어쩌다 건장한 남편이 들어와도 그녀와 인연을 맺었다 하면 귀신도 모르게 죽게 되어 있다. 안된 말로 이 사주는 남편 잡아먹는 사주다. 지금까지 7번 결혼했고, 7번 모두 사별했다고 한다.

내가 이 말을 듣고 안된 말이지만 9번 채우려는가보다 생각했다. 묘한 일이다. 귀신이 없다고도 못한다. 교통사고도 꼭 나는 곳에서만 나고, 익사도 꼭 일어나는 곳에서만 나는 것처럼 그녀의 사주도 남자만 보면 꼭 묘지(墓地)에 넣는 것, 이러한 것은 비일비재한 일인데 이를 어찌 과학으로 설명할 수 있겠는가. 과학은 자기들이 모르면 무조건 미신이라고 격하시키는 습성이 있다. 그러나 과학이 모른다고 모두 미신일 수는 없다.

과학은 보이는 것으로 양(陽), 미신은 보이지 않는 것으로 음(陰). 양(陽)은 낮이요, 음(陰)은 밤이다. 과학은 보이는 낮만 인정하지 말고 보이지 않는 밤, 즉 미신도 인정하기 바란다. 우주는 낮과 밤으로 되어 있다. 그런데도 밤을 무시한 채 낮만 인정한다면 이것은 과학의 독주요 독재며 행패다. 동물도 낮에만 사냥하는 동물이 있고, 밤에만 사냥하는 동물이 있듯이 보이지 않는 밤의 사실을 말하는 철학자와 무속인이나 예언자는 모두 음(陰)의 직업들이다.

음(陰)은 양(陽)이 하는 일에 대하여 전문성을 존중하는 의미에서 일체 간여를 하지 않듯이 양(陽)의 입장에서도 음(陰)이 하는 일에 대하여 그들의 전문성을 인정하기 바란다. 낮과 밤이 반반이다. 양(陽)과 음(陰)이 반반이다. 낮보다 밤이 더 무섭다는 것을 알기 바란다.

4. 끔찍한 이야기

가을이 깊어간다. 밤과 새벽으로 가는 시간 밤새도록 내린 이슬에 젖은 날개를 털어내며 울어대는 풀벌레들 소리에 가슴이 시려 못 들을 때! 차디찬 새벽 공기 가르며 저토록 애잔하게 울어대는 것은 필경 무슨 사연이 있으리. 아니면 저토록 울어울어 자기의 존재를 알리려고 그러리.

여기에 어찌 말 못하는 미물들만 그러랴! 사람도 이와 같으리. 서울의 천 만 시민이 틈새도 없이 촘촘하게 구슬박듯한 도심의 고층빌딩과 수많은 아파트로 밀집된 서울의 한켠에 사는 엄마와 아들에 대한 이야기다. 이들의 사연은 정상인의 눈으로 보면 천하에 때려죽일 것들이라 하겠지만 도량 넓게 이해하는 눈으로 보아 주십사 먼저 양해를 구하는 바다.

乙　己　壬　己　(엄마)
丑　巳　申　亥

신월(申月) 기토(己土)로 태어난 것만으로도 상관격(傷官格)에 신약(身弱)이 되어 기토(己土)로서 가치가 떨어지는데, 일지(日支) 밑에 앉아있는 사화(巳火)마저 시지(時支)의 축토(丑土)와 유금(酉金)을 협공(狹供)하면서 이 사주를 못쓰게 만들었다.

때는 7월! 봄부터 시작된 농사는 가을이 되어 결실이라는 대가를 받아야할 때다. 그러므로 7월부터는 곡식을 익히기 위하여 논밭에 물꼬를 다 터놓고 물빼기를 한다. 오직 낮병화(丙火) 밤정화(丁火)까지 있어 날씨가 맑고 뜨거우면 뜨거울수록 좋아하는 것들이 곡식이요 열매다. 그런데 이게 어찌된 일이냐?

월상(月上)의 임수(壬水)는 신금(辛金)이라는 장생지(長生地)에 올라탔고, 년지(年支)에 해수(亥水)까지 있어 7월 장마가 시작되고 말았다. 이때의 7월 장마는 일 년 농사를 망치려고 작정한 것과 같다. 이쯤되면 해도 달도 볼 수 없어 농사는 끝장난 것이다.

기토(己土)는 임수(壬水)가 덮치고 있어 물밭이요, 시간(時干)의 을목(乙木)은 장마에 흙은 다 떠내려가고 굵고 작은 사유축(巳酉丑) 돌맹이만 고스란히 남아 그 위에 을목(乙木)은 자갈밭에 걸려 고꾸라져 있는데 이 사람이 남편이다. 을목(乙木)은 땅에서 지망살(地網殺)이라는 그물에 걸려 죽은지 오래다. 아들 둘 낳고 다음해 1993년 계유년(癸酉年)에 벽에 목을 매고 자살했다고 한다.

사연은 정신질환자였다. 임금과 남편이 죽으면 천붕지통(天崩之痛)이라 하늘이 무너지는 것과 같다고 할 만큼 그 비통함은 말로 다 못한다. 막내아들을 낳은 것까지는 좋았으나 사람이 시름시름했기로 늘 그랬기에 그런 줄 알았지 이렇게 끔찍한 짓을 저지를 만큼 독한 위인은 못되는 줄 알았다면서 울어댄다.

부인! 참으시오. 이게 운명이요. 이 소리가 혓바닥 끝까지 나와 툭 던지고 싶어도 너무나 서럽게 울기에 차마 그 얼굴에 대고 무슨 말을 할 수 있겠는가. 이럴 때는 인내가 필요하다. 참았다. 말없이 휴지를 건네주며 울음이 그치기만을 기다렸다.

"선생님! 미안해요! 내가 이렇게 우는 것은 물론 내 서러움에 복받쳐서겠지만 사실은 더 큰 문제가 있어 그렇습니다." 이때 내가 말을 끊었다. "부인 사주에 용신(用神)이라는 사화(巳火)가 7월 장마에 으슬으슬 떨릴 만큼 추워 안방에 불을 때주고 있는데, 이때의 사람이 남편으로도 보지만 자식이 사유축(巳酉丑)으로 합하자고 들어와 남편 대신 안방을 지켜주는 사람이 자식도 됩니다. 우리말에 일찍 과부된 사람은 자식을 남편 삼아 산다는 말이 있듯 이 사주가 그러하니 두 아들을 밑천 삼아 의지하고 사시오."

나는 이 말을 그저 평범하게 하던 대로 했을 뿐인데 이 말 따라 더 서럽게 울어대기 시작한다. 조금 전에도 그랬기에 이제는 나에게도 내성이 생긴 터라 내버려뒀다. 서로 대화는 끊어진 채 침묵이 흐르는가 했더니 적막을 깨며 묻는 말이 "남편을 자식 삼아"가 무슨 뜻이냐고 반문한다.

"아! 그거야 자식이 둘 아니라 열이 있다 한들 남편 하나만 같겠느냐마는 이럴 때는 든든한 자식을 기둥 삼아 의지하고 살라는 뜻이죠." 하고 평범한 말로 대꾸했다. 또 한참 시간이 흐르기에 "이제는 됐지요?" 하며 끝내려는 참에 "그게 아니니까 하는 말이죠" 하고 오히려 눈을 똥그랗게 뜨고 화난 듯이 째려본다. 어이가 없다.

순간 내가 지금까지 한 말 중에 혹여 실수라도 했나 하고 초스피드로 필름을 거꾸로 돌려봤다. 없다. 자신감을 갖고 저 기분 나쁘게 쳐다보는 눈초리에 은근히 화가 치밀어 오르는 참에 퉁명스럽게 물었다. "왜요? 아무튼 이 사주는 남편과 인연이 장구하지 못한 것을 운명으로 받아들이고 훗날 다른 생각을 해보시기 바랍니다" 하고 감정을 마쳤다.

이 손님이 끝나기를 기다렸다는 듯 다른 손님이 들어왔다. 감정을 마치면 손님은 으레 가는 법이다. 그런데 이 사람은 새로 들어온 손님에게 자리를 양보하며 자식들도 보겠다고 한다. 새 손님은 멋도 모른 채 고맙다며 연신 인사를 건넨다. 새 손님을 마치고 난 후 이 여자분은 자식들을 보겠다고 해놓고는 신세타령에 들어갔다.

경험한 바에 의하면 손님들의 살아온 이야기를 들어주기 시작하면 오늘 일은 이것으로 끝난다. 왜냐하면 거미줄처럼 뽑아져 나오는 말에는 과거사부터 현재까지 줄줄이 풀어놓으며 자기 혼자 웃고 울며 한탄하다 가는 손님이 많다. 이제는 여기에 빠삭한 도사가 다 되어 넘어갈 일이 없는 내가 되었다.

"아들을 본다고 했으니 사주를 대시오." 이 말에 그녀는 또 거품을 물기 시작한다. 아들이 웬수요 그런 웬수도 없지요. 차라리 죽었으면 좋겠는데 그 새끼들이 언제 죽겠나 그것을 보려고 한다는 것이다. "아들이 몇 살이요?" "26살과 24살짜리가 있습니다." 나는 화딱지 나는 목소리로 "에잇! 여보시오! 젊은애들 언제 죽겠냐고 묻는 것은 도리에도 어긋나는 일이니 애들 수명을 묻는다면 나는 보지 않습니다" 하고 책을 확! 덮어버렸다. "아니요, 꼭 봐주셔야 합니다." "왜요? 애들이 어디 아파요?" "그중에서도 특히 작은 놈 것을 봐주셔야 합니다."

재차 물었다. 어디가 아프냐고. 이때부터 그녀의 입에서는 보도 듣도 못하던 이야기가 쏟아졌다. 큰아이는 엄마한테 폭력을 휘두르다 정신병원에 강제로 입원시켰고, 작은놈도 정신질환으로 계속 약을 먹고 있는데 형이 없는 틈을 타 낮이나 밤이나 여보! 당신 하며 달려든다고 한다. 이것은 짐승만도 못한 것이다. 이것은 사람으로서 할 짓이 아니다.

아이들이 몇 살까지 살겠느냐고 물은 이유를 이제야 알게 되었다. 몇 살까지 사는 것이 문제가 아니다. 당장 때려죽여도 시원치 않은 새끼들 몇 살까지 사는 게 무슨 의미가 있겠는가? 그러나 엄마는 막을 힘이 없다. 20대 장정을 이겨낼 도리가 없다. 그녀의 딱한 사정을 듣다못해 그 녀석 생년월일을 물었다.

甲　乙　戊　壬　(동생)
申　酉　申　申

　이것은 생명이 아니다. 가을 금왕절(金旺節)에 자연에서는 이미 숙살(肅殺)이 시작되어 기존의 만물을 쓰러뜨리고 이듬해 새로운 생명이 태어나도록 하는 때 이 사람은 을목(乙木)으로 태어났다.

　갑신(甲申)과 을유(乙酉). 갑목(甲木)은 형이요, 을목(乙木)은 동생이다. 이 형제는 이미 숙살(肅殺)되었기로 생명이 아니다. 더구나 년월일시가 모두 금(金)밭이다. 그런데 묘하다. 분명 을목(乙木)은 유금(酉金)의 절지(絕地)에 앉아 죽었는데, 갑목(甲木)은 신금(辛金) 위에 앉아 절처봉생(絕凄逢生)으로 살았다. 이때 을목(乙木)이 갑목(甲木)에 올라타는 바람에 살아버렸다.

　그러나 이것은 산 것이 아니다. 뿌리 없는 을목(乙木)은 죽는다. 지금은 잠시 갑목(甲木)에 올라 휘어감고 있어 살았다 하겠지만 을목(乙木)은 1년생으로 서리 한번 맞으면 고개를 들지 못한 채 푹 꼬꾸라져 다시는 일어나지 못한다. 더구나 이때가 상강(霜降)이다.

　이 사주를 보면서 한눈에 띄는 것이 갑을목(甲乙木) 형제가 나란히 가을 금(金)밭에 서있다는 것이다. 이렇게 되면 두 형제는 이미 사람 노릇하기는 틀렸다. 왜냐하면 목(木)이 이렇게 피상되면 목(木)은 정신신경계 질환자가 되기 때문이다. 치료불가라는 중증이다. 사주대로라면 이 사람들은 철창 속에 갇혀 살아야 한다. 철창을 벗어나면 편관칠살(偏官七殺)에 걸려 죽게 되므로 이쯤되면 죽은 나무들이다. 안됐다. 너무나 애처로워 이 사람의 형이 궁금해졌다. 생년월일을 물었다.

丁　庚　戊　庚　（형）
亥　戌　子　午

년(年)에 경금(庚金)과 일간(日干) 경금(庚金)이 형제다. 년(年)의 경금(庚金) 동생은 자오(子午)로 수옥(囚獄)되어 죽었든지 감방에 있어야 한다. 일간(日干)에 있는 나 경술(庚戌)은 성질빽이가 고약하다.

술토(戊土)가 있어 경술(庚戌)은 매금(埋金)되고, 정화(丁火)는 욕지(浴地)가 되어 평생 큰 소리 한번 못치고 사는 형제라는 것이 사주에서 말해주고 있다. 그런데 이 사주도 목(木)이 없다. 목(木)이 있어도 공망(空亡)이요, 앉은 술해(戊亥)자리도 공망(空亡)이다. 공망(空亡)은 천중살(天中殺)이다. 지지(地支)가 공망(空亡)을 맞으면 천간(天干)도 공망(空亡)이 되어 만고에 쓸모없는 사주가 된다.

완전히 정신질환자다. 이 사주는 정해시(丁亥時)에 태어나고, 해중갑목(亥中甲木)이 있어 밤만 되면 밖으로 나간다. 가는 곳은 뻔하다. 해중갑목녀(亥中甲木女), 즉 어두운 곳에 숨어사는 여자를 찾아가는 것이다. 해중갑목녀(亥中甲木女)는 편재(偏財)가 되어 스치고 지나가는 여자일 뿐이다. 그런가 하면 이곳은 정해시(丁亥時)에 정화(丁火) 등불 켜놓고 사람을 유인하는 윤락가로 가는 것이다. 팔자소관이다. 팔자대로 산다.

동생놈은 자오충(子午沖) 당하여 집에 갇히거나 어딘가 감금되어 있어야 하고, 술해(戌亥)가 있어 밤마다 불빛따라 들락거리는 사람이 되었다. 경술(庚戌)놓고 매금(埋金)되었고 정화(丁火)가 있어 그 눈빛이 고약하고 성질이 더럽다. 이것은 경술괴강(庚戌魁罡)값을 하기 때문이다.

이들의 사주를 감정하면서 느낀 소감을 정리하면 이렇다. 유종유중(有種有中)이라, 종자 속에 또 그 종자가 들어있다는 얘기다. 참외씨 속에 참외씨가 들어있지 수박씨가 들어있을 수 없듯이 그 아비라는 종자가 좋지 않을 것이라고 생각한다.

그의 엄마 사주 또한 부부자리에 자식이 사유(巳酉)로 합(合)되고, 그 위에 을목(乙木)이 떡 버티고 남편 노릇을 하니 만남의 인연과 맺음의 인연은 천도천리(天道天理)에 의한 것이라 이를 어찌 싫다하겠는가.

년(年)부터 아래까지 모두 금(金)밭으로 일련한 것은 조상에게 내려받은 인자 탓이다. 이렇게 정신질환이 있게 된 것은 이 집안의 내력이 그러하기 때문이다. 아버지가 그랬고, 또 그의 할아버지가 그랬을 것이다. 할아버지는 월간(月干) 무토(戊土)다. 가력(家疫)은 무섭다. 집안 대대로 내려오는 역병(疫病)은 DNA가 되어 끊을 수가 없다. 무당의 신내림도 그렇다. 집안 대대로 내려오는 세습무도 누군가에게 내려받듯 이것도 인자가 그러하기 때문이다. 즉 종자가 그렇다는 얘기다.

묘한 것은 이들의 엄마다. 그녀의 사주에 이러한 자식을 낳게 되어 있다는 사실이 놀랍다. 기인기소(其人基所)라, 그때 그 사람이 거기에 있게 되어 있다는 주역(周易)의 말씀이 한치 오차가 없다는 것밖에는 설명할 길이 없다.

우러러! 하늘이 무섭고 운명이 무섭다. 그저 바람이 있다면 이렇게 만든 능력이 하늘에 있다면 여기서 벗어나게 할 수 있는 능력도 있으려니 이들에게 채워진 족쇄를 풀어주시기를 바랄 뿐이다.

5. 내 팔자에 남편이 없나요?

역학은 자연이요, 자연은 역학이다. 자연은 꾸밈도 없고 괴변도 없다. 있는 그대로를 보여주는 것이 자연이다. 그러므로 역학은 통계도 아니고 가설도 아니다. 죽어서 천당간다는 소리도 하지 않고, 영원하다는 비과학적인 말도 하지 않는 것이 역학이다. 여기를 보자.

戊　癸　己　己　(坤命)
午　卯　巳　亥

년간(年干) 기토(己土)가 편관(偏官)이라 해도 먼저 들어온 것이 남편이다. 지지(地支)는 사해충(巳亥沖)을 맞았다. 지지(地支)가 흔들리면 천간(天干)도 흔들리는 법. 4월의 사화(巳火) 바람이 해수(亥水)를 충충했다. 이것은 여름이 겨울 찬바람을 쫓아낸 것과 같아 기해(己亥) 남편은 따뜻하게 살았다.

55세부터 을해대운(乙亥大運)이 들어왔다. 겨울이 됐다. 2015년 을미년(乙未年)을 만났다. 대운(大運)을해(乙亥)와 년주(年柱) 기해(己亥)가 해해(亥亥)로 자형(自刑)이 되면서 미(未)와 해미합목(亥未合木)을 하는가 했더니 대운(大運)을목(乙木)과 세운(歲運)을목(乙木)이 년간(年干)의 두 기토(己土)를 사정없이 목극토(木剋土)시켜버린다.

기토(己土)는 을목(乙木)이 천적이다. 기토(己土)는 을목(乙木)을 만나면 얼굴에 곰보자국이 나도록 뚫어버리고, 기토(己土)를 강풍에 날려버리는 격이 된다. 이때 기토(己土)는 항우장사라 해도 견뎌 낼 장사가 없다. 천간(天干) 기토(己土)는 을목(乙木) 비행기에게 총격을 당하고, 지지(地支)에 있는 해미목(亥未木)은 해군과 육군의 연합으로 무차별 공격을 당하는 것과 같다.

나는 이 사주를 갑오년(甲午年) 말에 보고, 2015년에는 남편이 위험하니 조심하라고 신신당부했다. 운전하지 마라, 여행가지 마라, 화내지 마라, 어떤 일에 몰입하지 마라. 그러나 2015년 양력 8월 5일 느닷없이 뇌출혈로 쓰러져 반은 죽었다. 다행히 목숨은 구했으나 언어장애와 기억상실, 걷지 못하는 중환자가 되어 2016년 2월 지금까지 병상에서 일어나지 못하고 있다.

신약(身弱) 사주에 관살(官殺)이 혼잡이다. 언뜻 보면 관살(官殺)을 을목(乙木)이 제살(制殺)해주어 좋을 것 같아도 왕신(旺神)을 쇠신(衰神)이 충(沖)하면 왕신(旺神)은 노발하는 법이다. 사람의 운명은 동전의 양면과 같고, 극(剋)은 극(剋)으로 통하는 법이다. 살아 있는 사람이 사람 노릇을 못하는 것이나, 죽은 사람이 사람 노릇을 못하는 것은 같다는 얘기다.

년월(年月)이 비록 여름 4월이라 해도 해수(亥水)의 겨울과 묘월(卯月) 사이에 있으면서 본래의 4월은 가을 날씨처럼 추운 때다. 이 사주의 년월(年月) 반쪽은 음지요, 시(時)에 오화(午火)가 있고 무토(戊土)가 있어 양지바른 곳이 되었다.

그러므로 계수(癸水) 본인은 무고무탈하나 음지의 기토(己土) 남편은 화생토(火生土)를 받지 못하여 아주 신약(身弱)해져 이 사주의 남편은 본래 단명하게 되어 있었다. 누구를 탓하랴! 사주의 조립이 이런 것을. 평생토록 계수(癸水)를 괴롭히는 기토(己土)를 제살(制殺)했으니 계수(癸水)는 하는 일마다 순조로우리라.

6. 인간은 학습된 동물이다

庚　庚　己　乙　（乾命）
辰　申　卯　未

인간은 살면서 배우고, 배우면서 경험한다. 이때마다 두 종류의 사람을 만나게 된다.

觀(볼 관) : 내려다보는 것, 視(볼 시) : 올려다보는 것.

비록 내가 내려다보는 사람이라도 배울 것이 있고, 비록 내가 올려다보는 사람이라도 배우지 말아야 할 것이 있다는 얘기다. 지금 현재 우리나라에서 대세를 이루는 큰 종교 집단은 불교와 기독교를 꼽는다. 흔히 사람들은 자기 신앙을 100% 확신한다. 물론 경전의 말씀에 확신을 갖는 것은 좋지만 무조건 확신을 갖는 것은 다시 생각해봐야 한다.

선은 본받아야 하고, 악은 본받을 것이 못된다. 이것은 태초에 인간은 미완성으로 나왔기 때문이다. 이 사주를 보라! 경금(庚金)은 본래 가을에 낳아야 했거늘 2월에 태어나 실기(失氣)하는 바람에 신약(身弱) 사주로 살게 되었다.

그러나 진시(辰時)에 태어나면서 토생금(土生金)하여 신강(身强)한 사주가 되었다. 이를 약변강(弱變强)이라 한다. 일월(日月) 천간(天干)에 경금(庚金) 2개가 개두(蓋頭)하여 신강(身强) 사주가 된 것은 좋으나, 월간(月干)에 있는 기토(己土), 즉 인수(印綬)가 되는 공부가 천간(天干)의 을목(乙木)과 지지(地支)에 있는 묘목(卯木)에게 무참히 극(剋)을 당하여 만신창이가 되는 바람에 공부를 할 수 없게 되었다.

이 사주는 인수(印綬)로 공부를 하고 신강(身强)해야지, 비겁(比劫)으로 신강(身强)해지면 그 인품이 떨어진다. 학령기에는 학운이 들어와야 호명이다. 사람이 공부를 잘하든 못하든 대학은 나와야 한다. 왜냐하면 초·중·고·대학을 나온 사람과 검정고시로 대학까지 나온 사람은 그 인격이 다르기 때문이다. 이것은 비록 공부는 못 했어도 대학을 나오는 동안 그때그때 선생님께 덕을 배웠지만 검정고시 출신은 비록 대학은 나왔어도 선생님께 덕을 배우지 못한 차이가 엄청나기 때문이다.

년간(年干)에 을목(乙木)이 월지(月支) 묘(卯)와 묘미(卯未)로 합국(合局)하여 그 재(財)의 뿌리가 월령(月令)까지 얻어 보통이 아니다.

비록 투간(透干)된 을목(乙木)이 보잘것없어도 그 묘미(卯未)의 뿌리가 크고 반합(半合)까지 하여 칡뿌리로 말하면 칡순 같은 뿌리가 동네를 덮을 만큼 크다.

정재(正財)는 본래 정직하게 받는 월급과 같고, 정직하게 버는 돈을 말한다. 이 사람은 을목(乙木) 재(財)가 투간(透干)하면서 뿌리까지 덮어 소문난 부자다. 돈은 무식해야 벌지 유식하면 못 번다. 이 사람은 기토(己土) 인수(印綬)가 을목(乙木)한테 일찍이 극(剋)을 당하여 가방끈이 짧아졌다. 무식해야 돈을 번다는 말에 일치하는 사람이다.

묘신귀문(卯申鬼聞)은 사람이 까다로워 비위를 맞추기 어렵고 변덕스러운 성격이나 묘재(卯財)와 귀문관살(鬼門官殺)이 되므로 돈 버는 데는 귀신 같은 사람이며 돈 냄새 맡는 데도 귀신 같다.

이 사주의 격(格)이 을목(乙木)까지 투간(透干)했고, 이것이 용신(用神)이 되었으므로 돈 때문에 울고 돈 때문에 웃는 사주요, 용신(用神)이 일방통행으로 국(局)을 이루어 성격 또한 한번 밀어붙이면 겁나게 밀어붙이는 사람이다. 이런 사람은 한번 마음을 먹으면 궤도 이탈을 하지 않는다.

을해대운(乙亥大運)에 큰 돈을 벌었다. 대운(大運)이 아무리 좋아도 세운(歲運)이 먼저다. 이 사람은 1년에 한 번씩 유월(酉月)만 되면 곤욕을 치른다. 묘유충(卯酉沖) 때문이다. 단, 시(時)에 있는 경진(庚辰)이 좋으면서도 껄끄러운 존재다.

나는 경신(庚申)으로 건록(建祿)자리에 앉은 것뿐이지 경진(庚辰)은 괴강(魁罡)이면서 진토(辰土)로 공부를 한 사람이기 때문이며,

월지(月支)에 있는 묘목(卯木)과 묘진(卯辰)으로 있고, 경진(庚辰)의 진(辰) 속에는 암장(暗藏)된 을목(乙木) 재(財)가 있다. 이것은 숨겨진 돈이요, 나쁘게 보면 경신(庚申)과의 동업 사주로 볼 때는 암장(暗藏)된 을목(乙木) 재(財)가 되므로 을목(乙木)은 정재(正財)로 회사 공금을 조금씩 모아둔 것으로 본다. 이것은 비겁(比劫)을 막아주는 관(官)이 없기 때문에 가능한 일이다.

이 사주가 좋은 것을 5대 용신(用神)에 따라 맞춰보면
- 격국용신(格局用神) : 화(火)가 없으므로 재(財)로 대용
- 조후용신(調候用神) : 화(火)가 없으므로 목(木)으로 대용
- 병약용(病藥用神) : 병(病)은 금(金), 약(藥)은 화(火), 목(木) 용신(用神)
- 통관용신(通關用神) : 화(火)가 없으므로 목(木) 용신(用神)
- 억부용신(抑扶用神) : 화(火)가 없어 목(木)으로 용신(用神)

5가지의 용신(用神)이 모두 하나로 되어 있어 용신(用神)이 좋다는 것이다. 좋은 사주다.

7. 시(時) 한번 좋다

유사불여무생가(有死不如無生可)라. '사람이 언젠가는 죽게 마련이라면 차라리 태어나지나 말게 하지'라는 푸념 섞인 말이다. 사람

은 누구나 태어날 때 울면서 나오고, 죽을 때는 굶어서 죽는다는 것이다. 이렇게 보면 인생이 산다는 것 자체가 그렇게 허무할 수가 없다. 생(生)의 끝은 사(死)다. 그렇다면 시작과 끝은 알겠는데 중간은 무지로 모르고 사는 게 사람의 일생도(一生圖)라고 하겠다.

생(生) ← 무지 → 사(死)
이 사람을 보자!

甲　癸　乙　癸 （乾命）
寅　亥　丑　酉

편인용상관격(偏印用傷官格) 사주다. 일단은 신강(身强)해서 좋고, 설기(洩氣)가 건왕(健旺)해서 좋다. 보통 겨울 생명들은 긴장하며 사는 때인데 계해(癸亥)는 물이 깊고 입춘을 앞두고 있어 그런 걱정은 하지 않아도 된다. 더구나 12월은 소춘(小春)이라 축월(丑月)은 가끔 봄날 같은 때가 많고, 때로는 양지바른 곳에서 진달래꽃이 피는 곳도 많은 것이 축월(丑月) 날씨다. 특히 이 사주는 명품 시간에 태어났다.

갑인시(甲寅時)! 때는 12월 겨울 추위가 막바지로 치닫는 때 머지않아 입춘이 온다고는 하지만 겨울 첫 새벽의 공기는 감히 동장군의 기세가 만만치 않은 때다. 그래도 학문적으로 인시(寅時)는 화(火)의 장생지(長生地)가 되어 겨울 추위라도 그렇게 무서워할 때는 아니다.

그러므로 이 사주의 용신(用神)은 인중병화(寅中丙火)다. 간밤에 해수(亥水) 아랫목에 갑인(甲寅)이라는 장작불을 지펴넣고 들어간 탓에 아직도 시뻘건 장작불(寅, 湯火)이 따뜻하게 아랫목을 덥혀주고 있는 것과 같아 춥지가 않다. 즉 조후(調候)가 해결됐다는 얘기다.

사주 구성으로 보아 년주(年柱)에 있는 계유(癸酉)는 월(月)의 축토(丑土)와 통기(通氣)했고 일주(日柱) 계해(癸亥)는 갑인시(甲寅時)를 생하여 년(年)에서 시(時)까지 일행득기(一行得氣)를 하고 있으니 이 집안은 대대로 명문가요 학자 집안으로 이름났다. 대한민국에서 몇 안 되는 양반가 출생답게 자세가 정직하고 반듯한 대학자다.

특히 계일생(癸日生)이 묘월(卯月)에 출생하면 진월(辰月)이 될 때 뇌문(雷門)이 열려 용이 구름을 타고 나오는 달이라 하여 임금의 집에 출입하는 사람이 되고, 봄이나 여름에 태어나면 부귀한 팔자가 되고, 사월(巳月)에 태어나면 총명하고, 미시(未時)에 태어나면 명이 짧고, 겨울에 태어나면 빈천하다고 한다. 그러나 이것은 단편적으로 하는 말일 뿐 종합적으로 보면 예외도 있다는 것을 참고하기 바란다.

8. 여선생님과 제자의 사랑

있을 수 있는 일이다, 흔치 않은 일이다. 물론 이렇게 양분되어 생각할 수 있지만 나는 전자에 한 표 던지고 싶다. 선생님이 제자를, 제자가 선생님을 사랑한다는 것은 인간이라는 음양의 이성과 감성 서로 통교했기 때문이다. 즉, 마음에 든다, 마음에 있다, 관심이 간다는 것은 내 감정이 싫지 않기 때문이다. 이것은 서로 감정이 같으면 사랑이 되고, 한쪽만 감정이 있으면 짝사랑이 된다. 여기를 보자!

丙　丙　癸　丁 (坤命)
申　戌　丑　卯

　정묘생(丁卯生) 여자와 을해생(乙亥生) 남자는 8살 차이다. 두 사람은 사랑에 푹 빠져있었다. 이들이 나를 만났을 때도 그들의 몸짓은 농익을 대로 농익어 보였다. 청년은 키는 훌쩍 컸지만 약간 앳되면서 철이 없어 보였고, 차림새는 깨끗해 보였다. 어딘가 모르게 완숙해 보이는 여자를 받들어 뫼시는 듯 하면서 그녀를 먼저 자리에 앉힌다. 그러고는 청년 왈, 다짜고자 궁합 좀 봐달라고 한다.
　여자 사주는 목(木)이 인수(印綬)로 책인데 묘술(卯戌)로 합(合)된 것이 보인다. 이쯤되면 춘추문필격(春秋文筆格)에 사도지명(師道之命)이라 분명히 선생님 팔자다.
　여기서 잠시 묘술합(卯戌合)을 보고 가자. 묘목(卯木)이 합(合)해도 화(火)를 살리는 묘목(卯木)이 있고 화(火)를 살리지 못하는 묘목(卯木)이 있다. 묘술(卯戌)은 은근히 화(火)를 생(生)한다. 묘미(卯未)는 목생화(木生火)를 잘한다. 해미(亥未)도 목생화(木生火)를 잘한다. 해묘(亥卯)는 목생화(木生火)를 못한다.
　나는 이 여자 선생님의 사주에서 묘술(卯戌)을 보고 "선생님이 오셨네요?" 하면서 그것도 머리가 큰 아이들을 가르치는 선생님이라고 했더니 그렇다며 벙긋이 웃는다. 머리가 큰 제자는 고등학생 이

상을 말한다. 이 사주에서 재미있는 것은

① 부부자리에 화생토(火生土)로 술토(戌土) 제자가 있고, 술토(戌土)는 양토(陽土)라 머리가 큰 제자다.
② 월상(月上) 어른자리에 축토(丑土)는 말로 생(生)하는 제자다.
③ 축토(丑土) 제자 위에 계수(癸水)가 정관(正官)이므로 이 사람이 이 사주의 남편될 사람이다. 계수(癸水) 정관(正官) 남편은 마침 축토(丑土) 위에 앉아있고, 축중계수(丑中癸水)가 주목된다.
④ 공교롭게도 축중계수(丑中癸水)가 월령(月令)에 있다가 월상(月上)의 자리로 투간(透干)되어 어른자리로 올라앉았다. 이때 계수(癸水)가 내 평생의 직업이요 남편이다.
⑤ 이때 본인 병술(丙戌)은 축토(丑土) 제자가 숨어있는 정관(正官)이라 남편인데도 서로 사랑하는 것을 감추려고 무진장 애를 쓴다. 무진장 애를 쓰는 것은 병화(丙火)의 술(戌)이 병화(丙火)의 묘(墓)가 되기 때문에 죽어라 애쓰는 것이다.
⑥ 여자 선생님과 제자와의 결혼, 이것은 세기의 결혼이다.

  학교에서는 선생님, 단둘이 만나서는 여보. 월상(月上)에 있는 제자 입장에서는 내 밑에 있는 병화(丙火)가 정재(正財)가 된다. 지금은 비록 선생님이지만 계수(癸水)에게 부림을 당하는 처지가 된다는 사실이다. 부디 두 사람의 앞날에 늘 행운이 함께 하기를 기도하는 바다. 제자이면서 남편이 될 학생 사주를 보자.

辛　甲　辛　乙　（乾命）

未　辰　巳　亥

4월 갑목(甲木)이 해수(亥水)에 뿌리하고, 월(月)과 시(時)에 투간(透干)된 신금(辛金)이 가지치기를 잘 해준 덕에 갑목(甲木)이 훤칠하게 잘 컸다. 실물도 미남이다. 년지(年支)에 있는 해수(亥水)가 선생님이요 공부다. 묘한 것은 해수(亥水) 속에 무토(戊土)가 편재(偏財)요 여자다. 그러므로 갑목(甲木)은 해수(亥水)라는 공부 속에 무토(戊土)라는 여자가 있는 것으로 보아 이것은 여선생님이다.

이 사주의 구성을 보자. 먼저 사해충(巳亥沖)했다. 사화(巳火) 바람이 해수(亥水)를 충(沖)하니 해(亥) 속의 무토(戊土) 여자가 쉽게 튀어나왔다. 또한 해(亥) 속에서 갑목(甲木)을 본 남자가 사해충(巳亥沖)으로 투간(透干)된 것을 보니 일간(日干)에 있는 갑목(甲木)과 똑같은 사람이 여기에 있을 줄은 꿈에도 몰랐다. 이것은 해중(亥中)에 있는 무토(戊土) 여자의 입장에서 본 이야기다.

이때 갑진(甲辰)은 늘 옆에서 사해충(巳亥沖)하는 것을 볼 때마다 무토(戊土) 여자가 튀어나오는 것을 보고 있다. 즉 해수(亥水)의 선생님 속에 무토(戊土) 여자가 튀어나올 때마다 갑목(甲木)은 무토(戊土) 여자를 보고 있는데, 무엇이든 자주 보면 정이 드는 법이다.

특히 해중무토(亥中戊土)는 해중(亥中)에서 보던 갑목(甲木)이 장생(長生) 속에 있어 잘생긴 남자라고 생각한다. 갑목(甲木)도 무토(戊土)를 싫어할 리 없고, 무토(戊土)도 갑목(甲木)을 싫어할 이유가 없다. 갑목(甲木)도 무토(戊土)가 첫사랑, 무토(戊土)도 갑목(甲木)이 첫사랑이란다.

갑목(甲木) 학생이 해수(亥水) 선생님 속에 무토(戊土) 여자가 들어있으니 이 사람이 내 아내요, 해수(亥水) 속 책 속에 무토(戊土) 여자는 해(亥) 속에서 갑목(甲木)을 보았는데 이때 본 갑목(甲木) 남자가 일간(日干)의 갑목(甲木)이었으니 이 사람이 내 남편이 된다. 이로써 두 사람은 사제지간이면서 부부가 되는데 사람들은 선생님과 제자가 결혼을 했다는 둥, 여자가 8살이 많다는 둥 놀랍다고 한다.

그렇다. 선생님과 제자가 한 교실에서 만나 사랑을 한다는 것은 쉽지 않은 일이다. 그런데 누가 먼저 사랑한다고 얘기했을까. 언제부터 두 사람은 사랑했을까. 선생님이 제자를 보고 먼저 사랑을 구애했을까. 학생이 선생님을 보고 먼저 구애했을까. 궁금한 것이 많다.

그러나 이것도 운명적이다. 남학생 사주에 사화(巳火)가 겁살(劫殺)이요, 해수(亥水)가 망신살(亡身殺)이다. 어차피 겁살(劫殺)과 망신살(亡身殺) 속에 아내가 있으니 시끄럽게 여자를 얻는 게 이 학생의 팔자다. 학생이 선생님을 사랑하면서 자연스럽게 아내가 되고 남편이 되는 것. 이를 숙명이라 한다. 선생님이 아내가 되고 제자가 남편이 되는 것, 귀엽기도 하고 대견하기도 하다. 나는 이들의 사랑을 진심으로 축복을 하는 바다.

2016년 남학생은 고등학교를 졸업하고, 대학에 들어가면 즉시 결혼하겠다고 두 사람은 이미 약속했다고 한다. 물론 양가 부모한테는 벌써 승낙을 받았기에 이들은 양쪽 집을 오가고 있단다. 양가에서 이들의 만남과 결혼까지 쉽게 승낙을 받은 것도 팔자소관이 아니면 그럴 수 없는 노릇이다.

부부인연숙세래(夫婦因緣宿世來)라. 부부의 인연은 전생에서부터 맺어지는 것이라더니 그런가 보다. 그렇지 않고는 이럴 수 없다. 공부하면서 가르치는 선생님이 아내가 되고, 눈앞에서 배우는 제자가 남편이 되는 것은 흔하지 않은 일이다. 희귀한 일이다. 바라건대 이 두 사람에게 축복이 함께 하시기를 바라며 지금처럼 새순처럼 꽃순처럼 아름다운 마음으로 평생 아름답게 선남선녀로 남아주십사 기원하는 바다.

9. 노처녀의 고백

찾은 것은 무엇인가, 잃은 것은 무엇인가, 남은 것은 무엇인가. 조용필의 노래 가사다. 이 노래가 내 귀에는 도담(道談)으로 들린다. 그렇다. 사십구지비(四十九知非) 오십이지(五十而知)라. 내가 50이 된 것은 알겠는데 49년은 어떻게 살았는지 모른다는 선현의 말씀에 비유되는 말이다.

사람이 너무 완벽하면 못쓴다. 나는 말했다. 사람은 헛점이 있어야 맛깔나는 사람이요, 삶은 낭비하지 말아야 하는 것이 나의 지론이다. 그러나 사람의 인격이나 교양, 선악을 떠나 '돈복'은 따로 있는 것 같다. 여기 이 사람을 보자.

庚　壬　丁　丙　(坤命)
戊　辰　酉　辰

8월 임수(壬水)가 좌우에 있는 진토(辰土)가 유금(酉金)의 조력을 받아 신왕재왕(身旺財旺)으로 변했다. 큰 집 큰 대문에 병정화(丙丁火)가 불을 밝히고 있다. 어떤 집인가 하고 문 앞에 갔더니 '부잣집'이라고 문패가 걸려있다.

임수(壬水) 주인을 불러 부잣집이라고 칭찬을 해줬더니 정유(丁酉) 통닭 한 마리에 유금(酉金) 양주까지 내놓으며 이런저런 얘기를 한다. 얼마나 구수하게 말을 잘 하는지 술시(戌時)가 되도록 이야기는 끝날 줄 몰랐다. 사주에 술토(戌土)가 있으면 옛날이야기를 잘한다더니 이 사람이야말로 사주대로였다.

뒷방에 술토(戌土)라는 금고를 진술충(辰戌沖)으로 열어 보여주는데, 이거 장난이 아니다. 정유(丁酉)는 장생(長生)이라 현찰이고, 현찰 중에서도 고액권 새 돈으로 빼곡히 쌓여있는 것이 사주 속에 들어있었다.

사주 중에, 아니 용신(用神) 중에 제일 좋은 것은 내가 극(剋)하는 재(財)를 용신(用神)으로 삼은 사람이고, 두 번째로 관(官)을 용신(用神)으로 삼는 사람이다.

재(財)를 용신(用神)으로 삼은 사람은 내가 다스리며 용(用)을 삼은 것이요, 관(官)을 용(用)하는 사람은 내가 다스림을 당하며 용(用)을 삼는 것이므로, 재관(財官)으로 용신(用神)을 삼은 사람의 차이는 비교가 안될 만큼 재용신(財用神)을 으뜸으로 치는 법이다.

운도 좋다. 이 사주가 좋아하는 여름동네를 지나가고 있으니 땅짚고 헤엄치는 격이다. 41세 젊은 나이에 벌써 청담동에 집 한 채를 마련했고, 세계적인 명차 포르쉐를 타고다닐 만큼 재력이 든든한 여걸인데, 안된 것은 노처녀라는 사실이다. 이것이 문제다. 나이로 보아서는 벌써 아이가 초등학교나 중학교쯤은 다녀야 하는데 아직 결혼을 안했다. 그럴 만도 하다. 남편이 있다고 해야 고작 진진자형(辰辰自刑)이 되어 문제가 있지만 시원치 않은 남편이요, 술토(戌土) 편관(偏官) 남편밖에 안 된다.

이 사람들 역시 돈을 보고 들어온 사람이므로 진정한 남편은 없다. 또한 자식 역시 진진(辰辰) 속에 을목(乙木)이 있으나 가을의 을목(乙木)이 되어 득자난양(得子難養)이라, 설령 낳는다 해도 키우기 어려운 자식이겠고, 불연이면 키우기 어려운 자식을 낳을 것이다. 그런가 하면 사실 남자를 만나본 지가 아주 오래됐다고 한다.

이 말에 내가 혹 2002년 임오년(壬午年)이었느냐고 물었더니, 그렇다고 한다. 그때 한번 잠깐 만나보고는 2016년이 되도록 한번도 남자를 만난 사실이 없다고 힘주어 말한다. 이 말에 내가 싱거운 소리 한마디를 던졌다. "올겨울처럼 긴 겨울밤 동지섣달 그 외로움을 어떻게 달래십니까? 남자놈들도 눈이 멀었지. 여기 이처럼 재력도 든든한 아름다운 꽃이 있거늘, 어찌 몰라보고 엉뚱한 곳에서 헛발질만 해대는지 모르겠습니다." 전국의 총각들을 향하여 일갈했다.

부자다. 틀림없는 부자다. 단, 아쉬움이 있다면 목(木)이 없어 식신생재(食神生財)를 못한 것이 흠이다. 만약 목(木)이 있어 식신생재(食神生財)를 했더라면 한국에서 재계 몇 위쯤은 되는 대기업을 갖고 있었을 것이며, 경제인연합회에 소속되어 한국의 경제를 논하는 반열에 올랐을 것이라고 본다. 이 사람의 대운(大運)을 보자.

50

辛 壬 癸 甲 乙 丙
卯 辰 巳 午 未 申

　10년 내로 이 사주에 임진(壬辰) 대운(大運)에서 도둑이 기다린다는 것이다. 그동안 병정화(丙丁火) 재(財)를 독식하면서 행복을 누리고 살았으나 모든 것은 유한한 법. 영원이라는 말은 아주 과학적이지 않은 말이니, 이 말을 믿지 마라. 이 말에 현혹되지 마라.

　다람쥐 쳇바퀴처럼 빙빙 돌아가는 지구 속에 사는 사람으로서 어찌 나라고 돌아가지 않을 수 있겠는가. 돌아가면 변하는 것이다.

　동즉변(動則變) 변즉화(變則化)라. 움직이면 변하게 되어 있고, 변하면 다른 것으로 변화하게 되어 있다. 이것은 우주의 법칙이다. 우주의 대의를 어찌 거역할 수 있단 말이냐?

　야속하게도 이 사람의 부는 임진(壬辰) 대운(大運)에서 말하고 있다. 임진(壬辰)아! 그동안 화운(火運) 30년! 너 혼자 잘 먹고 잘 살았으니 이제는 나도 먹자며 임진(壬辰)이 달려든다. 천간(天干)에 토(土)가 있으면 비견(比肩)으로 들어온 임진(壬辰) 도둑을 막아주겠는데 토(土)가 없으니 당할 수밖에 없게 됐다. 시지(時支)에 깊숙이 파묻어둔 현찰이라 임진(壬辰) 네놈이 들어와봐야 이곳은 찾아내지 못할 것이다. 더구나 여기에는 금고지킴이로 독일의 명견으로 이름난 경술(庚戌) 개 도발마가 지키고 있어 접근할 수 없다고 굳게 믿고 싶다.

　웬걸! 시운불래(時運不來)한 탓일까. 아무리 경술괴강(庚戌魁罡) 개가 지키고 있다고 해도 먹이사슬 앞의 도발마는 속수무책이겠다.

임진괴강(壬辰魁罡)이 경술괴강(庚戌魁罡)에게 말한다. 여보게 괴강(魁罡) 친구! 오랜만이다. 나 임진괴강(壬辰魁罡)이야. 이 말에 귀가 번쩍 띄인 경술괴강(庚戌魁罡)이 임진괴강(壬辰魁罡)을 올려다본다. 우리는 서로 같은 괴강(魁罡) 나라에서 사는 친구 사이가 아닌가 하며 너스레를 떨어댄다.

■ 4대 괴강(魁罡) 일주(日柱)

庚　庚　壬　壬
辰　戌　辰　戌

우리는 60갑자(甲子) 중에서도 똑똑하기로 소문난 명장들이다. 경술(庚戌)이 임진(壬辰)을 만나니 경금(庚金)은 임수(壬水)가 시원해서 좋고, 조열한 술토(戌土) 속에 정화(丁火)가 있어 조열하던 차 진중계수(辰中癸水)가 들어와 진술충(辰戌沖)하니 습토(濕土)가 되어 좋고, 경금(庚金)은 진중을목(辰中乙木)을 만나 30년 동안 모아둔 재물을 땅 속에 감췄고 냄새 맡는 데 일등으로 잘 훈련된 도발마까지 들여와 금고를 지키게 했다만 임진(壬辰) 한 방에 다 털리게 될 그때가 걱정된다.

돈이란 버는 것보다 지키기가 더 어려운 법이다. 재고(財庫)가 열리는 방법은 두 가지다. 자의로 여느냐, 타의로 여느냐. 자의로 연다면 사업을 시작하거나 더 키우려고 금고를 여는 방법이 있고, 타의로 연다면 누군가에게 좋은 사업을 제안받아 금고를 여는 방법이 있다. 물론 재고(財庫)가 충(沖)을 받으면 호충(好沖)이라 하여 좋은 것도 있지만 말이다.

그러나 금고를 여는 때가 중요하다. 아무 때나 여는 것이 아니다. 이 사주는 임진(壬辰) 대운(大運)부터 10년간 도둑수가 들어와 있고, 그 도둑과 10년간 친구되어 동거동숙을 할 대운(大運)이다. 그러나 이 사람이 도둑이라는 것을 전혀 모르는 임진(壬辰)이 문제다. 왜냐하면 이 사람은 임진(壬辰)이 바라던 사람을 만났기 때문이다. 이 사람이야말로 영원한 내 친구요 반려자요 여보요 당신이요 남편이기 때문이다.

모든 것은 근자지소행(近者之所行)이라고 가까운 사람의 짓이다. 도둑은 결코 먼 곳에 있지 않다. 이래서 모든 생물에게는 유한한 법이고, 영원이란 없는 것이다. 하루 해도 영원하지 못하고, 하루 낮도 영원하지 못하여 밤한테 양도하는데 사람의 부귀영화도 이러하며 사람의 수명과 공명도 이러하거늘 물러설 때 물러설 줄 아는 사람이 지혜로운 사람이다. 나가고 들어오는 진퇴를 모르면 이보다 더 어리석은 사람은 없나니 이 말을 삶의 지혜로 삼기 바란다.

10. 아버지가 돌아가신 뒤 사업을 물려받았으나

辛　丁　癸　甲　(乾命)
亥　卯　酉　寅

5월 농부에 8월 신사라는 말이 있다. 농촌에서 5월은 모심는 때라

1년 중에서 가장 바쁜 철이다. 속된 말로 세수하고 밥 먹으며 오줌 싸고 똥 쌀 틈도 없을 만큼 바쁜 때다. 그래서 붙은 이름이 5월에는 농부되고, 8월에는 이미 넓은 만경에 벼가 누렇게 익어 개꼬랑지 만한 벼이삭들이 고개를 숙인 채 흔들흔들 넘실대며 주인오기만을 기다리는 때가 8월이다.

이때 농부들은 모두 부자가 된다. 들로 밭으로 논으로 어디를 가든 열매가 주렁주렁 매달려 낮볕에도 좋고, 달빛에도 좋아라 익어가는 이때가 농부들한테는 1년 중 제일 좋은 때라 격양가(擊壤歌)가 절로 나오는 때이기도 하다.

이때를 말하여 8월 신사라 한다. 이 사주는 8월 정화(丁火)가 너무 약하다. 월간(月干) 계수(癸水) 때문이다. 계수(癸水)는 이슬비나 가랑비 같은 것, 8월 농사 다 지은 터라 8월 날씨가 좋아야 하는데 유금(酉金)을 익히지 못하니 이 사람은 흉년을 만난 것과 같다.

이 사주 25세 병자(丙子) 대운(大運) 중에 아버지 유금(酉金)이 돌아가시고 유업을 물려받았다. 그러나 백치다. 대학을 막 졸업하고 나왔을 때 아버지가 돌아가시면서 이 사람은 사회도 회사도 모르는 때였다. 업종은 해운에 관계되는 일이다.

회사가 있으니 사무실에는 직원들이 있어 운영은 하고 있으나 주인 없는 나그네들만 있는 것 같아 암담했다. 그렇다고 회사 문을 닫을 수도 없고, 경영하자니 아는 것이라고는 캄캄한 것뿐이다. 그렇지만 출근을 했다. 아버지 상중에 몇몇 분들과 인사를 나눠 초면은 아니었다. 이 사람들에게 대충 회사 자산과 운영에 대한 브리핑을 들었지만 도통 알아들을 수가 없었다. 알아듣는 소리라고는 회사가 어렵다는 말뿐이었다.

출근하는 첫날부터 이미 사장이었다. 그러고는 부장이라는 사람이 경쟁사가 많으니 우선 거래처를 찾아다니며 인사부터 하라는 것이다. 시키는 대로 했다. 그러면서 위태로운 회사를 끌고갔다. 아직도 수운(水運)은 지나가지 않았지만 그런대로 좋은 세운(歲運)을 만날 때마다 손실을 메꿀 수 있었다.

45세부터는 무인(戊寅) 대운(大運)이 온다. 무토(戊土)가 계수(癸水)를 잡으면서 하늘에 비가 그치고 봄볕이 쏟아지듯 날씨가 쨍쨍해지는 대운(大運)이다. 내가 말했다. "당신 코값을 못하면 바보다. 41세부터 재물을 관장하는 코에 운이 닿는데 전성기는 45세부터 찾아옵니다." 이 말에 수긍하는 듯 빙그레 미소를 짓더니 41세가 되면서부터 거래처가 늘고 직원이 늘면서 사무실도 을미년(乙未年)에 아버지가 하시던 곳에서 도곡동에 있는 큰 빌딩으로 이사했다며 찾아왔다.

이 사람은 코가 좋았다. 산근(山根)에서 발원한 준두(準頭)는 길쭉하게 늘어지면서 내려온 콧방울은 꼭 쓸개주머니를 거꾸로 매달아 놓은 듯 했고, 콧구멍은 숨만 쉬도록 뚫어놓았으며, 이곳마저 도톰한 콧방울에 폭 파묻혀 보기에도 아주 좋았다.

마침 나를 면담하러 온 날에는 콧대와 콧방울 한 무더기가 번쩍번쩍 광채가 나고 있었다. 이를 보고 곧 큰 건 하나 하겠다고 했더니 그렇다고 한다. 몇 억짜리라고 한다. 현재 운이 좋다는 징표다. 욱일승천하시기를 기원하는 바다.

11. 마음 좋은 사람이 먼저 취한다고

己 辛 戊 辛 (坤命)
亥 卯 戊 亥

때는 9월! 가을에 낫을 가는 것과 봄에 낫을 가는 것은 그 갈림이 다르다. 가을에는 숫돌에 몇 번만 문질러도 예리하게 날이 서는데, 봄에는 목왕절(木旺節)이라 날이 잘 서지 않는다. 이것이 자연의 이치다. 신금(辛金)은 낫이요, 해묘(亥卯)는 아직 익지 않은 곡식이다. 이미 추수가 끝난 9월 들판은 황량하기 이를 데 없는데, 이 사주는 음지 사주가 되어 해묘(亥卯)로 습목(濕木)이 되어 곡식이 늦게 되고 벼도 늦게 된다.

더구나 이 사주에는 화(火)가 없어 벼를 익힐 만큼 뜨겁지가 못하여 풋곡식으로 남아있는 것이다. 꼬라지가 곡식 익히기는 틀렸다. 해묘(亥卯)는 본래 습한 것. 화(火)가 있어도 목생화(木生火)가 시원하지 못할 판이다.

그러므로 이 사람의 남편은 누가 되더라도 신금(辛金)을 빛내줄 사람은 없다. 술중정화(戊中丁火)는 입묘(入墓)된 지 오래다. 즉 생사이별을 면하지 못할 운명이 되었다. 신금(辛金)은 해수(亥水) 자식 하나를 낳아 초등학교에 입학시키면서 이혼했다고 한다.

이것은 예정된 운명이었다. 이후부터가 문제다. 지지(地支)가 모두 합(合)됐다. 술해(戊亥)로 합(合)되고, 묘술(卯戊)로 합(合)되고, 해묘(亥卯)로 합(合)되어 관(官)을 찾으려고 마음이 헤퍼졌다. 쉽게 말해서 돼지는 어디든 한쪽을 살살 긁어주면 슬며시 쓰러지는 버릇이 있는데, 이 사주에 해(亥)가 두 마리씩이나 있는 것도 이와 무관치 않다. 또한 여자 사주에 합(合)이 많으면 정이 헤픈 법이다.

마음 좋은 사람이 먼저 술에 취한다는 말이 있다. 마음이 좋아 여기저기서 주는 술을 거절하지 못하고 받아 마신 데서 유래한 말인가 한다. 그런가 하면 술자리에서 빈 잔을 오래 갖고 있으면 그 사람보고 우체국장이라고 한다. 이것은 시골 우체국장은 권력기관이 아니라 끝발이 없는 서비스기관이므로 지서장만도 못하다는 뜻에서 나온 말이다. 모두 웃자고 하는 말이다.

그녀의 사주는 별 볼 일이 없는 명이다. 왜냐하면 천간(天干)에 무기토(戊己土)가 신금(辛金)을 매금(埋金)시켜 토다매금(土多埋金)이라, 이쯤되면 평생 큰 소리 한번 못치고 사는 팔자요, 인물 또한 볼 것이 없다.

왜냐하면 신금(辛金) 보석은 물로 씻어야 깨끗하고 빛이 나는 법인데, 흙 묻은 보석이 되었으니 무슨 볼품이 있겠는가. 이를 말하여 자유방임형, 즉 숫자만 맞지 이목구비가 제멋대로 생겼다는 말이다. 그러므로 얼굴에 잡티가 많고 코가 낮으며, 입은 작고 입술은 얇아 먹고살기에 급급한 사주다.

12. 승려팔자다

壬 戊 庚 甲 (乾命)
戌 寅 午 寅

화토중탁격(火土重濁格)이다. 일간(日干) 무토(戊土)를 중심으로 하여 인오술(寅午戌)로 화국(火局)을 이루면서 임수(壬水)는 날아가고 경금(庚金)도 녹아버렸다. 사주가 달달볶인다. 토(土)는 화(火)가 많으면 조토(燥土)가 되는 법이고, 조토(燥土)가 되면 쓸모가 없게 되는 법이다. 조토(燥土)된 사주에 스님이 많은 것도 묘한 일이다.

이러한 사주는 술토(戌土)라는 화개살(華蓋殺)까지 있으니 스님이 종착역이다. 사람이 이쯤되면 성격 또한 달달볶는 기질이 있고, 머리도 곱슬머리다. 지금은 시간(時干)에 떠있는 임수(壬水)가 재(財)요, 시상편재(時上偏財)를 놓아 사업한다고 소리는 크지만 별것 아니다. 이를 '부생(浮生) 공자망(空自妄)'이라고 한다. 쓸데없이 바쁘기만 하지 실속이 없다는 뜻이다.

그런가 하면 이런 사주가 느닷없이 수운(水運)을 만나면 머리가 팽! 돌아 미치는 경우가 있다. 이것은 불구덩어리 사주가 물을 만나면 느닷없이 시원해져 정신이 팽돌아 버리기 때문이다.

아내도 없고 자식도 없다. 지금이라도 불교대학에 들어가 훗날을 대비하라고 재촉했다. 타고난 중팔자다. 훗날 이 사람이 머물 곳은 대웅전에 삼존불을 모신 큰 절 스님이 되어 인생의 극락왕생을 기원하리라고 본다. 그때는 알리라. 김봉준이 왜 그토록 재촉했는지를.

부처여! 산이여! 신이여! 지나온 세월 일만번뇌에 자신의 어리석음을 탓하며 주르르 흐르는 눈물에 옷소매를 적실 때, 김봉준을 떠올릴 것이다. 이 사람은 지금 불교대학에 들어가 공부한다는 소식을 들었다. 어서 부처님의 가피를 입어 성불하기를 바란다.

13. 이런 사람도 쓸모가 있으려나

乙 丁 庚 戊 （乾命）
巳 巳 申 午

누구나 한 생명의 탄생은 위대한 것이고, 위대하기까지에는 무수한 시간과 공간 속에서 이때 이날이 오기를 기다렸다 나온 것이 사주팔자다. 이것은 생명의 기적이다. 물론 나에게도 감사하지만 기적처럼 만난 우리 만남에도 감사하자. 같은 시대에 같은 하늘 아래에서 산다는 것은 보통 인연이 아니다.

이 사람은 경신월(庚申月) 정사일(丁巳日)에 태어나 정재격(正財格)이 되었다. 격국법(格局法)에 정재격(正財格)은 관용신(官用神)을 하라 했으나, 무토(戊土) 상관(傷官)이 년상(年上)에 개두(蓋頭)하여 쓰임이 없어졌고, 관(官)까지 없어 할 일 없는 사주가 되어버렸다. 집에서 밥이나 먹어치우는 식충 사주가 되었다. 그런가 하면 을목(乙木)인 인수(印綬)도 말라죽었고, 오(午)를 비롯하여 사(巳)로 비겁(比劫)이 많아 신왕재왕(身旺財旺)인 것 같지만 자세히 살펴보면 그렇지도 않다.

우선 입추가 지난 화(火)는 사지(死地)가 되어 약하고, 2개의 사(巳) 속에는 모두 경금(庚金)이 들어있어 여차하면 금(金)으로 변할 사화(巳火)들이다. 그런가 하면 무토(戊土) 상관(傷官)이 오화(午火) 위에 올라앉아 사람이 영악하지 못하고, 을목(乙木) 인수(印綬)도 메말라 죽는 바람에 공부도 빵점이다.

이쯤 되면 반신반인(半神半人)만 됐어도 좋았을 텐데 그러지를 못하고 반편에 불과한 사람밖에 안 된다. 오호통재라. 가슴이 아프다. 보기에 사(巳) 오화(午火)가 많은 것이 흠이다. 사(巳) 속에는 경금(庚金)이 들어있고, 사신형(巳申刑)까지 되는 바람에 자율신경이 마비되어 늦도록 오줌을 쌌다. 사주가 이래서 그랬던지 걸음걸이도 종종 새처럼 걷는다. 새걸음을 하면 단명하는 법인데 나이도 벌써 40에 올라탔다.

엄마를 오시라고 했다. 며칠 후 엄마와 같이 왔다. 사주 생긴 내력을 말하고는 이런 사람도 쓸모가 있어 세상에 태어났으니 쓸모 있는 곳으로 보냅시다. 절이다. 비록 일지(日支) 사화(巳火)에 축(丑)은 없으나, 년(年)에서 보나 일지(日支)에서 보나 축(丑)이 공망(空亡)이다. 즉 일지(日支) 사유축(巳酉丑)에 축(丑)은 화개살(華蓋殺)이 된다. 일지(日支) 화개(華蓋) 공망(空亡)이면 반드시 중팔자를 벗어날 수 없으니 절에 들어가 공양주부터 시키라고 강권하다시피 했다.

그후 듣자니 그 사람의 엄마가 아는 주지스님께 부탁하여 승복입고 마당쓸기부터 시켰는데 어찌나 절살림을 잘 하는지 모른다며 이게 팔자소관인가 보다고 연신 고맙다는 인사를 받을 때 나도 그 이상의 기쁨을 느꼈다.

14. 선생팔자요

辛　乙　丙　丙　(坤命)
巳　酉　申　寅

왕건이 후백제를 치려고 황산벌에서 대치하고 있을 때였다. 왕건도 계백도 서로 군세가 팽팽하여 선제공격을 못하고 있을 때, 마침 하늘 높이 떠있는 뭉게구름 밑으로 한 무리 기러기떼가 나타나더니 왕건 쪽에서 백제군 쪽으로 날아가는 것을 본 백제의 장군들이 생각하기를 이것은 백제의 패전을 뜻하는 흉조요, 하늘의 조짐이라며 지레 겁을 먹고 싸움 한번 해보지 못한 채 도망가는 바람에 패전했다는 야사가 있다. 그 전쟁을 방불케하는 사주가 있어 소개한다.

여기를 보자! 을유(乙酉)를 중심으로 신사유신(辛巳酉申) 칠살(七殺)이 진을 치고 있다. 사주에 살(殺)이 많으면 여자는 미색이 뛰어난 법이다. 그런가 하면 때는 이미 7월이 깊어 8월로 접어드는 때, 아침 저녁으로 냉기가 완연히 다르다.

을목(乙木)은 하얀 서리를 뒤집어쓰고 앉아 금(金)이라는 칠살(七殺) 속에 갇혀 나오지도 들어가지도 못하게 편관(偏官) 칠살(七殺)한테 볼모로 잡힌 신세가 되고 말았다. 이때 동쪽에서 떠오르는 병화(丙火)가 인목(寅木) 장생(長生) 위에 올라탔고, 병신(丙申)의 병화(丙火)도 신금(申金) 역마(驛馬) 위에 올라타 괴성을 지르며 편관(偏官) 칠살(七殺) 앞으로 돌진하고 있다.

이를 본 편관(偏官)들 혼비백산하여 쓰러지고 넘어지고 도망가다 나뒹구는 모습이 꼭 황산벌에서 싸움 한번 못하고 무력하게 도망가는 백제의 군병마졸들을 연상하게 하는 사주가 되었다. 병화(丙火)가 인목(寅木)의 장생(長生)이 되어 보기 드물게 좋은 사주로 진단한다.

때는 가을! 풍국쟁염(楓菊爭艶)이라, 가을 단풍과 국화가 서로 잘

낮다며 자태를 뽐내는 때, 과연 단풍도 아름답고 국화도 아름답구나! 이때 병화(丙火)는 상관(傷官)이 아니라 식신(食神) 작용을 하므로 식신제살격(食神制殺格)으로 본다. 식신(食神)은 제자요 자식이다. 제자 병화(丙火)가 큰 것으로 보아 고등학교 이상 학생이 될 것이며, 자식 또한 좋다. 대물이다.

이처럼 좋은 사주에는 비가 오면 안 된다. 비가 오면 낙화요, 눈서리가 내려도 낙화다. 격으로 따라 들어오는 신유생(辛酉生)이 남편이요, 아들이 둘이다. 아들이 용신(用神)이므로 가내화평할 것이요, 식신(食神)이 용신(用神)이니 질병 없이 평생을 건강하게 살리라.

15. 갑술(甲戌)이 말한다

丙 甲 丙 甲 (乾命)
寅 戌 寅 子

갑술(甲戌)이 말한다. 이 세상에서 나만큼 잘난 사람 있으면 나와 보라고. 그렇다, 맞다. 잘난 것도 맞고, 머리 좋은 것도 맞다. 좌우에서 갑술(甲戌)을 보필하는 병화(丙火) 둘이 목화통명(木火通明)을 해주니 머리 좋고 인물 좋고 깨끗하기로 나무랄 데 없는 사람이다. 여기다 인목(寅木) 둘이 양쪽으로 뿌리하고 있다.

이렇게 큰 나무는 사나운 비바람에도 뽑히지 않고, 눈서리쯤은 신경도 쓰지 않는다. 왜냐하면 이 나무는 양지바른 곳에서 남쪽을 향해 서있는 나무이기 때문이다.

그런가 하면 입춘이 막 지난 갑술목(甲戌木)이라 음산(陰山)은 아직도 겨울이건만 이 사주는 인오술(寅午戌) 화국(火局)이 되어 양지바른 곳에서 여름꽃처럼 만개하고 있으니 꽃치고 미운 꽃이 있더냐. 꽃은 모두 예쁜 것. 그러므로 잘생긴 사람이다.

단, 겉으로는 보기 좋은 꽃이지만 속은 아니다. 나 같으면 이런 사주한테 딸 시집보내지 않는다. 우선 사주에 토재(土財)가 없어 아내를 다룰 줄도 모르지만, 있어봤자 식모 노릇밖에 할 일이 없고, 재(財)가 없으니 생활비를 주지 않을 것이고, 아내 생각은 손톱만큼도 없는 사람이기 때문이다.

그런가 하면 속으로 골병이 든 사람이다. 사주에 목(木)이 많으니 위산과다요, 나무는 옹이가 박혀야 단단한 법인데 사주에 금(金)이 없으니 허리가 아프다.

나무는 금기(金氣)가 있어야 단단해지는데, 웃자라 키는 훌쩍 크지만 금(金)이 없어 하체가 약하니 콩나물처럼 시들부들하게 생겼다. 아무튼 겉으로는 보기 좋으나 속은 볼 것 없는 사주다. 꽃이 크고 많으면 열매가 작은 법이요, 겨울꽃에는 열매가 없는 법이다. 이를 허화 혹은 숫꽃이라고 하는 것이다.

16. 인걸지령이라

庚　庚　己　庚（乾命）
辰　戌　丑　戌

축토(丑土)는 양금지토(養金之土)다. 12월은 소춘절(小春節)이라 입춘을 코앞에 둔 때이니 경금(庚金)은 두려울 것이 없다. 또한 격국(格局)이 토왕절(土旺節)에 태어났고, 3경(庚)이 모두 여기에 뿌리하고도 남을 만큼이며, 지지(地支)가 전부 토(土)라 보기 드문 신왕(身旺) 사주다.

천간(天干) 3경(庚)이 모두 이들의 형제요, 형제는 모두 따뜻한 화운(火運)을 기다리며 질서있게 배열되어 있다. 이는 월령(月令) 기축(己丑)을 중심으로 형제간에 우애하는 것이요, 형제 모두 괴강(魁罡)이라 똑똑한 것은 물론 천문(天門)까지 있어 부모의 혈통이 좋은 것으로 본다. 또한 지지(地支)가 전부 진술축(辰戌丑)이라 집안에서 장남 구실을 하는 사람이다.

나는 이 사람을 모른다. 손님으로 오면서 알게 되었다. 지금까지 설명대로 사주 바탕을 설명해주면서 올 을미년(乙未年)에 진술축미(辰戌丑未)라는 4고지(庫地)가 들어오면서 월령(月令) 기축(己丑)을 을미(乙未)가 천충지충(天沖地沖)하는 것을 보면서 말했다.

부모 산소 문제로 왔느냐고 물었다. 손님 "그게 나와요?" 하고 묻는다. 알고 보니 부모님 산소자리를 샀는데 어떤 곳인지 알고 싶어 온 것이다. 이 사람이 산소자리 문제로 찾아온 것도 운명적이다. 4남매 중 막내이면서 장남 구실을 하는 것, 이것은 진술축미(辰戌丑未) 때문이다.

나는 다시 물었다. "그러면 사주에 나타나지 않은 형제가 또 한 분 있는데, 누님이나 여동생 아니면 이복동생이 있어야 하는데요?" 누님이 한 분 계시다고 한다. 그러면 3남 1녀가 모두 잘사는 사람들이라고 말했다. 또 앞으로 운이 좋은 것으로 보아 못자리도 잘 샀을 것이라고 단정해버렸다.

이 사람이 즉흥적 제의를 해왔다. 사실은 소개를 받아 왔는데 언제 한번 같이 가보자는 것이다. 나는 지리전문가는 아니라서 잘 아는 지인을 소개해주겠다고 했으나 극구 권하는 바람에 관심도 있고 해서 2015년 12월 13일 일요일로 날을 잡았다. 이 사주를 보면서 사실 나도 궁금해서 승낙했던 것이다.

진술축미(辰戌丑未)는 이들의 노적봉에 해당한다. 고향이 경북 봉화인데 그곳으로 갈까도 생각했지만 훗날을 생각해서 서울 인근에 땅을 샀다는 것이다.

나는 그에게 앞으로 늘어진 머리를 걷어올려보라고 했다. 이마를 보려고. 그런데 공교롭게도 이마 변두리에 있는 산림(山林)자리에 쌀알만한 점이 하나 있는 것을 보고 "고향으로 못가겠네, 갈데가 없소!" 했더니 껄껄 웃으며 자기 얼굴에 점이 있는 것은 몰랐다고 한다. 산림(山林)에 점이 있으면 고향에 묻힐 곳이 없다는 징표다.

2015년 12월 13일, 정중한 대우를 받으며 포천으로 갔다. 현지에 도착하면서부터 놀랐다. 외곽을 둘러싸고 있는 광덕산의 기세는 중후했다. 그러면서도 울퉁불퉁한 근육질에 뼈대(바위)까지 튼튼한 명산이었다. 산세가 육중하다고 해서 살기가 있는 것도 아니었다.

그 광덕산 품안으로 들어온 산세는 서로 업고 업히며 한편으로는 부드럽게 춤출 때의 소매자락 같았다. 심심산천의 골짜기에서 흐르는 물줄기는 어디서부터였는지 그 원천을 숨긴 채 들어가 산자락 밑으로 저희들끼리 굽이굽이 흘러 계곡을 만들더니 좌청룡 밑으로 조용하게 흐르고, 우백호의 기세는 건강한 남자답게 청룡을 감싼 품세가 아늑하기 이를 데 없었다. 특히 북쪽의 배산(背山)은 북고남저(北高南低)로 높지도 얕지도 않게 도톰하게 살쪄있었고, 남으로는 하루 종일 햇볕을 길게 받을 수 있었으며, 토질은 완전한 비사비토요, 토색은 24K 황금을 닮은 듯한 진토(辰土)였다. 보기 드문 황금토였다.

그런가 하면 양지바른 곳에서 우백호를 이룬 옆산의 거대한 4개의 봉우리가 유연하면서도 건강하게 아래로 내려가며 사형제봉을 만들었다. 그중에 일봉은 삼봉에 비하여 작은 음봉이 하나 있기에 나는 이를 딸이라 하고, 잘생긴 삼봉은 아들 삼형제에 비유했다.

누가 봐도 뚜렷한 사봉! 그중에 맏이인 첫 번째 일봉을 기준으로 쭉 내리 삼봉이 있으니 이들이 곧 3형제요, 작은 음봉 하나는 여형제다. 산 임자는 따로 있다더니 정말 그런 모양이다. 계관포란형(鷄冠抱卵刑)! 벼슬달린 닭이 알을 품은 산세다. 물이 나가는 곳이 보이지는 않지만 그곳이 닭의 뾰족한 부리와 같고, 그 머리 위로 일어선 봉우리가 닭의 벼슬이다.

산 아래 오붓한 곳에 둥글둥글한 비닐하우스 밭이 장관이었다. 저곳이 무엇을 하는 곳이냐고 물었더니 토마토밭이라고 한다. 그렇다. 토마토가 계란이다. 닭이 알을 품고 있는 형상이므로 금계포란형이라고 이름붙였다. 아직도 이러한 곳이 남아있었다는 것은 주인이 나타나기를 기다렸다는 뜻이라고 하겠다.

모든 것에는 임자가 있는 법이다. 기인기소(其人基所) 기소기물(其所其物). 그때 그곳에 그 사람이 있게 되어 있고, 그때 그곳에 그

물건이 있게 되어 있다는 주역(周易)의 말씀을 되새겨봤다. 사람에게도 바라는 욕구가 강하면 그 기와 만나게 되어 있듯이, 이곳은 문사장 일가가 오기를 기다리고 있었던 요지였다고 생각한다. 산신에 감사하고 조상에 감사할지어다.

17. 울고 싶어라

辛 丙 辛 壬 （乾命）
卯 午 亥 戌

10월 병화(丙火)가 술(戌)에 입묘(入墓)하고, 천간(天干)에 붕신(朋辛)이 병화(丙火) 옆에 붙어 합(合)을 하려고 떠나지 않는다. 이렇게 되면 병화(丙火)는 빛을 잃고 흐려져 눈뜬 봉사와 같으니 구직난사(求職難事)라.

그나마 다행인 것은 일지(日支)가 병오(丙午)로 간여지동(干與之同)을 만들어 꺼져야 할 불이 간드랑거린다. 시지(時支)에 묘목(卯木)이 있으나 습목(濕木)은 오히려 오화(午火) 옆에 있어 생화(生火)하는 것이 아니라 파(破)되어 타는 불을 방해하니, 이것이 나무는 때지만 연기만 나는 불이 되고 말았다.

이로써 눈에 연기가 들어간 듯 흐려 이 사람이 쓰고 다니는 안경알의 나이테가 많은 것을 알겠다. 이쯤되면 눈앞이 어두워 어른거리는 사람인데, 어찌 직장을 구할 수 있겠는가. 이런 사람을 '답답한 사람'이라고 하는 것.

그런가 하면 울고 싶어도 울지 못하는 사람이다. 이것이 팔자다. 팔자대로 살아라. 두 신(辛)이 정재(正財)가 되어 본처라 하겠지만 투합(鬪合)하니 품안에 안을 수도 없는 아내요, 아내가 있어도 다스릴 수 없는 사람이다. 혹여 결혼을 해도 후회가 막급하리라.

그런가 하면 월(月)에 있는 신해(辛亥)하고 결혼해도 시(時)에 있는 신묘(辛卯)와 합할 걸 그랬다며 후회하고, 시(時)에 있는 신묘(辛卯)와 결혼하면 월(月)에 있는 신해(辛亥)와 결혼할 걸 그랬다고 후회할 사람이다.

그리고 관(官)은 임수(壬水)와 월지(月支) 해수(亥水)가 있으나 모두 편관(偏官)이라 마음에 안 드는 직업들뿐 몸을 둘 곳이 없는 사람이다. 더구나 돈그릇이 두 신(辛)이 노출되어 정재(正財)뿐이다. 신약(身弱) 사주에서 노출된 돈은 내 돈이 아니고, 노출된 돈은 그만큼 돈이 없는 사람이다. 그저 산다는 것이 그날이 그날. 정재(正財)가 되므로 푼돈이요, 닥치는 대로 아르바이트나 하며 목구멍에 풀칠이나 하는 것으로 만족해야 할 것 같다.

그렇다고 중노동을 할 팔자도 못된다. 우선 사주가 신약(身弱)하여 체력이 미달이기 때문이다. 고작 한다는 것이 신금(辛金) 재(財)가 되어 작은 소품가게나 편의점에서 일하는 것이 적합한 사람이다. 술시(戌時)에 들어가 주인되는 임수(壬水)와 맞교대하여 밤새 지키고 있다가 묘시(卯時)에 일을 마치는 것이 먹고사는 방법이다.

세상을 탓하지 마라. 나랏님도 탓하지 마라. 나랏님도 백성을 구제하는 데는 한계가 있는 법이다. 요즘 같은 때! 정치는 시끄럽고, 경제도 어렵고, 북한은 술주정뱅이처럼 말썽만 부리니 나라도 어렵단다. 대책이 없다. 출구가 없다. 수학신동, 음악신동은 있어도 정치신동은 없는가 보다. 이런 때! 정치신동이 나오면 좋으련만

.

18. 엄마 결재를 받지 못해 결혼 못하는 아들

가을이 익어가는 8월, 올 추석달은 휘영청 밝았다. 풍우설상을 견디며 천년을 이겨낸 갑목(甲木) 사이로 황진이의 옷고름보다 더 엷고 부드러운 미소를 짓던 보름달이 아직도 머릿속에 들어 일렁인다.

대풍이다. 8월의 경금(庚金) 열매가 관살병용(官殺併用)을 하는 때, 낮불도 좋고 밤불도 좋다. 불도 때마다 다르다. 봄불은 겉은 차며 속은 따뜻하고, 여름불은 겉과 속이 뜨겁고, 가을불은 겉은 따뜻해도 속은 차며, 겨울불은 겉은 차도 속은 따뜻한 법이다.

불도 성깔이 있다. 봄불은 여우불이라 보이지 않고, 여름불은 사납고 거칠기가 광야의 폭군이요, 가을불은 따끈따끈해도 칼칼한 맛이 있고, 겨울불은 어쩌다 제 눈에 들어야 살짝 마빡만 비추고 숨어버리는 서울깍쟁이 같은 불이다.

불은 어떤 나무를 만나느냐에 따라 화력이 다르다. 참나무 장작불은 화력이 가장 세고, 밤나무 장작불은 머리가 아프고, 소나무 장작불은 쪼일수록 정겹고, 떡갈나무 장작불은 잔소리가 많아 시끄럽고, 볏집불은 눈이 따갑고, 고춧대는 코가 맵고, 가짓대는 눈이 애리고, 쑥댓불은 냄새가 그윽하고, 억새불은 성질이 급하여 호드덕거린다.

큰 나무가 큰 불을 만나면 광휘하여 목화통명(木火通明)을 이루지만, 작은 불이 큰 나무를 만나면 작은 불이 짓눌려 죽고, 작은 나무가 큰 불을 만나면 본전도 못찾고, 큰 나무가 작은 불을 만나면 낮짝만 그을려 체면만 구기고 나오는 법이다. 이 사람을 보자.

壬 丁 甲 戊 (乾命)
寅 巳 寅 申

50을 바라보는 놈이 아직도 엄마의 그늘을 벗어나지 못한 채 장가도 못가고 있다. 엄마 마음에 드는 아가씨가 나올 때까지 기다리라고 해서 그런단다. 내 마음대로 하자니 용돈이 급하고, 엄마 말씀을 따르자니 은근히 화딱지가 난다고 한다. 이것도 팔자소관인지 사주로 알아보자.

무신(戊申)과 정사(丁巳)로 고란살(孤蘭殺)이 2개다. 갑인(甲寅) 엄마가 드센 것은 알겠는데 공망(空亡)을 맞아 엄마의 생각은 잘못되고 헛되다. 인(寅)이 신금(申金) 아내를 충(沖)하는 바람에 엄마 마음에 드는 여자는 조선땅에 없다. 정사(丁巳)를 가운데 두고 양쪽 인목(寅木)이 과하게 생(生)을 하는 바람에 모자멸자(母慈滅子)가 되어 자식을 망쳐버렸다.

정화(丁火)의 식상(食傷)인 무토(戊土)가 갑목(甲木)에게 심하게 극(剋)을 당하여 이 사람 역시 생각이 모자라는 사람이다. 갑인(甲寅)의 기세가 간여지동(干與之同)으로 쭉 뻗은 나무라 며느리도 나처럼 쭉쭉빵빵하면서 예쁘기를 원하나 이 사주에는 그런 여자가 없으니 장가가기 틀렸다. 정임(丁壬)이 합(合)되어 꺼져가는 정화(丁火)에 무슨 놈의 미인이 며느릿감으로 들어오겠는가. 공망(空亡) 맞은 어미가 미쳤다. 따라서 자식을 쓸모없게 만들었으니 자식농사 어미가 망쳤다는 것을 어미가 알아야 한다.

이 사주에 경금(庚金) 여자가 들어와 갑인목(甲寅木)을 사정없이 두들겨 벽갑인정(闢甲引丁)해야 이 사람이 산다. 그렇지 않고는 살릴 방법이 없다.

무신(戊申) 고란살(孤蘭殺) 속에 좋은 경금(庚金) 여자가 있는데도 인목(寅木) 어미가 뒷발질로 내쳐버렸으니 모두 엄마 탓이다. 그러나 이 사람 사주가 그렇게 만들어졌으니 엄마 탓만 할 수도 없게 되었다. 아무튼 결혼은 한 번 실패한 여자가 내 처다. 그러나 삼형(三刑)되어 장가를 두 번 가야겠는데, 두 번 가도 인목(寅木) 엄마의 등살에 못견뎌 홀아비로 평생을 살게 될 것 같아 측은하다는 생각이 든다.

19. 날개 없는 새가 되어 떠난 조성민

목(木)이 뻣뻣하면 금(金)이 다스리고, 화(火)가 작렬하면 수(水)가 다스리고, 토(土)가 단단하면 목(木)이 다스리고, 금(金)이 거만하면 화(火)가 다스리고, 수(水)가 도도하면 토(土)가 다스리는 게 자연의 중용이요 법도다.

사람도 이와 같으리. 교만과 만용이 도를 넘으면 반드시 다스림을 당하는 법이다. 이를 생극제화(生剋制化)라 한다. 이렇게 하여 서로 견제하고 비켜가며 발전하는 것이 진화다. 진화는 시간을 말하는 것으로 고요한 밤에도 요란한 낮에도 진화는 계속된다. 단 시간이 멈춘 것은 진화가 멈춘 것이요, 진화가 멈춘 순간부터는 생명이 아니다. 그러므로 인간도 생명을 다하면 그때부터는 호칭도 달라진다. 망자·영혼·귀신·신령은 모두 시간이 멈춘 이들이다.

한때 세상을 놀라게 한 최진실과 전 남편 조성민이 뒤따라 자살하는 것을 보면서 많은 생각을 했다. 사람은 잘나갈 때 조심하고, 자연은 해빙기에 조심하라는 말이 있다.

이들은 한때 아주 잘나가던 예체능계 톱스타였다. 사유가 무엇이었든지 결과는 짧은 생애를 비운으로 마무리했다는 것과 자식을 외면하고 떠난 어미와, 자식을 저버리고 뒤따라간 아비는 사실 박수받지 못할 사람들이다. 더구나 엄마는 갔고, 자식의 마지막 보루는 아빠인 조성민 하나뿐이었다. 그런데 그는 철저히 자식을 외면하고 떠난 것으로 보아 질타받아 마땅하다. 그의 사주가 궁금하다.

乙　辛　丙　癸　（乾命）
未　未　辰　丑

명조에 토(土)가 많아 매금(埋金)되었다. 재(財)가 공망(空亡)에 천중살(天中殺)을 맞았다. 마땅히 목(木)으로 소토(疏土)해줘야 하나 인묘(寅卯)가 공망(空亡)에 미토(未土)는 목(木)이 입묘(入墓)되어 용사불능(用事不能)이 되었다. 또 축(丑)과 미(未)는 서로 마주

보며 싸울 준비를 하고, 아이러니하게도 마침 어느 여자와 술판을 벌인 것도 신미일(辛未日)이고, 그녀에게 헤어지자는 말을 듣고 격분하여 자결했다는데, 신미일(辛未日)은 조성민의 일주(日柱)와 같은 복음살(伏吟殺)이 닿는 날이었다는 것도 묘하다. 설명이 안 된다. 운명이 무섭다. 다만 운명의 경이로움만 느낄 뿐이다.

40에 임자(壬子) 대운(大運)이 들어왔고, 세운(歲運)마저 임진년(壬辰年) 임자월(壬子月)이 막 끝나고 소한되어 계축월(癸丑月)이 시작되는 첫날, 신미일(辛未日) 밤에 술을 먹고 다음날 임신일(壬申日) 자시(子時) 무렵에 그는 세상과 이별했다.

임수(壬水) 상관(傷官)이 범벅이 되어 중중한데다 상관견관위화백단(傷官見官爲禍百端)이라, 병화(丙火) 자식이고 뭐고 눈에 보이지 않을 만큼 과격해져 내 생각대로 돌변하는 시간대로 접어들었다.

도대체 운명은 만들어진 것일까, 만들어 가는 것일까. 아니면 그때마다 귀신과 합세하는 것일까.

여기에 설상가상으로 진진자형(辰辰自刑)까지 되면서 우울증과 자괴감을 견디기 어렵던 중 계축(癸丑) 백호(白虎)라는 음독살이 있는데다 술까지 과음했다니 이것이 운명대로였다고 할까.

본래 사주에 목(木)이 없어 정신신경계가 약한 사람이었으니 스스로 목을 맨 것 자체가 이상한 일은 아니다.

신금(辛金)은 본래 동아줄·새끼줄·철사줄 같은 것을 뜻하며, 이를 사람이 죽으면 일곱매라고도 하는데, 사실 사람이 죽으면 신금(辛金)으로 일곱매를 묶는 것도 역학의 천문(天門) 원리에서 비롯된 것이다.

미중을목(未中乙木)은 연상의 아내로 미중고(未中庫)에 암장(暗藏)시켜 놓았기에 본처는 먼저 잃게 되어 있고, 후에 진중을목(辰中乙木) 여자를 만나도 축중신금(丑中辛金)이 파토(破土)하여 또 상처할까 두려운 사주다. 또 임진년(壬辰年)에 진진자형(辰辰自刑)이 되어 비명에 갈 수밖에 없는 게 조성민의 운명이었다.

그는 갔다. 훗날 그의 병화(丙火) 자식 둘이 아비를 두고 뭐라고 할까. 아비는 짐승남이었다고 할까. 아니면 그래도 조성민은 내 아빠였다고 할까. 이에 대한 답은 아이들 몫으로 남게 되었다.

이 글은 슬픈 삶을 살다간 젊은 조성민을 탓하려는 것이 아니다. 너무 아쉬워서 하는 말이다. 이들이 자기의 운명을 일찍 알았어도 그랬을까 하는 아쉬움 때문이다. 알고 모르고 차이는 하늘과 땅이다. 아침에 일찍 일어나는 새가 먹이를 더 먹는 것이 아니라 먹이가 있는 곳을 먼저 안다는 것이다. 이게 바로 알고 모르고의 차이다. 날개 없는 새가 되어 저 높은 곳으로 날아간 두 고인의 명복을 빈다.

20. 신이여! 이 여인을 살펴주소서!

혹독한 날씨에서 비롯된 산물이 봄이다. 겨울이 없었다면 봄은 존재할 수 없는 것, 그래서 봄은 겨울이 부모요, 여름은 봄의 자식이다. 부모는 한 계절을 이겨낸 사람들, 여기에 감사하며 살자.

부모란 나를 낳아준 이요, 내가 자식을 낳으면 나도 부모가 되고 자식이 또 자식을 낳으면서 부모가 되는 것, 이를 자식이 또 자식을 낳았다 하여 아우생아라 한다. 이러면서 사람은 늙는 것, 이러면서 사람은 세대교체되며 사는 것. 사람이 늙으면 양지바른 곳에서 꾸벅꾸벅 졸고 있는 늙은 닭과 같다. 이때 그림자도 같이 졸고 있는 것을 볼 때 보는 사람들은 우스꽝스럽겠지만 늙으면 누구나 이러하거늘 이때의 노쇠한 모습이 얼마나 추한가를 생각해보라. 이것은 너와 나, 그리고 우리 모습이 이러려니 비웃지 마라. 손님은 이렇게 긴 말을 늘어놓았다. 철학자다웠다. 이 사주를 보자.

丁 乙 壬 戊 （坤命）
丑 丑 戌 戌

　손님은 사무실에 들어서자마자 다짜고짜 아직 시집을 못간 이유와 언제 가겠는가를 솔직히 말해달라고 했다. 이렇게까지 말하는데 망설일 이유가 없다. 사주를 쓰면서 이미 결과가 나왔다.
　내가 말했다. "9월 늦가을! 자정을 넘어 새벽으로 가는 때, 귀뚜라미 울어울어 슬피 우는 밤, 밤새도록 호롱불 밝혀 행여 길손이라도 찾아들까 긴긴 밤 뜬눈으로 지새우는 팔자다. 자연으로 말하면 첩첩산중(戊戌丑丑)에 인적은 끊긴 지 오래요, 새소리 바람소리마저 곤한 잠에 빠진 듯 들리지 않는 곳, 나는 외로운 난초(乙木), 난초는 본래 서로 잎이 부대끼는 것을 싫어하는 것. 이래서 짝 없는 팔자, 이래서 자식 없는 팔자, 이래서 남편 없는 팔자. 남편이 있어도 늙은 게 내 남편. 그러나 있어도 없는 것처럼 사는 팔자. 그래서 이 운명이 갈 곳은 한 군데, 절이다. 법당(丑中癸水)에 촛불(丁火)켜고 염불(丑土)하는 팔자다. 운명에 순응하라. 운명을 거역하면 그 대가가 혹독한 법이다. 갈 곳은 여기밖에 없다. 어서 가거라, 시간이 없다."

이렇게도 긴 시간 운명에 조립된 팔자를 있는 그대로 읽어주었는데도 아쉬움이 많아서인지 아니면 운명을 믿고싶지 않아서인지. 혹여 결혼은 영영 할 수 없느냐고 다시 수줍게 묻는다. 이 말에 나는 한참동안 대답을 하지 못했다. 시간이 얼마나 지났을까. 여인의 어깨가 들먹이고 있었다. 나는 무심코 옆에 있는 크리넥스 몇 장을 뜯어 건넸다.

그녀의 안경너머로 이마가 들어온다. 잘게잘게 끊어진 잔주름으로 가득 채우고 있었다. 여기는 인생의 이력서가 씌여있는 곳, 주름만큼이나 사연이 가득한 곳, 눈은 짝눈, 코는 납작, 입은 작고, 턱은 팽이, 모든 것이 버거워 보였다. 상담을 마치고 쓸쓸히 돌아서는 그녀의 뒷모습을 보면서 조용히 기도해주었다.

21. 땅이 주인이요, 농부는 머슴이다

"이름값 합디다" 어느 광고 얘기가 아니다. 찌질이도 못난 서울 총각이 서울 삶에 적응하지 못하고 시골에 가서 농사나 짓고 살까 하여 찾아왔노라 하는 손님에게 얼굴값이나 하고 실라며 질타한 얘기다.

하찮은 치약도 "이름값 합디다"라며 자랑 삼아 선전을 하는데 항차 젊디젊은 사람이 자기 자랑은 고사하고 빠르게 돌아가는 세상에 느린 세상으로 돌아가 숨어 살려는 발상에 자식 같은 생각이 들

어 내 자식 다루듯 호통치며 한참을 훈계했다

지질이도 못난 놈을 찌질이라고 한다. 농사를 짓겠다고, 농사꾼은 우선 4가지 조건을 갖춰야 한다. 첫째 부지런해야 되고, 둘째 근성이 있어야 되고, 셋째 땅에 애정이 있어야 하고, 넷째 체력이 따라줘야 한다. 도시 사람들은 일을 만들어서 하지만 시골 사람들은 땅이 일을 만들어서 시키는 바람에 안 할 수 없게 만들어진 게 시골 일이다.

일의 근본이 다르다. 예를 들어 시골에서는 밭에 풀을 뽑으면 또 나오고, 뽑으면 또 나오는 것이 풀이며, 풀을 안 뽑고는 금방 풀밭이 되어버린다. 이렇게 땅에서는 일을 시키므로 땅이 주인이요, 주인은 머슴이라는 것을 알아야 한다.

직장에서 주인은 사장이다. 사원은 사장이 시키는 대로 일을 하지 않으면 마땅히 도태되는 것처럼, 농부도 땅에서 시키는 대로 하지 않으면 땅에게 호된 대가를 받게 된다. 결과는 먹을 것을 주지 않는다는 것이다. 이는 땅의 믿음을 배신했기 때문이다.

또한 계절마다 때에 맞춰 씨앗을 뿌리고 때에 맞춰 거둬들여야 하므로 농사꾼은 낮도 짧고 밤도 짧은 법이다. 그런가 하면 사람 사는 데 농사 아닌 것이 없다는 것을 알기 바란다.

지금까지의 예가 참고가 될지 모르겠으나 자네가 농사꾼이 되겠다는 발상은 누구에게가 아니라 전적으로 자네의 생각이므로 인간의 승패 여부는 자네가 책임져야 할 문제라고 하면서 고향이 어디냐고 물었다. 순 서울산이란다. 이 말을 듣는 순간 아찔했다. 시골에 뿌리를 둔 사람이라면 귀향도 할 수 있지만 어림도 없는 사람이었다. 또 시골에 가면 터줏대감이 있는데 이들의 텃세를 감당할 능력이 있으면 가라고 호통쳤다. 이 사람 사주를 보자.

```
丁  癸  癸  辛  （乾命）
巳  丑  巳  酉
```

관(官)이 공망(空亡)이라 할 일이 없다. 아내와 재(財)가 사유축(巳酉丑)으로 합거(合去)되어 없어졌다. 효신(梟神)이 많아 사람이 게으르다. 토(土)가 없어 농사지을 땅이 없다. 목(木)이 공망(空亡)되어 농사를 지어도 결실이 없다. 여름 물이 갇혀있어 썩은 물이 되었다. 축토(丑土) 화개(華蓋)가 공망(空亡)을 맞았으니 틀림없는 중팔자다.

운명 따라 살라고 하기에는 사람이 너무 옹졸하여 이렇게까지는 말 못하고 아직은 젊으니 젊음을 자본 삼아 늦공부를 하라고 다그쳤다. 공부도 목적 없는 공부는 시간만 낭비할 뿐 법무부 소관 교정직에 응시하라고 했다. 계축(癸丑) 백호(白虎)에 시(時)에 있는 정화(丁火)를 보고 희망 삼아 한 말이다.

남자로 태어나서 칼을 뽑았으면 부딪쳐라도 봐야지 일합도 겨뤄보지 못하고 물러서면 되겠는가. 자신의 하루는 남의 일 년보다 더 알차다는 생각으로 살아라. 오늘 내 감정료를 받지 않을 테니 그 돈으로 지금 당장 교보문고에 들러 책을 사갖고 가라며 독촉해서 보냈다. 그리고 훗날 웃으며 다시 만나자는 말도 빼놓지 않았다.

22. 다발돈 풀어 꿔주지 말아라

선은 악을 용서할 수 있지만 정의는 불의를 용서하면 안 된다. 임금이 인(仁)하지 않으면 백성이 인(仁)할 수 없고, 임금이 인(仁)하면 백성도 인(仁)해지기 마련이다. 칭찬은 임금이 받고, 욕먹을 짓은 백성에게 돌리는 시대는 끝나야 한다. 큰 물은 큰 바람을 만날 때 큰 파도가 되지만, 대하무성(大河無聲)이라 큰 물은 소리 없이 흐르는 법이다. 이를 국풍(國風)이라 한다.

庚　壬　壬　壬　(乾命)
戌　申　子　子

사주 전국이 수만분(水滿分)이라, 물로 가득 채워져 턱 밑까지 넘실거리고 있다. 시(時)에 있는 술토(戌土)가 애쓴다. 수압이 높으면 혈압이 높은 법, 이 사람 헐떡거린다. 큰 일이다. 수(水)가 많으면 몸이 비대하고, 짜게 먹는 것도 원인이 된 듯 개가 혓바닥을 길게 늘어뜨리고 헐떡거리는 형상이다.

일주(日柱) 임신(壬申)은 군왕이다. 임금이 어질지 못하면 백성도 어질지 못하듯 임신(壬申)은 늘 어진 임금이어야 한다. 이토록 큰 물이 큰 바람을 만나면 술토(戌土)를 덮쳐 해일이 일어나고, 술토(戌土)가 진토(辰土)를 만나면 재고(財庫)가 열려 큰 일이 난다. 이쯤되면 본인이 죽거나 처에게 변고가 있던지, 만약 살았다면 상당한 대가를 지불해야 될 것이다. 즉 돈으로 목숨을 사야 한다는 얘기다.

돈으로 목숨을 사는 과정까지 얼마나 고통스러웠겠는가. 그것도 푼돈이 아니라 재고(財庫) 뭉칫돈이다.

돈 얘기가 나왔으니 돈에 대한 글이다. 혹 돈을 빌려줄 때 돈다발을 풀어 빌려주지 말아라. 돈다발은 몫돈이다. 이것은 한번 풀어지면 다시 모으기 힘들기 때문인데 이를 산재(散財)라 한다. 비겁(比劫)이 많으면 극처(剋妻)한다. 그러므로 이 사주의 처는 임진년(壬辰年)에 몫돈이 풀어지면서 크게 파한 사주다.

※ 60갑자(甲子) 중 간여지동(干與之同)이 되어 앉은자리에 비견(比肩)을 놓은 일주(日柱)는 4개밖에 없고, 모두 부부궁이 나쁘다. 갑인(甲寅), 을묘(乙卯), 경신(庚申), 신유(辛酉). 단 화(火)와 토(土)는 제외다.

23. 애간장을 태우는 사람

丁 甲 壬 丁 (乾命)

卯 申 子 亥

신자(申子)에 해자(亥子)까지 놓아 지지(地支)가 온통 수(水)로 가득찼다. 년간(年干) 정화(丁火)는 정임(丁壬)으로 합거(合去)되고 묘목(卯木)은 묘신(卯申)에 자(子)까지 놓아 완전 수목(水木)이 응결된 사주가 되었다. 시간(時干)에 있는 정화(丁火)는 화식(火熄)되고, 묘목(卯木)이라는 습목(濕木) 위에 있어 더욱더 화기(火氣)를 잃어가고 있어 조후(調候)가 안됐다. 화(火)가 이렇게 되면 문제가 생긴다. 화(火)는 혓바닥인데 불이 반토막도 못되므로 받침 있는 말 발음이 안된다. 이것은 혓바닥이 짧아서다.

정화(丁火)가 시원치 않은 것은 목(木)도 얼었기로 얼고 굳으면 암이 된다. 즉 목(木)이라는 신경이 굳었으니 선천성 소아마비다. 그런가 하면 목다(木多)할 때도 목(木)이 굳으면 경화가 된다. 간은 해독작용을 하는 곳인데 목(木)이 굳었으니 해독을 하지 못한다. 그러므로 애간장을 태우는 것인데 목(木)은 3·8목(木)이 되므로 간암에 걸리면 3개월을 넘기기 어렵다.

간염은 간에서 열이 나고, 열이 나면 담즙이 모자라고, 담즙이 모자라면 황달이 생기고, 황달에 복수가 차면서 흑달이 생길 때, 이쯤 되면 역시 3개월을 넘기지 못한다. 병신년(丙申年)과 정유년(丁酉年)이 문제다. 묘목(卯木)을 건드리면 안 되는데 정유년(丁酉年)에 걸려들까 두렵다. 물은 범람하는데, 물이 얼면 안 되는데 이를 어쩐다냐.

24. 사랑한다면 놔줘라

己 辛 庚 庚 (乾命)
亥 未 辰 申

월백설백천지백(月白雪白天地白)이로구나! 3월은 모춘절로 늦은 봄! 오동나무가 꽃을 피기 시작하고 처음으로 무지개가 생기며 뻐꾸기가 뽕나무에 앉아 임 그리워하는 때, 웬걸 올봄의 마지막 눈이 내리는가 보다.

백설로 하늘을 덮었다. 윗동네 격인 경신(庚申)과 경진(庚辰)은 어찌나 눈이 많이 왔던지 사람의 키를 훌쩍 넘을 만큼 내렸고, 지금도 내리고 있다. 다행히도 우리집 신미(辛未)와 아랫집 기해(己亥)네 집에는 해수(亥水)가 있으므로 하수구 노릇을 해주어 좋다. 이곳이 금생수(金生水)로 설기구가 되는 곳이다.

물이 있는 곳에는 자연히 수목(水木)이 울창한 법이다. 그런가 하면 기해(己亥)와 신미(辛未)는 따뜻한 곳이라 경신(庚申)이나 경진(庚辰)보다는 눈이 와도 미중정화(未中丁火)가 있어 눈이 녹으면서 해묘미(亥卯未)를 하려고 한다. 이것은 해중(亥中)에 갑목(甲木)이 있고 미중(未中)에 을목(乙木)이 있어 해묘미(亥卯未)로 숲을 이루고 있어 푸르른 청산인 줄 알았더니 빈 산이 됐구나.

주인을 불러 물으니 안주인 해중갑목(亥中甲木)은 계사년(癸巳年)에 여기를 떠났다고 한다. 이것은 느닷없이 사화(巳火) 동남풍이 불어 갑목(甲木)이 튀어나올 때 두 경금(庚金)이 달려들어 갑목(甲木)을 쳐버리니 이쯤되면 생사이별을 면하지 못한다. 이런 때는 방법이 없다. 갑목(甲木)을 내주는 수밖에. 쌍 경금(庚金) 백호(白虎)가 갑목(甲木)이라는 먹잇감을 봤으니 놓칠 백호(白虎)가 아니다.

그런가 하면 이 사주는 본래 무재(無財) 사주다. 고기도 먹어본 사람이 맛을 알듯이 여자를 다룰 줄 모르는 사람이며, 설령 유정하다 해도 그의 처는 미(未)라는 목고재(木庫財)가 있어 아프거나 단명할 사람이니 살아 이별하게 될 것이다.

사랑한다면 놔줘라. 싫다고 해도 놔줘라. 비겁(比劫)이 태왕(太旺)하면 극처(剋妻)하는 법이다. 뒷날 들은 소식에 의하면 결국 이혼했다고 한다. 팔자대로다. 사주대로다. 운명대로다. 만사에 오고가는 것은 자연의 순리다. 이를 순명(順命)이라 한다.

25. 논두렁에서도 우측통행하는 사람

己 辛 己 丁 (乾命)
丑 巳 酉 未

건록용관격(建祿用官格) 사주다. 정화(丁火)가 용신(用神)이요, 기토(己土)가 악신이다. 8월 신금(辛金)이 사유축(巳酉丑)을 깔고앉아 그 뿌리가 보통이 아니다.

사주 모양으로는 순도 24K의 황금과 같고, 흙 한 삽만 뜨면 눈부신 황금이 번쩍! 그 매장량이 무궁무진한 금맥과 같으니 이 사람 잘났다. 단단하고 치밀해 정리정돈이 잘 되었겠고, 정화(丁火) 관(官)이 투간(透干)하여 사람이 질서를 어지럽히지 않으니 별명은 논두렁에서도 우측통행을 할 만큼 보기 드문 사람이라고 하겠다.

보석이다. 보석이 알 배겼다. 닭은 봉황이다. 봉황은 귀한 것이다. 임금님의 입는 옷을 용포, 임금의 허리에 후루는 것을 봉황장(鳳凰章)이라 한다.

그런가 하면 정화(丁火)가 투간(透干)하여 내 존재를 알리고 있다.

이것이 명함이다. 장(長)이다. 편관(偏官) 정화(丁火)인 것으로 보아 반관반민의 기업체이거나 편관(偏官)이라 하더라도 독관이므로 정부 산하기관 수장이 될 수 있는 사주다.

기토(己土)가 기신(忌神)이다. 재극인(財剋印)이 우선이다. 기토(己土)를 놓아두면 금실무성(金實無聲)이 되어 평생 큰 소리 한번 못치는 사람이 된다.

갑진(甲辰)과 을사(乙巳) 대운(大運)에 기토(己土)를 제거하므로 인생 최고의 뽄대를 보여주며 삶을 만끽하겠다. 그리고 계묘(癸卯) 대운(大運)이면 월령(月令)과 마주치면서 격(格)이 깨지고, 묘목(卯木)이 으스러지면서 하산하리라고 본다. 정상에 올랐으면 얼른 내려와야 한다. 정상은 오래 머물 곳이 못된다. 임금의 자리도 이와 같으니 오래 머물 생각을 하지 마라. 정상에는 먹을 것이 없다.

26. 이 사람의 병은 못 고친다

기유생(己酉生) 48세나 된 딸이 엄마와 같이 왔다. 들어오자마자 어머니의 첫마디가 내 딸이 눈이 높아 시집을 못간다며 사주를 보러왔다고 한다. 목소리가 화끈해서 좋았다. 딸이 핀잔을 준다. 노인네가 잔소리가 많다며 주책 부린다고 어찌나 핀잔을 주는지 보기에 민망했던 얘기다.

이것은 주책이 아니다. 노인네 치매도 아니다. 노인네가 걱정이 되어 하는 소리다. 토일주(土日柱)에 상관(傷官)이 많은 딸이 문제였다. 주책은 따로 있다. 이런 사람이 주책이다. 늙은이가 젊어지고 싶어 며느리 화장품 훔쳐 쓰는 여자와 20대처럼 보이려고 성형수술에 집착하는 늙은이가 있는가 하면 늘어진 눈매, 늘어진 볼살, 들어간 콧대, 메마른 콧살, 쪼글쪼글한 얼굴, 짜리몽땅한 키에 신발창 깔아 키를 높이는 늙은이, 절구통 몸매에 바짝 달라붙는 옷 입고 다니는 사람, 나이로 보아 어울리지 않는 숏커트에 미니스커트 입고 다니는 여자들이 문제다. 이런 사람이 주책이다. 옷과 치장은 나이에 걸맞아야 하는 법이다.

사주에 도화(桃花)가 없으면 멋을 부릴 줄 모르는 사람이요, 진술축미(辰戌丑未)도 그런 사람이다. 도화(桃花)가 깨진 사람과 인수(印綬)가 없거나 다친 사람도 멋과는 거리가 멀다. 안목이 문제요, 인품이 문제다. 내 얼굴이 마음에 안 든다고 확! 뜯어 고쳐서야 되겠는가. 이것은 자기학대다. 이것은 내가 아니다. 이것은 귀신이다.

내 몸은 자연의 산물이라는 것을 알자. 고궁은 운치가 있어 아름다운 것, 노인은 품위가 있어 아름다운 것, 고서는 묵향이 있어 아름다운 것, 고학은 꾸밈이 없어 아름다운 것, 자연은 그대로여서 아름다운 것, 자연은 손대지 않으면 아름다워지는 것처럼 늙은 사람도 손만 대지 않으면 아름다워진다는 것을 알자.

甲　己　癸　己（坤命）

子　酉　酉　酉

이 사람의 딸 눈이 높을 만도 하다. 사주 전체가 꽃판이다. 60갑자(甲子)에서 제일 먼저요, 제일 잘난 듯이 시(時)에 있는 갑자(甲子)가 남편이라며 찾고 있다. 년(年)의 기유(己酉)와 일(日)의 기유(己酉)가 갑자(甲子) 남편을 서로 차지하려고 자유(子酉) 귀문(鬼聞)이 되어 미친 듯 싸우고 있다.

그러나 목공망(木空亡)에 자유파(子酉破)되고 쟁관(爭官)되어 내 남편이 되기 어렵다. 안됐다. 여러 가지로 보아 신경질이 날 만도 하다. 이때의 유금(酉金)은 상관(傷官) 구실을 하므로 성격이 대쪽같고 직언직설을 잘한다. 사주에 자오묘유(子午卯酉) 도화(桃花)가 뗬는데 50이 다 되도록 결혼을 못한 것이 이 사람의 탓일까, 이 사주의 탓일까?

젊어서도 못 찾은 갑자(甲子) 도화(桃花) 남자를 지금도 찾고 있다며 소개를 부탁한다. 웃기는 여자다. 자기를 알았으면 좋겠다. 값이 안 나가는 사주인데 고가의 남편을 찾는다. 말이 안 되는 소리를 자꾸 해대는 것은 자유(子酉) 귀문관살(鬼門官殺) 탓이려니 하고 말대꾸를 하지 않았다. 귀문(鬼聞) 작용이 심하면 정신질환이 된다. 이 사람은 향정신성 이상주의자로 진단한다. 이 사람의 병은 못 고친다. 정신적 불치병이기 때문이다.

27. 그게 안돼요!

癸 癸 癸 辛 （乾命）
丑 巳 巳 酉

차디찬 얼음덩어리다. 서빙고 얼음창고 속과 같다. 4월인데도 얼음이 녹을 생각을 않는다. 웃긴다. 사는 곳도 인천 서창동에 산단다. 서빙고와 비슷한 지명에 사는 것도 우연이 아닌 것 같아 웃었다.

냉혈동물이다. 온혈동물은 집에서 키우지만 냉혈동물은 집에서 키울 수가 없다. 뱀 두 마리가 동굴 속에서 아직도 겨울잠을 자고 있는 듯 똬리를 튼 채 사유축(巳酉丑) 삼합(三合)이 되어 좀처럼 풀 생각을 않는다.

더구나 뱀은 찬피동물이듯이 이 사람도 찬피동물이다. 이런 사람은 화(火)가 없어 애정도 없지만 남자 기능도 꽁꽁 얼어붙은 듯 섹스 감정이 전혀 없는 사람이다. 남편이 별방하자고 하는 것을 이해한다. 이것이 사주팔자요, 팔자소관이라고 하면서도 왠지 개운치 않았다.

년간(年干)에 있는 신유(辛酉)에서부터 얼기 시작한 계수(癸水)는 사유축(巳酉丑)으로 꽁꽁 얼어붙어 그 두께가 무려 90㎝ 정도까지 얼었다.

4월은 산천산야가 들불 번지듯 꽃이 만개하고 날씨가 따끈거릴 때인데 이렇게 얼어붙었으니 큰 일이다. 얼었다는 것은 굳었다는 것이다. 굳으면 병이 되는 것. 굳으면 암이 되는 것. 오행의 모든 것은 굳으면 안 된다. 풀어져야 한다.

이 사람은 금수냉한격(金水冷寒格) 사주다. 화(火)가 있어야 얼음을 녹이겠는데, 지지(地支)에 있는 사화(巳火)는 유금(酉金)과 합(合)되어 열애 중이다. 더구나 사(巳)는 뱀이면서 찬피동물이라 얼음굴 속에 들어가 있을 만하다. 아직도 겨울잠을 자는 사(巳)에게 여름이 됐다며 흔들어 깨워도 유녀(酉女)를 껴안고 꿈쩍도 하지 않는다. 유녀(酉女)가 도화녀(桃花女)라 예쁘다.

그런가 하면 이 사람에게는 사화(巳火)가 처다. 본래 사(巳)라는 뱀은 겉은 찬피동물이면서 속은 뜨거운 정력제로 보양하는 것이다. 이를 외음내양이라 하는 것처럼 이 사람의 처는 색심이 강할 것이다. 그러나 계수(癸水) 본인은 목(木)이 없고 한냉하여 정력이 빵점이다. 성신경이 수목(水木)이 응결되어 발기가 안되는 것은 물론, 성욕조차 미미하여 발기가 시원치 않은 사람이다.

아내의 첫마디가 "그게 안 돼요"다. 가까스로 2014년 갑오년(甲午年)에 결혼하고 제주도로 신혼여행을 갔다. 첫날밤! 깨알 같은 시간은 자꾸만 가는데 밤새 애쓰고 노력해도 자(子)서방은 깊은 잠에 골아 떨어져 흔들고 깨물어도 영영. 이것이 제주도 신혼여행 첫날밤 전부였다고 한다.

이후 지금까지 이름 있는 의사와 좋다는 약은 다 먹어보았으나 백약이 무효라. 그러면서 눈가에 이슬이 맺히며 옷자락을 적시는데 멈출 줄을 모른다. 그러면 그것으로 이혼사유가 충분한데 이혼을 하셔야죠 했더니, 엄마가 안 된다며 반대하는 것도 있지만 나 역시 경제적으로 활동할 능력이 전무한 터라 나가도 겁이 난다며 이러지도 저러지도 못하는 처지란다.

아무튼 나한테 오신 손님이라 답은 줘야겠는데 간단치가 않다. 운명적으로 볼 것이냐, 현실적으로 볼 것이냐. 운명적으로 보면 사(巳)의 처가 사유축(巳酉丑)으로 묶여 사화(巳火)가 갈 곳이 없고, 현실적으로 보면 벌써 이혼했어야 한다.

지금은 2016년, 결혼은 2014년. 말만 결혼이지 부부생활을 하지 못하는 새색시로 2년여가 흘렀다. 너무 길었다. 처도 동갑인 신유생(辛酉生)이라 적지 않은 나이다. 지금 아기를 낳아도 노산이라 급하게됐지만 더 소중한 것은 부부관계다. 음양이 만났으면 마땅히 교접을하는 것이 자연스러운 생리거늘 이게 무슨 죄악이라는 말인가.

결혼 3년차가 되도록 섹스 한번 못해 보고 냉방살이나 하고 있으니 이 여자의 마음이 어떻겠는가. 짐작이 간다. 가부간에 답을 줘야겠는데 "사주를 대시요!" 했더니 돈이 없단다. 그냥 봐줄 테니 대라고 했다.

```
丁 甲 壬 辛 (坤命)
卯 寅 辰 酉
```

3월 갑인(甲寅)이 인묘진(寅卯辰)으로 목국(木局)을 놓았으니 아름드리 나무다. 동네 한가운데 서있는 느티나무다. 남편 신유(辛酉)는 진유(辰酉)로 합(合)도 되고, 인묘진(寅卯辰)으로 합(合)되어 이혼하기가 어정쩡하고, 유금(酉金) 남편이 발기불능인데도 이혼을 하지 못하는 사유가 여자한테도 있다는 것을 알겠다. 정화(丁火) 자식 또한 목다화식(木多火熄)이 되어 자식을 낳기 어려운 것도 여자 몫임을 찾아냈다.

그러면서 갑인(甲寅) 고란(孤蘭)! 답은 나왔다. 이래서 그랬는지 남편 말로는 갈 데 있으면 가라고 한다는데 그 속내를 모르겠다고 한다. 하지만 여자도 그렇다. 신유(辛酉) 남편 하나 밖에 없다. 재혼할 팔자가 못된다. 그냥 살아라. 슬퍼도 그냥 살아라. 화딱지가 나도 그냥 살아라. 욕정이 불타도 그냥 살아라. 당신 운명에 남자라고는 이 사람 밖에 없다.

요즘 성의학이 발달해서 치유할 수 있을 것이다. 내가 잘 아는 성의학 박사가 계신데 소개해주겠다고 했더니 다음 주에 어느 대학병원에서 보조기구를 부착하는 수술을 받기로 했다고 한다. 잘 되리라고 믿는다. 올 병신년(丙申年) 당신의 운이 좋아 개명천지하리라. 사주에 남편도 춥고 궂은 날씨였으나 병신년(丙申年)에는 쨍 하고 해뜰 날이 오는 좋은 해다.

필유경사라, 이때 자식까지 얻으면 일석이조하는 해라고 극찬해주었다. 그녀는 그렇게만 된다면 꼭 다시 오겠다며 입이 찢어져라 웃는다. 그녀를 믿는다. 꼭 다시 올 것이다. 소식을 기다리고 있다. 이 글을 쓰기까지 아직 소식이 없다. 석 달이 지났다. 잘 되리라 믿는다. 사주는 거짓말을 하지 않으니까 말이다.

28. 왕탱이한테 쏘여 죽은 사람

오늘은 음력으로 7월 스무닷새날. 아침 저녁으로 제법 가을티를 내고 있다. 논에는 군데군데 누렁방울이 지기 시작하면서 벼 익는 냄새가 나고, 들판에 멍청하게 서있는 허수아비는 그 꼴에 밥값이라도 하려는 듯 멋은 없어도 주인 말을 잘 들어지킴이 노릇을 잘하는 것도 보기 좋은 때, 먼 발치에서 앞치마 질끈 두른 채 수건 쓰고 왔다갔다 부지런을 떠는 아낙도 보기 좋다. 아마도 가을이 재미있는가 보다.

이 좋은 때 하늘은 높고 푸르러, 창랑의 물결은 잔잔하게 여울칠 때, 덧없는 한 세상을 무심코 사는가 했더니 어이없게도 왕탱이 한 방에 삶을 끝내야 하는 운명을 여기에 썼노라. 사주를 공부하는 사람은 필독하기 바란다. 왜냐하면 사주팔자 속에 이런 일까지 통변할 수 있다는 것을 알게 하기 위해서다.

전남 광주에 사는 사람의 실화다. 신묘생(辛卯生) 남자. 이 사람은 아주 가난한 집에서 태어나 10세 전후부터 시장을 떠돌며 이집 저집 심부름을 해주고 끼니를 때우며 살아온 사람이다. 이후 군대를 제대하고 어느 금은방에 들어가 세공을 배우며 기술을 익혔다. 주인에게 단단히 신뢰를 받고는 마침내 광주 금남로에 금은방을 차렸다.

이때 나이 35세다. 그는 시내에 3층짜리 상가를 살만큼 그의 노력은 헛되지 않았다. 이후 IMF를 만나면서 사업은 부진해졌고, 계속되는 불황으로 사업이 신통치 않아 접고 말았다. 할 일 없는 이 사람은 체력을 관리한다는 차원에서 인근 야산을 걷는 정도로 하루를 보내며 살았다.

지난 7월, 올여름은 길고 무더웠다. 산책 코스는 부모님 산소가 있는 곳을 중심으로 야산을 한 바퀴 도는 것이 전부였다. 이렇게 매일 보고 지나치는 산소였지만 오늘따라 유난히 풀이 무성해 보였고 불효라는 마음이 들어 벌초하기에는 좀 이르지만 벌초를 하기로 했다. 예초기를 짊어지고 한참 일하는데 발목 위 종아리 밑을 왕벌 한

마리가 급습하면서 두 방을 쏘고 달아나버렸다. 처음에는 벌한테 쏘였기로 했지만 웬걸! 전신이 오들오들 떨리면서 온몸이 마비되는 듯 무기력해지는 것을 공포로 느껴지는 찰나 본능적으로 아내에게 전화를 하고는 그 자리에서 실신해 버렸다.

왕벌은 충청도 말로 왕탱이라고 하는데, 이거 생김새부터 장난이 아니다. 머리부터 몸둥아리 전체가 시뻘건 놈이라 보기만 해도 겁에 질리고, 크기는 왕매미만 한 것이 그 날개짓 하는 소리는 헬리콥터만은 못해도 누구나 한번 보고 들으면 질겁하지 않을 수 없을 만큼 무서운 하늘의 제왕이다. 하늘의 제왕답게 잘생겼고, 무엇에도 당당한 놈이 왕탱이다. 이놈은 분명 하늘의 B29 폭격기라 이름붙여도 부족할 만큼 사납고 치명적인 독침을 갖고 있는 무법자요 포획자다.

주로 사는 곳은 아주 오래된 밤나무 등걸 밑이나 그 뿌리를 따라 땅 속에 살며, 사람이 접근하지 못할 만큼 비탈진 벼랑 끝에 땅굴을 파고 들어가 집단으로 서식하며 산다.

올해는 비도 적고 건조한 날씨가 계속되면서 먹이가 많은 풀 속에 은신하고 있었든지, 아니면 인근에 있는 큰 소나무나 참나무 밑에서 살던 놈이 마침 자기 영역을 순찰하다가 이 사람이 자기 구역을 침범하는 것으로 알고 단박에 달려들어 공격한 것으로 본다.

7월이면 모든 벌레와 모기와 뱀, 곤충까지 한창 독이 올라있을 때라 한번 물렸다 하면 큰 곤욕을 치르게 된다. 심지어 하찮은 나비까지도 그 몸둥이에 바르고 다니는 분가루가 사람의 몸에 묻으면 가렵고 붓고 난리를 치는 때가 여름이다. 그중에서도 여름에 제일 무서운 것이 벌과 뱀이고, 바다에서는 해파리다. 이때는 어느 것에든 물리면 치명적이거나 위험할 만큼 무섭다는 것을 알기 바란다. 이래서 이런 것들 때문에 여름을 나기가 더 힘들다고 했는지도 모른다.

■ 급히 달려온 119

의식불명 환자를 병원으로 이송했지만 의사의 진단은 간단명료했다. 마침 환자가 쏘인 곳은 머리까지로 신경이 직통하는 고압선이 매설되어 지나가고 있는 곳으로, 이미 환자는 그 자리에서 뇌신경마비로 즉사했다고 한다.

지금 나하고 이야기하는 사람은 우리 학당에서 같이 공부했던 참나무 김 환이다. 그는 현재 공인회계사로 자기 사업을 하는 아주 정직한 사람이다. 내가 물었다. 혹 그 사람의 생년월일시를 아냐고. 그 양반이 우리 친척이라며 지금까지의 사연을 알 수 있었고, 역시 S대 출신답게 그도 그 양반의 사주가 궁금했던 차 사주를 갖고 나를 찾아온 것이다.

예의는 아니지만 우리는 누구에게 무슨 일이 있었다 하면 그 이야기를 듣기 전에 그 사람의 생년월시를 묻는 게 습관일만큼 사주팔자를 우선으로 하는 사람들이다. 사주를 보자.

甲　壬　庚　辛（乾命）
辰　辰　寅　卯

현재 계미(癸未) 대운(大運), 을미년(乙未年) 계미월(癸未月) 정유일(丁酉日). 이를 보는 순간 나는 놀랐다. 나는 정유일(丁酉日)을 보면서 순간 아찔하며 전신에 고압이 흐르듯 감전을 시킨다. 앗! 이거다! 서에 이르기를 년월일시해재정(年月日時該在定)이라 했다. 모든 것에는 운명이 정해져 있다는 것이다.

이 사주를 통변하면 이렇다. 그날의 일진(日辰)은 정유(丁酉)며, 정유(丁酉)는 왕탱이다. 정화(丁火) 머리는 빨갛고 유금(酉金) 몸둥이는 빗살무늬로 되어 있다. 이놈이 년지(年支)에 있는 묘목(卯木) 신경을 묘유충(卯酉沖)하면서 임진(壬辰)을 정임합(丁壬合) 진유합(辰酉合)하여 일주(日柱)를 묶어버렸다. 천간(天干)과 지지(地支)가 모두 합(合)으로 묶였다는 것은 만권을 정지시켰다는 뜻이다.

이 사람의 한계는 여기까지였다. 인묘진(寅卯辰) 목국(木局)에 왕자(旺者)입묘(入墓), 미(未) 대운(大運)은 격장지(格葬地)요, 미년(未年)도 격장지(格葬地)며, 미월(未月)도 격장지(格葬地)다. 죽은 날도 재수없게 정유일(丁酉日)이었다. 정유일(丁酉日)은 일간(日干) 자체를 모두 묶어버리는 날이었다.

운명의 허무함을 보았다. 사람이 이렇게 죽을 수도 있음을 새삼 느꼈다. 이것은 지금 우리가 쓰고 있는 상품마다 여기에 찍혀 나오는 제조 년월일시와 바코드는 사주팔자와 같은 것으로 이해한다. 이것을 간단히 정리하면 물건마다에도 사주팔자가 붙어있다는 것이다.

후론이지만 이 사람의 사주를 보면서 지금까지의 사연을 들은 대로 이 사주에 접목시키면 이 사람이 죽을 때는 왕탱이한테 두 방쏘이고 죽는다고 사주팔자에 쓰여있다는 것쯤은 알아야 진정한 도사가 아닌가 생각한다.

경이로운 일이로다. 어떠한 말로도 표현이 안된다. 사주팔자와 4차원의 문자. 천간(天干)과 지지(地支)의 4차원 문자 속에는 사람의 운명이 기록되어 있다는 사실이다. 다만 우리가 부족하여 모두 읽지 못하는 것을 나 자신에게 부끄러워서 하는 바다.

29. 용신(用神) 없는 사주가?

壬 戊 丙 庚 （乾命）
子 戌 戌 子

편인격(偏印格)에 편관(偏官)이 용신(用神)이다. 목(木)이 없으니 용신(用神)이 없고, 용신(用神)이 없으니 혼자 잘 씨부렁거린다. 관(官)이 없어 버르장머리가 없다. 편인(偏印) 계모밥을 먹고 살아 버르장머리가 없다. 잘난 체를 잘 하는 것은 제놈이 병화(丙火) 태양을 격으로 삼아 교수쯤 되는 것으로 착각해서다. 관(官) 없으면 감투가 없다는 것을 모르고 까불어대기만 한다.

경금(庚金) 식신(食神)을 대문 앞에 세워놓고 잔소리로만 사는 사람이다. 월(月) 병화(丙火)는 술중정화(戌中丁火)에 뿌리는 박았으나 밤에 태어났으니 별빛에 불과하고, 보름이면 몰라도 신금(辛金)이 사령하는 때라 초승달이 분명하다. 초승달로 태어난 놈이 보름달로 착각하는 것이다.

병화격(丙火格)이라 감상주의자요 초승달이라 감상주의자다. 자꾸 생재(生財)해봤자 수극화(水剋火)로 격만 깨진다. 관(官)이 없으니 철학공부나 해라. 순수한 철학은 못하고 타로 같은 잡술 밖에는 못한다. 무역을 해보겠단다. 관(官) 없는 놈이 무슨 조직이 있다고 무역이냐, 물이 기신(忌神)인데 구멍가게나 하면 했지. 아무리 잘난 척을 해도 인정을 받지 못하니 주제를 알기 바란다.

※ 인격(印格)이 사업을 하면 대패한다. 그러나 학원이나 문화 사업은 좋다.

※ 삼재(三才)가 공망(空亡)이면 더욱더 나쁘다.

※ 격(格)을 깨는 운에 결혼하면 실패한다.

30. 싸우며 사는 팔자

壬 癸 癸 壬 (坤命)
戌 未 丑 午

편관격(偏官格)에 화(火)가 용신(用神)이다. 격(格)은 큰 데 용신(用神)이 작다는 것은 그릇은 큰 데 쓸모가 없다는 것이다. 더구나 겨울 사주에 용신(用神)이 약하니 직업이 불안하다.

남편이 조후(調候) 희신(喜神) 따라 정축생(丁丑生)을 만났다. 격(格)이 크게 들어오고 조후(調候) 화(火)가 들어와 좋으나 삼형(三

刑) 남편이라 싸움이 많다. 축오(丑午)와 축미충(丑未沖)으로 지진이 자꾸 일어나는데, 싸우면서도 이혼은 하지 않겠다. 격용(格用)으로 만나서 그렇다. 남편이 뭐라고 하니까 계수(癸水)가 자꾸 달려든다. 소크라테스의 아내는 왜 악처였는가? 처가 하자는 대로 안 해주니까 악처가 된 것이다.

물이란 본래 목(木)으로 흘러가야 하므로 그것이 바로 직업이 된다(未中乙木). 그래서 이 여자 미(未) 양고깃집과 축(丑) 소고깃집을 한다. 그러나 아무리 격용(格用)끼리 만나도 관살(官殺) 혼잡으로 삼형(三刑) 남편을 만났으니 이혼이 두렵다. 소고기와 양고기 장사 10년 하고 2년만 더 채워 12년 하고, 다음부터는 술토(戌土) 모텔을 하라고 했다. 그러면 이별운은 면하리라.

벌면 뭐하나, 토(土) 속에 재(財)가 갇혀 쓰지 못하고 묶어만 놓고 있으니 행색이 초라할 수밖에 없다. 그래서 부는 있으나 천한 부자다. 또한 약한 화(火)로 용신(用神)을 삼은 자가 돈을 벌었으니 악착스럽고 상스럽게 악을 쓰며 돈을 벌었는데 편관격(偏官格)이라 더 심했다. 이런 사람한테 외상하면 악을 쓰며 달려드니 창피해서라도 갚는다.

남편 얼굴만 보면 싸운다. 가능하면 얼굴을 덜 보고 살아라. 관(官)이 많아 일복 터진 사람이다. 죽도록 일해도 공이 없다. 죽도록 일하면서 축오(丑午)가 되어 불만으로 일한다. 그러나 이렇게 싸우다가 정이 좋아지면 죽는다. 남편한테 이놈 저놈하며 싸울 때는 언제고, 남편 죽었다고 서럽게 운다. 수(水)가 개두(蓋頭)해서 그렇다.

순한 사람이 운에서 진술축미(辰戌丑未)를 만나면 지진이 일어난 것 같아 못 산다. 하지만 이 사람은 이미 지진밭에서 태어나 면역이 강하기 때문에 악바리로 살아간다.

31. 남이 보면 잉꼬, 집에서는 앙숙

庚 丙 乙 甲 (乾命)　　　丙 甲 辛 庚 (坤命)

子 申 亥 申　　　　　　子 寅 巳 寅

　묘하게 두 사람이 상충(相沖)되는 인연을 만났다. 또 시(時)도 같다. 이런 사람은 절대 같이 차를 타면 안 된다. 죽으면 같이 죽기 때문이다. 운명 따라 똑같이 죽을 수는 없지만 그래도 인과적으로 볼 때 같은 해에 죽을 수 있는 확률이 제일 높은 사람들이다.

　특히 여자 갑인(甲寅) 일주(日柱), 차 타고 남편에게 잔소리 하지 말아라. 고란살(孤蘭殺)이 되어 과부될까 두렵다. 여자는 목화통명(木火通明)이 되어 꽃이 활짝 핀 격이니 얼굴이 예쁘고 총명하다. 관살(官殺)이 혼잡된 값을 하든지 남편이 삼형(三刑)을 맞아 비명횡사할까 두렵기 때문이다.

　태월충(胎月沖), 남편 태월(胎月)이 인월(寅月)이다. 인생(寅生)과 만난 것도 전생의 연이요, 인태월(寅胎月)이 년(年)과 일(日)에게 충(沖)을 받으니 싸울 수밖에 없다. 두 사람 모두 사주에 흙이 없으니 살림은 못할 것이다. 년월일과 태월(胎月)이 모두 충(沖)이다. 불가불 싸우며 사는 연으로 만났다.

※ 하목(夏木) : 마시는 장사, 먹는 장사. 처음에는 잘 되나 점점 더워

져 안 된다.

※ 동목(夏木) : 옷장사를 한다.

여자 사주를 보고 말한다. 나무가 아무리 높아도 구름을 뚫지 못한다. 그러나 땅에서는 높은 나무요, 경금(庚金)이 관(官)이니 높은 학교 나와 높은 선생님을 하니 고등학교 선생이다. 식신격(食神格)에 재(財)를 용신(用神)으로 삼고, 병신합(丙辛合)으로 관식(官食)이 합(合)을 했으니 학교 선생으로 명예를 따랐다.

토재(土財)가 모두 암장(暗藏)되어 유산이 많겠고, 돈에 대한 욕망이 대단하다. 남편 병신(丙申)이 갑인(甲寅) 나무 위에 올라와 까부니까 원숭이가 나무 위에서 재주부리는 격이다. 이것이 보기 싫다고 호랑이가 으르렁대는 형상이니 집에 있으면 남편에게 짜증을 많이 부리는 여자다. 사회적으로 이름이 있는 사람들인데 안방은 전쟁터다. 아마 전생에서부터 큰 원수였던 모양인데 그래도 헤어지지 못하고 산다.

32. 면도칼로는 어림도 없다

壬 甲 甲 戊 (坤命)
申 戌 寅 寅

시상편인격(時上偏印格)에 편관(偏官)이 용신(用神)이고, 인중병화(寅中丙火)가 희신(喜神)이다. 편인격(偏印格)이니 계모 성격이고, 신(申) 남편이 공망(空亡)되었다. 1월 목(木)이 금(金)을 용신(用神)으로 삼는데 화(火)를 좋아하니 이율배반격이다. 만약 희신(喜神)이면서 격(格)을 이루면 기분 좋은 인생이 된다. 단 격(格)과 희신(喜神)이 같아야 한다.

병자생(丙子生) 남편 잘 만났다. 병(丙)은 희신(喜神)이고 자수(子水)는 격(格)이면서 신금(辛金) 용신(用神)과 자신합(子申合)하기 때문이다. 남자 기질이 있어 배짱이 좋고 의욕이 강한 두령격이다. 자식자리에 남편이 있으니 남편을 큰아들로 안다. 공망(空亡)이라 더하다. 남편은 어른자리에 있어야 하는데 애들자리에 있으니 네 눈에는 남편이 애처럼 보이겠다. 그러므로 너는 남편을 가지고 노는구나.

술중신금(戌中辛金) 정관(正官) 남편을 만나고 싶었으나 신금(申金)이 나타나 안된다. 운명적으로 보아 갑술생(甲戌生) 남편도 올 수 있으나 토극수(土剋水)로 격(格)이 이율배반이 되어 만나도 헤어진다. 오직 신금(辛金)은 숨어있으니 숨은 애인이다.

을사생(乙巳生) 자식이 있다. 을사생(乙巳生)은 격(格)과 상극(相剋)이 되어 삼형(三刑) 자식이다. 돈 쓰기 좋아하고 화려한 것 좋아하는 자식이요, 겁재(劫財)로 따라 들어온 망신 자식이다. 아마 남의 자식 키우는 것처럼 마음에 들지 않으리라.

겨울나무가 수(水)를 좋아할 리가 없는데도 이 사람은 임수격(壬水格)이 되었으니 자기 격(格)을 자기가 싫어하는 사람이다. 즉 인격이나 체면을 싫어한다는 말도 되므로 체면 불사하고 술토(戌土) 따라 돈 벌러 나갔는데 이것 저것 안 따진다. 항상 남편 불만이요, 계모집에서 사는 격이니 집에 붙어있을 리가 없는 사람이다.

33. 남이 망한 것만 사서 부자가 된 사람

丙 乙 甲 戊 (乾命)
子 酉 寅 寅

시상상관격(時上傷官格)이 무토(戊土)가 용신(用神)이고, 병화(丙火)가 희신(喜神)이다. 자기 희신(喜神) 병화(丙火), 자기 격(格)이 병화(丙火). 격용법(格用法)으로 봐야만 부자다.

희신(喜神)과 용신(用神)이 모두 병무(丙戊)로 사화(巳火)의 녹(綠)이 되었고, 나라자리에 무토(戊土) 재(財)가 있으니 큰 부자다. 무토(戊土) 용신(用神)이 나라자리에 있고, 겁재(劫財) 도둑놈들 속에 재(財)가 숨어 뿌리를 박고 있다.

병화(丙火)와 무토(戊土)가 모두 인중(寅中)에 통근(通根)했다. 일반적인 사주로는 군겁쟁재(群劫爭財)가 되는데 이렇게 보면 큰 실수다. 격용법(格用法)으로 보아야 한다. 네 마음이 어디에 있고 어디로 가느냐에 따라 달라진다. 고무신과 운동화 공장. 병화(丙火) 희신(喜神) 따라 섬유화학으로 돈 벌었다. 이 사람은 남이 망하는 것을 사서 부자가 되었다. 겁재(劫財) 속의 재(財) : 난세득세격(亂世得世格)

※ 경매 물건 : 격용(格用)이 절지(絕地)에 있고, 겁재(劫財)가 당권하여 남좋은 일만 하는 것 같아도 병화(丙火)가 내 옆에 있어 실속은 내가 차린다.

34. 비행사라는데

丙 甲 壬 壬 (乾命)
寅 辰 子 辰

본래는 정인격(正印格)인데 임수(壬水)가 개두(蓋頭)하여 편인격(偏印格)이 되었다. 병화(丙火)가 용신(用神)이다. 태평양을 건너 다니는 항공기 부기장이다. 기장은 생사여탈권을 쥐어야 하는데 관(官)이 없으니 명분없는 기장이다. 그래서 부기장이라는 기장대우만 받고 있다.

금(金)이 있는 미국 같은 곳을 항해하면 더욱 좋겠는데 금(金)은 없고, 병화(丙火)만 있어서 일본만 오고간다. 무신(戊申)이나 기유생(己酉生) 여자가 들어온다. 사귀면 안 떨어지니 조심해라.

35. 매 맞고 사는 여자

辛 乙 己 己 (坤命)
巳 卯 巳 亥

상관파인격(傷官破印格) 사주다. 조실부모하고 상관(傷官) 할머니 밑에서 초등학교를 나왔다. 다리 건너 학교에 다녔다. 장마철이면 다리가 끊겨 학교에 못 갔다. 옛날 같으면 보따리 장사꾼이다. 공교롭게도 칼국숫집에서 배달하고 있다. 기토(己土) 재(財)가 역마(驛馬) 위에 있고, 을목(乙木) 의에 재(財)인 기토(己土)가 있으니 머리에 이고 다니는 팔자다.

남편이 의처증 있다. 사중경금(巳中庚金)이 쌍으로 암장(暗藏)되어 있어 을경합(乙庚合)하는 것으로 알고 있다. 사실이다. 정부가 있다. 신금(辛金) 편관(偏官)이 남편이다. 넥타이를 매지 않은 남편인데 금극목(金剋木)을 하려고 위협적이다. 이 여자 매를 맞으면서 사는 팔자다. 사실 남편이 때리기도 한다는데 그것도 망치로 때린단다.

얼굴이 예쁜 편이다. 병자년(丙子年)에 이혼청구소송을 하여 이혼했다. 정축년(丁丑年)에 이혼할 수 있다.

36. 눈을 뜨고도 못보는 맹인

戊 辛 辛 丙 （乾命）
戌 未 卯 戌

안맹(眼盲)한 사람이다. 병화(丙火)가 있으나 화고(火庫) 위에 있고, 병신합(丙申合)을 당하여 꺼졌다. 병화(丙火) 눈은 떴지만 보지 못하는 장님이다. 병화(丙火)는 심장이요 정화(丁火)는 눈인데, 마침 술중정화(戌中丁火)가 년(年)과 시지(時支)에 암장(暗藏)되어 있으니 화고(火庫)가 되어 두 눈이 모두 보이지 않는다.

인수(印綬)가 태과(太過)하고 술미(戌未) 삼형(三刑)으로 인수(印

綬)가 되어 배운 것도 없고 부모덕도 없다. 토다매금격(土多金格)이다. 평생 큰 소리 한번 못 쳐보고 사는 팔자다. 인수(印綬) 태과(太過)로 토다(土多)하면 재목(財木)으로 극(剋)해주는 것이 좋은데 묘목(卯木)은 술토(戌土)와 합(合)을 당하여 재(財)도 없어졌다. 목극토(木剋土)는 불가하다. 타고난 맹인팔자다.

37. 신(神) 들어왔다

壬　辛　庚　丙 （坤命）
辰　酉　寅　午

얼굴이 뽀얀 미녀상이며 말솜씨도 얌전한 귀녀상이다. 재생살격(財生殺格) 사주요 인수(印綬)가 용신(用神)이다. 시상(時上) 상관(傷官)이 정관(正官) 병화(丙火)를 공격하고 있다. 병자년(丙子年)에 남편이 익사했다. 여름에 양수리로 피서갔다가 당했다.

쇠신(衰神)이 왕충(旺沖)이면 왕신발(旺神發)이라, 임자(壬子) 양인(羊刃)과 병오(丙午) 양인(羊刃) 수화(水火)가 서로 싸운다. 어차피 병오(丙午) 남편은 탕화(湯火) 남편이므로 교통사고나 음독, 익사할 팔자였다.

인오(寅午) 두 화(火)가 있으니 신기(神氣)가 있는 사람이다. 밤마다 꿈을 꾸는데 미치겠단다. 죽은 남편도 나타나고, 남편 친구라는 사람들이 나타나 괴롭힌단다. 꿈이 신기할 만큼 잘 맞는다. 신굿을

해라. 그러면 장안에서 소문 꽤나 나겠다. 병화(丙火)가 밝아서 사람들이 찾아온다. 본인은 한사코 거부하지만 거부하면 그만큼 괴롭다. 꼭 신을 모시는 무당이 될 것이다.

38. 재혼 남편은 장애인이다

乙　癸　丁　甲 （坤命）
卯　酉　丑　辰

신축생(辛丑生) 남편을 만나는데, 남편이 갑진(甲辰)과 정축(丁丑) 백호(白虎)를 맞아 모두 깨지고 상했다. 시(時) 역시 묘유(卯酉)로 상충(相沖)되어 자식과도 이별이요 남편과도 이별이다. 전형적인 과부다. 년상(年上) 상관(傷官)이 토(土)를 극(剋)하여 남편이 버티지를 못한다. 끝까지 살겠다고 버티는 놈은 죽을 놈이다.

사주가 냉하여 남자를 좋아하지도 않지만 성감대가 발달하지 못한 여자다. 사화(巳火)가 협공(狹供)을 당했으니 사중무토(巳中戊土)가 애인이다. 애인은 무조건 좋다.

오행을 모두 갖추고 도화(桃花) 정화(丁火)가 개두(蓋頭)하여 깔끔한 척, 잘난 척한다. 외형적으로는 남편 없이 살겠다고 하지만 내심으로는 사중무토(巳中戊土)를 무척 그리워한다. 재혼한다면 불구자가 내 남편이다.

39. 꿈이었나봐!

戊 辛 癸 丁 （乾命）
子 未 丑 卯

축월(丑月) 신금(辛金)이 무토(戊土)가 개두(蓋頭)하여 인수(印綬)가 태왕(太旺)한 사주다. 마땅히 묘목(卯木)으로 극(剋)하여 매금(埋金)을 구제하는 것이 급하다. 그러나 묘목(卯木)이 미(未)와 합(合)을 원하나 축토(丑土)가 막고 있어 해자축(亥子丑)되는 해수(亥水)로 해묘(亥卯)를 하려고 멀리서 합(合)을 원하나 실제로는 어렵다.

그래서 이 사주는 묘미(卯未)로 목국(木局)을 이루었으면 실물경제로 대성했을 것이다. 미중(未中) 재고(財庫)까지 있다. 그러나 원합(遠合)만 하고 있어 서로 합(合)하려는 기질만 있을 뿐 사실은 불합(不合)된 이론경제일 뿐이다. 경제학 박사가 된 것도 미토(未土) 인수(印綬)에 정화(丁火) 관(官)이 있고, 무토(戊土) 인수(印綬)와 계수(癸水)가 무계합화(戊癸合火)를 원하고 있어서다.

그러나 정화(丁火) 관(官)이 계수(癸水)에게 심하게 극(剋)을 당하고 있어 관(官)이 미약하기에 경제부총리로 단명했고, 1997년 정축년(丁丑年)에도 민주당 대선후보로 출마하려고 서울시장직을 10개월 남겨놓고 사임했다. 이것 역시 정화(丁火) 관(官)이 약해서 임기를 채우지 못한 것이다.

특히 정축년(丁丑年)은 관살(官殺)이 혼잡해지면서 병오(丙午) 대운(大運)이라 관살(官殺)이 태왕(太旺)하고 흘리는 운인 병화(丙火)

정관운(正官運)에 있으므로 대통령 꿈을 꾸게 된 것이다. 그러나 낙선하리라.

정축(丁丑)이 축미충(丑未沖)하여 축중신금(丑中辛金)에게 정관(正官)자리를 진상하는 꼴이 된다. 이 말은 조순의 출마가 변수가 되어 다른 사람을 이롭게 해주는 꼴이 된다.

축토(丑土)가 격각살(隔角殺)이라 말솜씨가 없다. 금(金)이 태왕(太旺)하고, 미(未) 즉 목고(木庫)가 있어 머리와 눈썹이 서리맞은 것처럼 백발백미다.

정화(丁火)가 자식인데 묘목(卯木)에게 생화(生火)를 받지 못하고, 오히려 계수(癸水)에게 심하게 수극화(水剋火)를 당하여 자식이 별 것 아니다. 아들 넷 중 셋이 병역을 면제받았다고 했다. 이해가 간다. 자식 병역면제 건으로 곤욕을 치른 이회창보다는 설득력 있다.

재(財)는 생관(生官)하려는 기질이 강하므로 재(財)에 멈추지 않고 관(官)을 욕심낸다. 그러나 계축(癸丑) 백호(白虎) 계수(癸水)가 정축년(丁丑年) 정화(丁火)를 몰광시켜 반드시 낙선한다.

조순 후보에게 선거자금을 대주고 줄을 서보려는 사람이 이 사주를 갖고 왔다. 이 사주로는 대통령 안 된다. 오직 이론경제학자일뿐이다. 서울시장직도 과분하여 중도에 하마한 것이다.

40. 인연법에 따라 들고난 여자들

庚 乙 丙 甲 (乾命)
辰 丑 子 午

정재(正財)는 본처이고 편재(偏財)는 후처인데, 후처 편재(偏財)가 안방에 있고 본처는 외방에 있다. 이래서 본처와 이혼하고 후처가 들어온 것이다. 본처는 술생(戌生)인데, 이 처가 들어오면 본인 31세 되는 갑자년(甲子年)에 집을 나갔다 9월에 들어오지만 다시 나간다.

후처는 32세 을축년(乙丑年)에 만난다. 해생(亥生) 여자가 길한데, 유생(酉生)을 만나면 또 한 번 결혼하게 되므로 삼처가 된다. 자손 자리에 정관(正官)이 있으니 딸을 먼저 낳는다. 운명에는 3남매가 있으나 후처에게 딸이 또 하나 있다.

직업은 몸이 목(木)이다. 자수(子水) 귀인(貴人)이 합(合)하여 식신 (食神)을 용신(用神)으로 삼으니 초년에는 다방이나 음식이요, 중년에 는 모텔이다. 신유술(辛酉戌) 7·8·9월에는 사업이 힘들고 마음 고통 이 있다. 이유는 몸이 목(木)인데 금월(金月)을 만나니 마음이 들뜨고 처도 도망간다. 본처는 재(財)를 따라가므로 애인이 둘쯤 되겠다.

재산은 토(土)다. 부자의 창고다. 31세 갑자년(甲子年) 5월까지는 발전하고, 6~9월은 발전은 하나 손재가 많다. 32세 을축년(乙丑年) 에는 돈이 들어오나 여자로 고통받는다. 축생(丑生) 여자와 친하지 말라. 사업수단은 있는데 처를 감당할 운이 없다. 아내를 사랑하지 만 양기가 부족하여 밤일은 빵점이다.

41. 기묘년(己卯年)에 봐라

庚 丙 甲 庚 (乾命)
子 戌 申 辰

편재격(偏財格)에 몸이 병화(丙火)다. 병화(丙火)는 밝고 빛나고 뜨거운 것이다. 낮에 태어나면 양성이요, 밤에 태어나면 월광 월색이라 밤불이라 속으로는 생각이 많지만 말수가 적어 정중동하는 성격이다.

부부궁은 술토(戌土)가 정관(正官)을 극(剋)하니 본처와 해로하지 못한다. 만약 본처와 해로하면 내가 희생하며 봉사해야 된다. 해수(亥水) 편관(偏官)에 귀인(貴人)이 있으니 애인이나 후처하고는 유정하나 동거는 불길하다. 인연은 자생(子生), 신생(申生), 유생(酉生)이 길한데 진술토(辰戌土)가 수관(水官)을 충(沖)하니 좋은 인연을 만날 사주가 아니다. 인생(寅生), 술생(戌生), 사생(巳生)은 불길하다.

재산은 편재(偏財)가 많고 유기(有氣)하여 부자의 창고인데 병화(丙火)가 약하여 재(財)를 감당할 수 없으니 대부 그릇은 아니다. 본래가 작은 부자로 돈을 좋아하며 허욕이 있는데 인색하기 짝이 없고 본인을 위해서만 돈을 쓴다.

직업은 가구나 직물 같은 갑목업(甲木業)을 하면 몸이 건강하나 금목(金木)이 상극(相剋)이라 작은 부만 있어 생각이 없어진다. 수업(水業)을 하면 강금(强金)이 설기(泄氣)하여 재(財)도 빛나고 좋다. 45세는 발전하는 운인데 돈을 벌어도 나가기 바쁘다. 기묘년(己

卯年)과 경진년(庚辰年)에 죽을 수도 있으니 건강을 조심하라고 했
는데 기묘년(己卯年)에 죽었다.

42. 자식 낳으면 부부연이 끝난다

辛 庚 乙 癸 （坤命）
巳 辰 丑 未

화(火)가 남편이다. 미중정화(未中丁火)가 있으나 계수(癸水) 아래
에 있으니 오시(午時)면 헤어지고 사시(巳時)면 해로하리라. 무정을
유정으로 만들어서 산다.

목(木)이 재산이다. 재산 창고는 상하에 있다. 금운(金運)을 만나
면 손재 고통이 따른다. 48세 경오년(庚午年)부터 52세 갑술년(甲戌
年) 사이에 친구에게 손재를 당할 운이다. 재(財)는 숨기면 살고 나
타나면 손재다.

53세~57세인 을해년(乙亥年), 병자년(丙子年), 정축년(丁丑年), 무인
년(戊寅年), 기묘년(己卯年)까지 운은 좋은데 극부살(剋夫殺)이 온
다. 부부불화를 막으려면 아들딸에게 신경써라.

정인격(正印格)이 관(官)이 용신(用神)이니 집에 있으면 답답하고
나가야 덕이 온다. 축미(丑未) 삼형(三刑)이 있다. 삼형살(三刑殺)은
활동하면 복이 되는 경우가 있다. 집에 있으면 고통과 불화가 온다.
목(木)이 재산이니 목업(木業)은 길하나 작게 발전하고, 수업(水業)

도 길하나 극부(剋夫)하는 직업이다.

신강(身强) 관약(官弱)하니 본인은 재복과 자손복이 있으나 남편은 약해져서 불만이다. 천성은 질서가 있고 활동적인데 남편만 보면 입으로 공격한다. 숨은 남자에게 정이 있다. 두 번 결혼 모두 무정하고 진생(辰生)은 유정하다. 수(水)가 아들인데 하나 낳아 다 키운 다음에는 인연이 끊어지리라.

43. 이거 보통 어려운 게 아니다

壬 丁 甲 戊 （乾命）
寅 亥 子 寅

편관격(偏官格)에 내 몸이 등불이다. 인시(寅時) 등불이라 유광하여 총명하며 재주가 있고 주관이 뚜렷하다. 정임(丁壬)이 합(合)하여 등불이 관(官)과 합(合)했으니 직장은 길하지만 사업할 사주는 못된다. 천성이 자존하고 사려가 깊은데 다만 충(沖)하면 대노한다.

갑목(甲木)이 처다. 월(月)에 갑목(甲木)이 있어 아내와 해로하지만 숨은 여자와 인연이 있다. 술생(戌生)과 해생(亥生)이 길하다.

직장에 가면 중역이 되나 46~47 계해년(癸亥)과 갑자년(甲子年)에는 갑인(甲寅)이 기토(己土)인 45세 기사(己巳) 대운(大運)에 묻혀 휴직운이 온다. 47세 갑자년(甲子年) 8월에 직장에 다시 나가도 48세 을축년(乙丑年)에 변동한다.

기사(己巳) 대운(大運)에는 사업이 불가하다. 사화(巳火)가 겁재(劫財)다. 등불이 태양운 사화(巳火)을 만나면 무광무색하여 판단이 어둡고 고립되어 사화운(巳火運)에 대파한다. 사업은 경오(庚午) 대운(大運)부터 무토(戊土)가 희신(喜神)이니 토업(土業)이 좋다.

정해일(丁亥日)은 아내자리가 귀인(貴人)이요, 인해(寅亥)가 합(合)되어 처가 토목업(土木業)을 하면 길하다. 해중갑목(亥中甲木)이 본처인데 수(水) 중에서 얼었으니 처음 만난 처녀와는 헤어졌다가 51세 임술년(壬戌年)에 다시 만난다. 소년시절 애인을 다시 만난다. 늙어서 했다. 이거 보통 어려운 것이 아니다. 술해(戌亥) 귀인(貴人)이 들어와서다.

44. 십년 대운 들었다

戊　庚　辛　壬　(乾命)
寅　寅　亥　申

금수식신격(金水食神格)이다. 내가 금(金)이라 의롭고 용(用)은 지(智)요 화(火)는 예(禮)다. 그러나 화(火)가 없어 빛이 나지 않으니 인덕이 없다.

목(木)이 아내다. 목(木)이 셋인데 둘은 노출되고 하나는 숨어있다. 고로 처운인데 화(火)가 없으니 10월 동목(冬木)이 개화를 못하여 그 처와도 인연이 없다. 본처자리에 역마(驛馬)가 있고, 망신과 해합(亥合)하여 아내가 없다.

재산은 편재(偏財)가 쌍마 위에 있으니 대부 그릇인데 창고를 지키는 화(火) 수위가 없고, 역마재(驛馬財)가 되어 돈은 많이 들어오나 지키지 못한다.

선천적인 직업은 정치가 좋으나 관(官)이 없어 안 되고, 세상을 비웃으며 불만이 많은 사람이다. 후천적인 직업은 목(木)이 재(財)라 종이나 섬유 계통이 좋다. 55세 이후에는 화운(火運)이 오니 온천이나 관광업도 길하다.

자손은 인중병화(寅中丙火)가 아들인데 병병(丙丙)이 있으니 둘을 둔다. 50~54세인 신유년(辛酉年)부터 을축년(乙丑年)까지는 금(金)이 습토(濕土)에 파묻히는 운이라 이루기 어렵고, 55~64세 10년 간은 평생 처음 화운(火運)이 온다.

수재(守財)에 힘써라. 대운(大運)이 왔으나 역마재(驛馬財)가 되어 용재(用財)가 많다. 태지(胎地)가 북방 계수(癸水)라 재(財)를 찾아 화남방(火南方)으로 가서 산다.

45. 남편이 성불구다

辛　癸　癸　丁 （坤命）

酉　丑　丑　丑

편관격(偏官格)이다. 토(土)가 남편인데 12월 토(土)라 얼었다. 동토(冬土)에 화개(華蓋)가 있으니 파연살(破緣殺)이 되어 남편이 있어도 성불구자다.

정화(丁火)가 재산이다. 토재(土財)는 대부인데 현금은 없다. 땅과 인연이 많은데 정방(동방과 남방 사이) 따뜻한 지방의 재산이다. 50세 정묘년(丁卯年)에 땅 일부를 팔아 건축하는 운인데 좋다. 50~51세 병인년(丙寅年)과 정묘년(丁卯年)에 재산이 발전한다. 정화(丁火)는 토축(土丑) 속에 있는 재(財)와 같아 온천이나 목욕업이 좋다.

축축축(丑丑丑)이 있어 관살(官殺)이다. 공방생활 면하기 어렵고, 49세 을축년(乙丑年)에 애인과 깨진다. 그러나 50세 병인년(丙寅年)부터는 마음이 통하는 남자가 생긴다. 남자는 사생(巳生)이 인연이요, 오생(午生)과 미생(未生)도 좋다. 그러나 신생(申生), 해생(亥生), 임생(壬生)을 만나면 심신의 고통이 따르고 재물로 실패한다. 특히 임신생(壬申生)이 흉하다.

주택은 동향은 생기가 있고, 남향은 돈이 들어오나, 북향은 불길하다. 화개(華蓋)가 많으니 종교와 인연이 깊다. 인연은 무자생(子生)이나 정해생(丁亥生)이 길하고, 축생(丑生)은 합(合)되어도 계수(癸水)를 극(剋)하는 남편이다. 늙은 남편을 만나면 덕이 있고, 총각을 만나면 고통이 온다.

46. 삼재(三災)로 본 사주

癸 丙 乙 癸 (坤命)
巳 子 卯 巳

격국법(格局法)으로 정인격(正印格)에 계수(癸水)가 용신(用神)이다. 병화(丙火)는 양화(陽火)요 태양이다. 세상을 광대하게 조명하는 양화(陽火)가 되어 기가 강하다. 정인격(正印格)은 정관(正官)을 용신(用神)하여 학자요 선비로 진출하는 자질이 있는데, 욕지(浴地) 정인(正印)이 되어 선비(卯 붓)를 버리고 협공된 진토(辰土)와 사중무토(巳中戊土)의 식신(食神)을 따라 직업을 갖는다.

신왕(身旺)하면 설기(洩氣)를 좋아하고, 신약(身弱)하면 인성(印星)을 좋아하는 법이다. 본명은 병화(丙火)가 년(年)과 시(時)에 사화(巳火) 건록(建祿)을 놓고, 묘목(卯木)이 인성(印星)이 되어 신왕(身旺)한 즉 식신(食神)으로 설기(洩氣)하기를 좋아하여 먹는 것을 직업으로 삼는다.

식신(食神)은 교양신이며 수복신이고, 의식주를 담당하는 신이다. 고로 식당업이다.

부부궁은 계수(癸水)가 남편인데 계수(癸水)가 셋 있으나 년상(年上) 계수(癸水)는 사중무토(巳中戊土)와 합(合)하여[시상(時上) 계수(癸水) 동일] 혼인길이 막혔다. 고로 결혼하기 어렵고, 계계(癸癸) 자수(子水)가 병화(丙火)에는 음착관(陰錯官)이 되어 애인은 있으나 결혼은 안 된다. 일지(日支) 자수(子水)가 남편이라고 하지만 자묘형(子卯刑)이 되어 이것과는 뜻이 전혀 맞지 않는다.

재산은 사중경금(巳中庚金)이 창고다. 진토(辰土)는 식신(食神)이다. 돈을 따르게 하는 능력이 있다. 계수(癸水)는 재산을 지키는 수위다. 대문에 계수(癸水) 정관(正官)과 사화(巳火) 건록(建祿)이 있어 이 집에는 남녀가 많이 모여든다. 재산은 많이 모여도 사중경금

(巳中庚金)이 있어 재(財)가 약하므로 친구나 육친 때문에 손해를 본다. 돈은 많이 벌어도 부자는 못된다.

이 사주는 해자축년(亥子丑年)이 삼재(三才)다. 해년(亥年)은 귀인 (貴人) 관성(官星) 삼재(三才)라 발전하고, 자년(子年)은 복음(伏吟) 삼재(三才)라 신음하고, 축년(丑年)은 상관(傷官) 삼재(三才)라 구설 이 있고 돈이 나간다.

40~44세 미운(未運)은 묘미(卯未)로 합(合)되고, 자미(子未)로 원 진(怨嗔)이 되어 남자 풍파가 있다.

재산은 밤에 많이 모이니 낮사업보다는 밤사업이 좋다. 낮에는 경 금(庚金) 재(財)가 화(火)에 상한다. 인성(印星)에 도화(桃花) 묘목(卯 木)은 교양과 아름다움이 있고, 천의는 요리사요 음식맛을 잘 낸다.

자묘형(子卯刑)은 남에게 잘 하고도 욕을 먹는다. 묘년(卯年)에는 인성(印星)이 욕지(浴地)가 되어 어머니 걱정이 있다. 유(酉)는 병화 (丙火)가 일몰하니 재(財)를 탐하다 손재를 보고, 자년(子年)은 이사 운인데 안 하면 불길하다.

47. 남편이 생산을 못한다

戊 丙 癸 己 (坤命)
戌 寅 酉 丑

정재격(正財格)이다. 계수(癸水)가 남편이니 자수생(子水生)이 남편이다. 무자생(戊子生)이 남편인데 자녀를 낳으면 남편이 없고, 자식이 없으면 부부가 해로한다. 본인 운에는 자식이 하나 있는데 계수(癸水) 남편은 자식을 낳지 못한다.

재산은 재(財)에 귀인(貴人)이 합(合)을 하여 남편 재(財)보다 본인의 재(財)가 더 좋다. 아들딸이 없어도 부부의 정은 좋은데 정묘년(丁卯年), 무진년(戊辰年)부터 간간히 다툰다. 말년에 자식을 하나 둘 운이 있으나 다른 사람이 키운다. 본명은 자식이 없어야 부부가 해로한다.

48. 중부격은 된다

甲　己　甲　庚　(乾命)
戌　酉　申　辰

토금상관격(土金傷官格)이다. 진토(辰土) 속에 계수(癸水)가 들어있으니 계미생(癸未生)이 배필이다. 처자리에 식신(食神)이 있으니 아내의 사업이 길하다.

아들덕은 있는데 부모슬하를 떠나 살게 된다. 귀인(貴人)이 있어 육친덕보다 다른 사람의 덕이 있다.

재산은 중부격인데 숨어있는 재(財)다. 돈보다는 아들 성공에 힘쓰고, 재(財)는 처에게 발전이 오게 된다. 신유술(申酉戌)이 있어 종교에서 덕을 쌓으면 재(財)가 들어온다. 아들자리에 식신(食神)이 숨어있으니 자식 하나는 큰 부자가 되리라.

경오(庚午), 신미(辛未), 임신(壬申) 3년간은 상관견관운(傷官見官運)이다. 시비를 일으키지 말라. 고통이 따른다. 건강은 목운(木運)에 신경통이 온다.

49. 화(火)가 없어서

乙 甲 戊 乙 (乾命)
丑 子 寅 酉

월상편재격(月上偏財格)이다. 몸이 정월 갑목(甲木)이다. 갑목(甲木)은 거목이다. 자존심과 고집이 강하지만 속은 어질다. 갑목(甲木)이 병화(丙火) 태양을 보지 못하여 아버지를 먼저 잃는 사주다.

삼대를 일자로 내려간다. 재산은 아들자리는 정재(正財, 월급) 귀인(貴人)이다. 직장으로 나가면 출세하고, 본인은 편재(偏財) 사업이라 초년 직장생활에서는 마음은 사업가요 대부(大富) 생각 뿐이다.

부자간에 유정하다. 그릇은 부자인데 정월 나무가 수(水) 위에 있고, 태양이 없어 욕심만큼 빨리 성장하기는 어렵다. 사업을 하는데 토업(土業)이 좋다. 화(火)가 없으니 화업(火業)은 전기·전자·주유소 등이 좋다.

50. 종신자식 하나 있다

戊 丙 癸 甲 (乾命)
戊 午 酉 子

정재격(正財格)이라 창고가 작다. 오행을 모두 갖추어 성실하며 처세를 잘한다. 총명하며 지혜로는 대부격이나 창고가 작아 소부다. 직업은 정재(正財)이니 월급쟁이가 적격이다. 본성이 병화(丙火)라 지배받기 싫어한다. 토(土)가 식신(食神)이니 부동산·농장·주택 사업이 길하다.

정재(正財)가 귀인(貴人)이고 본처가 덕이 있다. 술(戌) 속에 신금(辛金)이 숨어있어 후처가 있다. 자식은 둘인데 하나는 종신 자식이다. 큰 아들은 부모를 떠나야 빛나며 동거는 불리하다. 자(子), 오(午), 유(酉) 삼문을 열어놓았으니 삼가 삼처운인데 본처 자손이 귀하게 된다.

병화(丙火) 태양이라 수(水)가 반드시 필요하니 말년에 수업(水業)을 해라. 술(戌) 보신탕은 몸에 좋으나 축(丑) 소고기는 해롭다. 64세 정묘년(丁卯年)에는 자동차를 조심하고, 묘유(卯酉)가 상충(相沖)하니 동북향이 길하다.

51. 연상의 여자가 복녀다

丙 戊 庚 癸 (乾命)
辰 辰 申 酉

토금식신격(土金食神格)이다. 부모자리에 북방 계수(癸水)가 있는 것을 보니 북방에서 태어나 남방으로 이동했다.

부부궁은 수(水)가 아내다. 계수(癸水)가 금(金) 위에 있고, 임수(壬水)는 신(申) 속에 있으니 본처와 후처가 있는데 축생(丑生)을 만나야 안정된다. 해생(亥生), 자생(子生), 오생(午生)이 인연으로 들어와 여난을 일으킨다. 처와 재(財)는 동일하여 해자축년(亥子丑年)마다 재(財)와 처가 동한다. 목(木)이 없어 재(財)는 많이 들어오나 지킬 능력이 없다.

식신(食神)은 의식주인데 상하로 있으니 의식주업과 인연이 있다. 처가 년상(年上) 부모자리에 있으니 연상의 여자가 들어와야 복이 있다.

52. 본처와 해로하기 어렵다

庚　庚　庚　乙　（乾命）
辰　辰　辰　丑

운명이 3월 금(金)이고, 3월 금(金)은 쟁기다. 토(土)가 있으면 경작을 한다. 3금(金)에 4토(土)가 있으니 광토(廣土)라 대부격인데 화(火)가 없어 노력은 많이 하나 공이 없다.

군겁쟁재(群劫爭財)가 있으니 목운(木運)을 만나면 돈을 따르다가 기둥이 무너진다. 목(木)이 아내인데 병화(丙火) 태양이 없으니 꽃을 피지 못할 여자다. 화(火)는 낮사랑, 수(水)는 밤사랑인데 수화(水火)가 없으니 본처와 해로하기 어렵고 후처와 해로한다. 인연은 을목(乙木)이 아내라 인묘생(寅卯生)이 인연 같으나 서로 길이 다르므로 가정에 풍파가 많고, 사생(巳生)을 만나야 3월 목(木)에 꽃을 피우리라.

53. 내정보다 외정이 좋다

丁 乙 甲 戊 （坤命）
亥 丑 寅 子

년상정재격(年上正財格)이다. 관용신(官用神)이지만 화(火)를 기뻐한다. 정월 목(木)이 화(火)를 좋아하니 예절과 애교가 있고 말을 많이 한다. 정관(正官) 금(金)이 없어 일에 두서가 없고 매사 서두르기만 한다. 목(木)은 토(土)에 뿌리를 내려야 나무가 쓰러지지 않는데 다행히 남편자리에 축토(丑土)가 있어 넘어지지는 않겠다.

정월 목(木)은 토(土)에 뿌리박는 것을 좋아해 남편보다 돈을 더 좋아하고, 화(火) 자식사랑에 목을 맨다. 해수(亥水) 망신살(亡身殺), 즉 동요살이 있어 가정에는 뜻이 없고, 사회활동을 좋아하며 내일과 남의 일로 바쁜 사람이다.

재산을 지키는 수위가 없으니 현금보다는 부동산으로 치부해라. 부부궁은 축중(丑中)에 신금(辛金)이 숨어있어 남편과 정이 약하고 외정을 갖는다. 인연은 신사생(辛巳生)이 화금(火金)이 되니 가장 좋은 배필이다 오생(午生)은 자식 인연으로 살아갈 뿐이다.

54. 기대하지 마라

戊 乙 己 丁 (乾命)
寅 巳 酉 亥

편관용인격(偏官用印格)에 화(火)가 희신(喜神)이다. 8월 목(木)이다. 8월 목(木)은 열매가 무성한 계절이라 노력만 하면 부자가 된다. 그러나 무기토(戊己土)가 엷고 역마(驛馬)에 인망신살(寅亡身殺) 위에 있어 나무가 열매를 맺기 전에 낙엽이 되고 말았다. 마음은 급하고 뿌리가 엷은 것도 모르고 풍년을 생각한다.

본래 운명이 요구하는 것은 선비의 길인데 마음은 부자를 원한다. 재(財)는 원수가 되어 이것을 먹으면 죽는 줄도 모르고 돈을 따라 바람처럼 돌아다닌다.

평생 사업은 안 되니 두뇌와 지식으로 살아라.

부부운은 아내자리에 화(火) 역마(驛馬)가 있어 나무뿌리를 말리니 가슴에 불을 지르는 여자다. 고로 해자생(亥子生)을 만나면 해로하나 사오생(巳午生)을 만나면 불화하며 이별한다.

자손은 자손자리에 인묘(寅卯) 공망(空亡)이라 망신(亡身) 자식이 되어 자식덕이 없다. 며느리밥도 못 얻어먹는다.

55. 공부 많이 했다

甲 壬 戊 壬 （乾命）
辰 申 申 子

7월 호수격이다. 토(土)가 명예도 되고 제방도 된다. 재(財)가 있어야 재관(財官)으로 대성하는데, 화(火)가 없으니 불성한다. 무토(戊土)가 당령(當令)하여 토관(土官)이 용신(用神)인데, 갑목(甲木)이 극(剋)하여 수명이 짧다.

토(土) 따라 중앙대를 나오고, 신금(申金) 따라 미국 유학을 했다. 전공은 법학인데 신금(申金) 따라 교육학도 맞다. 미국의 금(金)에서 법학 공부하고, 한국의 (甲)에서 외교학 공부하고, 일본의 병(丙)에서 경제학을 공부하면 좋다.

56. 뜻은 크다마는

癸 丙 壬 壬 （坤命）
巳 戌 寅 寅

편관(偏官)이 용신(用神)이라 영웅격으로 태어났지만, 재(財)가 기신(忌神)이 되어 뜻은 높으나 불만이 많다. 편관(偏官)은 동요하는 불안살과 같다. 부모와 형제자리에 계모가 있어 버릴 수도 가질 수도 없어 항상 갈등이 많다. 정월 태양이 금(金)을 희신(喜神)으로 삼으려고 하나 재(財)를 따라가면 신고요 심고다. 3망신(亡身)에 2겁(劫)이 있으니 한 곳에서 안정하지 못한다.

57. 둥글다 둥글다

甲 辛 丁 辛 (乾命)
午 卯 酉 酉

8월 신금(辛金)이 유유(酉酉)로 쌍록(雙祿)을 놓아 흙이 묻지 않은 보석 중에 보석이요 명금(名金)으로 볼 수 있다. 그러나 천간(天干)에 뜬 정화(丁火), 즉 현미경으로 들여다보니 상처 투성이라 값이 나가지 않는다. 왜냐하면 유유(酉酉)로 자형(自刑)이 되어 깨졌고, 묘유(卯酉)로 충(沖)되어 흠집이 났으며, 화(火)가 약하여 백옥 같은 보석에 끄름만 입힌 것 같아서다.

신왕(身旺)한 신금(辛金)이 정화(丁火)를 만나면 편관칠살(偏官七殺)이 되어 한자리 꾀찰 수 있다. 그런데 이 사주는 신왕(身旺)하지만 정화(丁火)가 너무 약해서 편관(偏官) 노릇을 못한다. 신금(辛金)이 팔짝팔짝 뛰며 신경질을 부리는 모양새가 가관이다. 신금(辛金)을 정화(丁火)랍시고 화극금(火克金)을 하는데 장난이 아니다.

정화(丁火)는 본성이 성냥불 같아 따끔하게 지지는 데는 명수다. 신금(辛金)을 정화(丁火)로 지져대는데, 이쯤되면 신금(辛金) 몸에

뜸을 뜬 것 같은 흔적이 남는다. 그러므로 이 사람의 몸에는 붉은 반점이 있다. 얼굴에 곰보처럼 몇 군데 볼록볼록 자국이 있을 것이라고 했더니, 이 사람의 어머니 왈, 아기 때 생긴 수두자국이라 한다. 이유 불문이다. 팔자소관이라고 잘라 말했다.

정화(丁火) 때문에 따끔거려 몸부림을 치듯이 신경질도 나지만 지지(地支)에 있는 묘목(卯木)마저 묘유충(卯酉沖)하며 지지(地支)를 툭툭 건드리는 것 또한 나를 미치게 한다.

묘한 일이다. 위로는 정화(丁火)가 양신금(兩辛金)을 놓고 왔다갔다 충극(沖剋)하고, 아래로는 묘목(卯木)이 양유금(兩酉金)을 충극(沖剋)한다. 연구 대상이다.

한참 들여다보다가 혹시 공으로 재주를 부리는 사람이냐고 물었더니, 그의 어머니 움칫하며 놀라는 기색으로 그렇다고 한다. 또 물었다. 축구나 야구하는 사람 같지는 않다고. 그렇다고 한다. 이때부터 사람이 오기가 생긴다. 여기까지 맞혔으니 더 파고들어 가야겠다는 생각에 내가 한번 맞혀볼 테니 말하지 말라 하고 이렇게 저렇게 맞혀보기 시작했다.

토(土)가 없으니 야외는 아니고, 실내나 코트에서 하는 구기종목이 분명하다. 묘목(卯木)은 공이요, 유금(酉金)도 공이다. 위에서는 정신정신(丁辛丁辛)으로, 아래에서는 묘유묘유(卯酉卯酉)로 충극(沖剋)하는 것을 보면 동작이 빠른 것까지는 알겠다. 그렇다면 탁구·농구·볼링·사격·양궁 모두 해당한다.

특히 신금(辛金)은 부드럽고 묘목(卯木)은 예쁜 것이므로 예상대로 모두 가능하다. 도화(桃花)가 시지(時支)에 깔려있는 것으로 보아 늘씬하며 잘생긴 미남미녀들과 부딪히며 싸우는 종목이며, 코트에서 싸우는 종목으로 요약해봤다. 이 사주에서는 몸과 몸이 부딪쳐 충(沖)하는 것으로 보아 탁구나 볼링, 사격은 아니다. 이것들은 몸이 부딪치는 종목이 아니다.

남는 것은 농구다. 구기종목 가운데 농구만큼 힘든 것은 없다. 좁은 코트 안에서 서로 눈치(丁火)라는 고도의 작전을 무기 삼아 최단 시간 안에 골을 넣어야 하는 초스피드 운동이다. 축구나 야구는 잠깐씩 쉴 틈이 있으나 농구는 그렇지 않다.

천간(天干)의 정화(丁火)는 눈인데, 높은 곳에 있는 갑목(甲木)을 올려다보는 것이 눈에 들어온다. 맞다. 농구다. 갑목(甲木)은 전봇대요 높은 곳이고, 묘목(卯木)은 손이고, 유금(酉金)은 공이다. 쉴 틈 없이 충(沖)하는 것, 이것은 소리다. 농구에서 소리는 공을 빠르게 '리바운드'하는 소리로 보아 틀림없는 농구다. 농구냐고 물으니 그의 어머니가 입을 딱 벌리며, 농구하는 것도 팔자냐고 묻고 또 묻는다.

신유생(辛酉生) 36세. 이쯤되면 선수는 못할 것이고, 선생이나 코치를 해야 하는데 기업체나 학교에 있어야 한다. 그런데 인수(印綬)가 없는 것으로 보아 학교는 아니고, 갑묘재(甲卯財)가 있는 것을 보고 어느 구단에 속해 있냐고 물으니 아니라고 한다.

그렇다면 농구하는 사람이 있을 곳은 뻔하다. 학교밖에 없는데 인수(印綬)가 없다. 학교는 학교이나 정교사가 아니라 임시직 코치다. 학교에서 코치를 하냐고 물으니, 그렇다고 한다. 여기까지는 숙제가 풀렸다. 문제는 지금 원주 어느 중학교에서 코치로 있는데, 언제 정교사가 되고 결혼하냐는 것이다.

원래 인수(印綬)가 없어 선생은 어렵다. 선생이 되려면 대회에 나가 혁혁한 공을 세워야 될 것이라고 했더니, 한번 강원도 내 농구대회에 나가 우승한 경력이 있다고 한다. 옳지, 됐다. 이것은 코치다. 화운(火運)은 좋은데 사주에 물이 한방울도 없는 것이 문제다. 수(水)는 제자다. 수(水)가 잘 해야 목(木)이 살고 화(火)가 사는 법인데, 운에서도 수(水)가 들어오지 않는다.

수(水)는 식신(食神)이요 목(木)을 생재(生財)하고, 화(火)는 정관(正官)이며, 토(土)는 인수(印綬)가 되어 학교에서 정록(正祿)을 받아야 정교사가 되는 법이다. 그런데 수(水)라는 식신(食神) 제자도 없고, 토(土)라는 인수(印綬) 학교도 없다. 그러면서도 인수(印綬)라는 학교에서 임시직이지만 코치로 있고, 수(水) 제자도 없으면서 수(水) 제자들을 코치하는 것을 나는 이렇게 설명했다.

사주에 수(水)가 없어 화금상전(火金相戰)·금목상전(金木相戰)을 면하고자 수(水)가 있는 곳으로 찾아간 것은 용신(用神)을 찾아간 것이라고. 수(水)는 상생불기격(相生不起格)에 통관(通關)이 되어 이 사주의 기(氣)를 돌게 하는 생명수이므로 학교로 간 것은 잘한 것이다. 단 결혼에는 관심이 없는 사람이다.

이때의 묘목(卯木)은 수(水)가 없어 외로울 고(孤) 자 고재(孤財)다. 묘목(卯木)의 도화녀(桃花女)가 되어 밉지 않은 묘목(卯木)이지만, 주변 환경이 너무 나쁘다. 왕한 유금(酉金) 2개와 오화(午火)가 양쪽에서 괴롭히는데, 이들을 당해낼 장사가 없다. 도화(桃花)가 이렇게 깨지면 꽃이 상한 것과 같아 자연 미색이 떨어져 볼품없는 꽃이 되고 만다.

8월! 국화와 단풍이 함께 어울려 서로 잘났다고 뽐내는 때. 이를 풍국쟁염(楓菊爭艶)이라 하거늘 묘목(卯木)은 상처 투성이라 도화(桃花)에 끼지 못하는 게 안타깝다. 그러므로 이 사람은 보는 여자 묘목(卯木)마다 예쁘지 않다고 결혼을 거부한다. 물론 직장이라는 관(官)도 약하여 직업이 불안정해서 그렇기도 하지만 깔끔한 성격 탓도 있다.

이 사주는 나름대로 구획이 잘 정리되어 좋다. 단, 금왕절(金旺節)에 단단히 여문 유금(酉金) 열매가 화(火)라는 일조량이 부족해서 전부 익히지 못하는 것이 아쉽다. 또 갑목(甲木)의 재(財)도 묘목(卯木)의 뿌리가 약하여 흔들리는 바람에 오화(午火)라는 꽃을 피우고는 사지(死地)에 앉아 죽어버렸으니 한 많은 사주가 되고 말았다.

이해한다. 신왕(身旺)하면서 잘 다듬어진 보석에, 지지(地支) 곳곳에 도화(桃花)가 있어 꽃밭으로 태어났으면서도 직장도 확실하지 않고, 인수(印綬)가 되는 집도 없고, 아내도 갑묘(甲卯)로 혼잡되어 이러지도 저러지도 못하는데 한때 겪어야 할 운명이다. 사람이 깔끔하다. 천성은 고치지 못한다. 이를 천성불개(天性不改)라 한다.

58. 특별한 사람들

丁　丁　甲　辛　(乾命)

未　卯　午　酉

5월은 망종(芒種) 때, 망종은 보리 환갑 때다. 하루가 다르게 더워지는 때라, 하루 이틀 사이에 보리가 바싹 말라버리기도 한다. 그래서 보리는 약간 푸를 때 베고, 이때의 보리를 청맥(靑麥)이라 한다.

정묘(丁卯)와 정미(丁未)가 나란히 붙어있는 것이 예사롭지 않다. 신유(辛酉)라는 처는 큰 갑목(甲木) 그늘 밑에 있어 제대로 영글지 못했다. 또 사주에 수(水)가 한방울도 없는 것이 기이하다. 신유(辛酉) 아내가 있어도 금생수(金生水)를 못하는 처가 되는 것도 기이하다. 자식이 없다는 얘기다.

그렇다면 답은 간단하다. 정묘(丁卯)와 정미(丁未)가 묘미(卯未)로 합(合)을 하는 것은, 천간(天干)에서 정화(丁火)끼리 만나 짝을 이루는 상이니 틀림없는 동성애자다. 정묘(丁卯)가 남자, 정미(丁未)가 여자다. 이것은 묘(卯)가 미(未)를 목극토(木剋土)해서 그렇다. 묘목(卯木)은 미토(未土)를 극(剋)하므로 미(未)가 편재(偏財) 여자가 되는 것이다.

자식이 없는 것은 이해한다. 동성애자라 그렇고, 설령 아내가 있어도 그 자식을 남의 손에 맡길 것이다. 해묘미(亥卯未)로 삼합(三合)할 때 해수(亥水)가 있어도 왕성한 목(木)이 수(水)를 모두 빨아먹으므로 자연 수(水) 자식은 없다.

미토(未土)도 그렇다. 미(未)는 고(庫)의 늙은 토(土)가 되어 미토(未土)의 여장남자는 나이 많은 사람이 분명하다. 얼굴은 갸름하고, 몸은 바싹 말랐고, 안색은 거무틱틱한 볼품없는 사람일 것이다. 미(未)는 또 맛을 나타내기도 하는데, 그의 특별한 입맛은 목(木)의 고(庫), 즉 성(性) 신경이 미중정화(未中丁火)에게만 꽂혀 같은 정화(丁火)끼리 좋아하는, 뇌신경 구조가 보통 사람과 달라서라고 본다.

甲申青月

二十八宿昌也

井鬼柳星張翼軫

奎婁胃昴畢觜參

斗牛女虚危室壁

角亢氐房心尾箕

3장. 생활 속의 천간(天干)과 지지(地支)

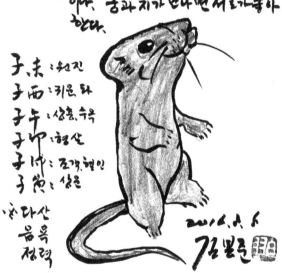

1. 이날 태어난 사람은

1) 갑목(甲木)

– 두(頭) 령(領)으로 우두머리 상이다.

– 올라가기를 좋아한다.

– 남에게 지고는 못산다.

– 많은 사람 앞에서 꼭 한마디 해야 직성이 풀린다.

– 통반장이라도 시켜라, 완장 차는 것을 좋아한다.

– 얼굴이 길거나 목이 긴 사람은 턱이 뾰족하다.

– 목(木)이 많으면 간경화나 중풍이 무섭다.

– 갑일(甲日) 비는 우레와 번개를 치며 내린다.

– 모든 병은 음식을 먹는 데서 온다. 갑목(甲木)은 기토(己土)를 먹
  으면 정재(正財)라 적당한데, 욕심대로 무토(戊土) 편재(偏財)를
  먹으면 과식으로 위장병을 앓는다.

– 갑목(甲木)에 금(金)이 많으면 아픈 곳이 많다.

2) 을목(乙木)

– 나뭇가지나 새싹 같은 1년생 식물을 뜻한다.

– 을목(乙木)이 병화(丙火)를 만나면 기분파요 노래를 잘한다. 병
  화(丙火)는 TV다.

– 을목(乙木) 주위에 금(金)이 많으면 철사줄로 뱅뱅 묶어 관상목

으로 키우는 분재와 같다. 여자는 소실이 되거나 음란하다.

- 누구든 사주에 재(財)가 많으면 돈 쪽으로 머리가 돌아가기 때문에 공부를 못한다. 단 종재격(從財格)은 예외다.

- 을목(乙木)에 정편인(正偏印)이 혼잡하면 내 어머니도 편인(偏印) 같아 효신살(梟神殺) 노릇을 한다. 효신살(梟神殺)은 어미 눈을 빼먹는 독살 노릇을 하며, 어미는 항상 아프다. 집 안에 뻐꾸기 시계나 올빼미 시계가 있으면 치워라. 되는 일이 없고 어머니가 아프다.

3) 병화(丙火)

- 양중양(陽中陽)으로 태양을 뜻한다. 태양은 하늘의 제왕(帝旺)이요 지구의 부모이고, 만물의 어버이다.

- 지구에서 볼 때 빛만큼 빠른 것은 없다. 이처럼 화일주(火日柱)는 눈치가 빠르고 가벼운 만큼 달리기를 잘 하나 정력이 약하다.

- 사주에 화(火)가 많으면 행동보다 입으로 사는 사람이 많다.

- 화일주(火日柱)는 배우지 않고도 아는 척하는 사람이 많고, 말이 빠르며 잘 때는 다리를 구부리고 잔다.

- 화일주(火日柱)는 얼굴이 자유방임형이라 미인이 없고, 무슨 일이든 싫증을 잘 느끼고, 입맛도 까다롭고, 아주 예민하다.

- 사주에 병화(丙火)가 2개 이상 있으면 의심이 많고, 말년이 고생스럽다.

- 여명이 병자(丙子) 일주(日柱)이면 남편은 밤에만 왔다가거나 밤

에 일하는 직업을 가진 사람이 많다.

- 병화(丙火) 일주(日柱)가 계수(癸水)가 많으면 하늘에 구름이 끼고 가랑비가 내리는 격이다.

- 해맑은 날 수맥을 찾으면 태양의 전자파와 지상에서 받아들이는 파장이 깨끗하여 정확도가 높다. 추가 좌에서 우로 흔들리면 찬물, 우에서 좌로 흔들리면 따뜻한 물이 나온다.

- 병화(丙火)의 낮과 정화(丁火)의 밤은 구분해야 한다. 식물도 낮에는 크고 밤에는 자야 하는데, 밤에도 불이 밝으면 낮인 줄 알고 잠을 안 잔다.

  ※ 닭장에 불이 밝으면 밤에도 알을 낳는다.

  ※ 겨울에는 추워야 과일도 제맛을 내는데, 겨울이 춥지 않으면 과일 맛이 없다.

  ※ 가로등 옆 논밭에서는 수면이 부족한 것은 물론 크는 데만 힘써 벼가 익지 않는다.

- 병화(丙火)가 설기(洩氣)가 태왕(太旺)하면 병드는 줄 모르게 깊은 병에 든다. 남을 돕기 전에 나부터 살아라.

4) 정화(丁火)

- 정화(丁火)는 양(陽) 중의 음화(陰火)이지만 문명의 불이라 글을 좋아하는 선비의 불이다.

- 다만 화(火)는 밝고 명랑하여 자기를 드러내기 쉽고, 자기 자랑에 빠져 경솔한 것이 흠이다.

- 정화(丁火)는 심장이요 눈이다. 눈이 크면 겁이 많고, 눈이 작으면 겁이 없다.
- 처음에는 말을 작게 하다가 점점 목소리가 커지는 게 병정화(丙丁火)의 특징이다.
- 목(木)이 많으면 키가 크고, 목(木)이 적으면 키가 작다.
- 정화(丁火)에 무토(戊土) 상관(傷官)이면 겁이 없고, 욕과 말을 잘한다.
- 병정화(丙丁火)가 싸우면 처음에는 정화(丁火)가 지지만 결국은 이긴다. 특히 정자가 꼬부라지듯 돈을 꼬불치는 데는 선수다.

5) 무토(戊土)

- 무토(戊土)가 신왕(身旺)하면 무성할 무(茂) 자가 되어 사람이 풍성하게 생겼다.
- 무토(戊土)는 오(午) 황토로 중앙을 뜻하는데 목화(木火)와 금수(金水) 중간에서 계절을 조절하는 작용을 한다.
- 조절작용을 하늘과 땅의 중간에서 교역하는 것으로 해석할 때 종교로 보면 신부·목사·스님·무속인 같은 교역자를 뜻한다.
- 무토(戊土)는 중성자요, 양(陽)은 밝은 세상 이승을 말하고, 음(陰)은 검은 세상 저승을 말한다.
- 무토(戊土)는 황토로 진월(辰月)에는 황사현상으로도 본다.
- 무토(戊土) 일주(日柱)는 반찬을 많이 먹고, 수(水)가 재(財)가 되므로 음식을 짜게 먹는다.

- 무토(戊土)는 운동장을 뜻하므로 얼굴이 둥글며 입술이 두텁고, 살찐 사람이 많다.
- 무토(戊土)는 중앙토답게 음식점에 가면 가운데 자리에 앉기를 좋아한다.
- 무토(戊土)가 메마르면 쓸모없는 땅이 되는 것처럼 평생 쓸모가 없는 사람이 된다.
- 그러나 신왕(身旺)한 무토(戊土)가 수(水)를 만나면 물을 쪽쪽 빨아들이는 성질이 있어 평생 숨긴 돈이 있고, 주식 같은 유동자산보다 땅을 좋아한다.

6) 기토(己土)

- 기토(己土)는 독백이므로 기토(己土) 일주(日柱)는 혼자 사는 사람이 많고, 깔끔하며 단정한 것을 좋아한다.
- 기토(己土) 일주(日柱)는 말을 잘한다. 밭 전(田) 자 입이 네 개나 되므로 말 못하는 전 씨는 없다.
- 기토(己土)는 지층이 두꺼워야 옥토지, 지층이 엷으면 쓸모가 없다. 자갈논이나 밭은 농사가 안 된다.
- 기미(己未) 일주(日柱)는 지층이 두터운 것 같아도 을목(乙木)이 죽어 애처롭고, 본래 과부살이라 기묘(己卯) 일주(日柱)는 중년에 허리가 끊어지는 아픔을 겪는다.
- 토(土)의 생명은 양지냐 음지냐와 두터우냐 엷으냐가 우선이다.
- 기토(己土)는 사방이 반듯한 여자이면서 갑목(甲木)을 정관(正

官) 삼았는데, 아무리 갑목(甲木)이 정관(正官)이라도 갑목(甲木)이 잔정을 주지 않으면 기토(己土)는 싫어한다. 특히 기토(己土) 여자는 잔정을 좋아하기 때문이다.

7) 경금(庚金)

- 경금(庚金)은 무조건 서리다. 1년생 식물은 서리 한번 맞으면 끝이 난다. 그러므로 경금(庚金)은 약한 사람한테는 잔인하게 짓밟아버리는 기질이 있다.
- 금(金)은 숙살(肅殺)하는 것이 본래 기질이라 이것을 혁신이라고 하는데, 썩고 낡고 오래된 것을 버리고 새롭게 돋아나게 하는 혁명적인 무인(武人)과 같다. 그러므로 야당 기질이 있고, 자기 혼자 애국하는 것처럼 과찬하는 것이 흠이다.
- 경금(庚金)은 무쇠덩어리이므로 키와 덩치에 비해 몸무게가 더 나간다.
- 경금(庚金) 일주(日柱)에 화(火)가 너무 많으면 고압에 퓨즈가 약한 격이 되어 터져버린다. 이때 뇌일혈·뇌출혈·빈혈·자율신경 마비 등이 따른다.
- 금일주(金日柱)는 O형이 많다. 이것은 뼈에서 피를 만들어 피가 많아져 다혈질이라 그렇다.
- 경술(庚戌) 여명이 관(官)이 많으면 관고(官庫)가 있어 남편을 두려워하지 않는다.
- 여명이 경자(庚子) 일주(日柱)이면 독방살이요, 남명은 금수(金

水) 쌍청으로 개혁파이며 더러운 것을 못 본다.

- 금(金)은 가을 열매인데 화(火)가 너무 많으면 열매가 너무 익어 먹을 수 없게 된다.
- 금(金)이 묻히면 평생 큰 소리 한번 못치고 산다.

8) 신금(辛金)

- 현침살(懸針殺)이다. 사람이 깨끗하며 복잡한 것을 싫어한다.
- 보석과 같아 남과 섞이는 것을 싫어하고, 깔끔하며 단정하고, 혼자 있는 것을 좋아한다.
- 가을은 건조한 때이므로 하얗고 깨끗해 보여도 건성 피부가 많다.
- 신(辛)은 새 신(新) 자 신이다. 본래 백색이므로 새 옷과 무늬 없는 단색을 좋아한다.
- 백색은 병균을 거부하고, 흑색은 모든 것을 흡수한다. 병원에서 의사와 간호사가 하얀 가운을 입는 것은 병균을 막아주기 때문이다.
- 신금(辛金)이 자수(子水)를 만나면 금수(金水) 냉한도 되고 쌍청도 된다.
- 신금(辛金)이 종재(從財)를 놓으면 알뜰한 부자요, 신금(辛金)에 비겁(比劫)이 많으면 헛거다.
- 신금(辛金)이 묻히면 문제다. 엄마 떨어지면 죽는 줄 알고, 군대가도 엄마, 장가가도 엄마, 학교 숙제도 엄마, 아내한테 혼나도 엄마한테 무조건 고자질한다.

9) 임수(壬水)

- 수(水)는 자(子)요 1로 하루의 시작이요 끝이다.
- 물은 진동이라는 파동이 있어 운명적으로 변화가 많다.
- 물은 갇혀있는 물과 흐르는 물로 나뉘는데 임수(壬水)는 갇혀있는 물, 계수(癸水)는 흐르는 물이다.
- 수(水)가 태과(太過)하면 중이염에 걸리지만, 수(水)가 맑으면 먼 소리까지 잘 듣는다.
- 수일주(水日柱)가 비만체질이면 혈압이 높다.
- 임신(壬申) 일주(日柱)는 언젠가는 부모를 모신다.
- 임오(壬午) 일주(日柱)는 바람둥이가 많다.
- 수(水)가 많은 사람과 싸우지 마라. 작은 싸움도 꼭 법으로 끌고 가 크게 벌인다.
- 수일주(水日柱)는 마취가 잘 안 된다. 물은 희석시키는 성질이 있어 차도 더 많이 마시고, 술도 더 많이 마셔야 취한다.
- 임수(壬水) 일주(日柱)는 얼굴 중앙이 넓고 광대뼈가 나왔다.

10) 계수(癸水)

- 천간(天干)의 막내다. 음(陰) 가운데 제일 약한 것이 계수(癸水)라 지음(至陰)이라 하며, 세력이 강한 쪽을 따라가는 성질이 있다.
- 수맥을 찾을 때 버드나무 가지를 꺾어 사용하는 것은 계묘(癸卯) 나무다.
- 사주에 수(水)가 많은 사람은 자신이 깨끗하다고 생각하므로 목

욕을 잘 하지 않는다.

- 계묘(癸卯)는 물이 역류하는 것과 같다. 계(癸)는 물이요, 묘(卯)는 바람이다. 바람이 불면 물은 출렁거리고, 물이 출렁대면 넘쳐 흐른다. 남녀 불문하고 계묘(癸卯) 일주(日柱)가 바람이 나면 막을 길이 없다.
- 여명이 계수(癸水) 일주(日柱)이면 비서직이 제격이다. 애교가 있고 아량이 넓어 잘한다.
- 여명이 계수(癸水)이면 늙은 남자, 즉 무토(戊土)와 결혼하면 사랑받고 산다. 무토(戊土) 속에 여자를 넣으면 무계합(戊癸合)으로 평생 무토(戊土) 품에서 귀여움을 받고 산다.
- 계축(癸丑) 일주(日柱)는 옛 학문에 관심이 많다. 고고학이나 역사 혹은 박물관.
- 자기 창고를 가진 사람은 자기만의 질병을 숨기고 산다.
- 계유(癸酉) 일주(日柱)는 고집불통이다. 자기가 가장 깨끗한 물인 줄 아는데 아주 차가운 물이라 자식을 적게 둔다.
- 여명이 계축(癸丑) 일주(日柱)이면 관고(官庫)에 백호살(白虎殺)을 맞아 부부연이 짧고, 어머니마저 고(庫)에 들어 일찍 이별할까 두렵다.

2. 지지(地支)의 발달과정

■ 자(子)

음양이 교접하는 최초 과정, 냉과 냉이 가하여 방열함(수력발전 원리).

■ 축(丑)

성교 후 각자 편안하게 있는 상태, 함몰된 땅이면서도 기운이 서리는 과정(小春)

■ 인(寅)

지열이 태동하여 얼음이 녹고 수목(水木)이 발달하는 과정

■ 묘(卯)

버들가지 모양이 토끼의 귀처럼 돋아남. 동작이 바람처럼 빠르고 세수를 뜻함.

■ 진(辰)

공기 중의 수증기와 지열의 마찰로 식물의 성장을 촉진시킴.

■ 사(巳)

넝쿨식물이 땅 껍질을 따라 뻗어가는 상태와 같으므로 적당주의를 뜻함.

■ 오(午)

꽃순이나 어린 싹의 모양이 화살촉 모양으로 생겨나는 과정으로 최고의 과정을 뜻함.

■ 미(未)

꽃순이 떨어지고 그 자리에 달콤한 맛을 지닌 미완성의 결실 상태

■ 신(申)

낟알 속에서 제분과정이 이루어지는 것과 같음. 모체와 이별하는 상태를 뜻함.

■ 유(酉)

결실을 맺은 열매와 같고, 여기에 감사하는 뜻을 함유했으며 기뻐서 떠들썩함.

■ 술(戌)

곡식을 건조하는 과정. 야생동물의 침입을 막으려고 개를 풀어놓은 것처럼 방어를 뜻함.

■ 해(亥)

건조한 곡식을 뒤주에 담아 동면시키는 원리와 같고, 여기서 새싹을 돋아내려고 용을 쓰며 모험을 시도함. 위험한 상태를 뜻함.

3. 동물의 습성과 대운(大運)

1) 子(쥐)

쥐는 쥐굴에서 나와 일정한 코스로 가는 동안 쪼르르 달려가는 것이 아니라, 주위를 힐끗힐끗 훔쳐보면서 조금 가다 살피고 조금

가다 살피는 습성이 있다.

- 자생(子生)은 직업과 주거 변화가 많다.
- 자생(子生)과 축생(丑生)의 결혼은 쥐가 소 뒷발질에 채이듯 불안하다.
- 자생(子生)은 곡물장사를 하는 집이나 그 주위에서 사는 경우가 많고, 농업에 종사하는 사람도 많다.
- 자생(子生)은 의심이 많다.
- 자시(子時)는 11~1시까지로 고요하고 적막한 때다. 그러나 쥐한테는 마음대로 활동할 수 있는 시간이므로 자생(子生)은 밤에 하는 일을 좋아한다. 이를 성교나 도둑질을 좋아한다는 원리로도 설명하고, 음흉하다고도 한다.
- 자생(子生)은 음흉하지만 사오미생(巳午未生)은 낮처럼 밝은 형상이라 솔직하다.
- 해자축생(亥子丑生)은 절망적인 것을 싫어하므로 희망찬 말을 좋아하고, 사오미생(巳午未生)은 과거를 솔직하게 말해주는 것을 좋아한다.
- 자생(子生)은 목욕하기를 싫어해서 노린내 같은 냄새가 나는 경우가 많다. 쥐란 놈은 본래 물과 밝은 것을 싫어하고 깨끗한 것을 피하는 습성이 있어서다.
- 여명이 반안살(攀鞍殺) 방향으로 자면 혼인길이 막히고, 천살(天殺) 방향으로 자면 혼인길이 열린다.
- 정자와 난자, 즉 수(水)와 수(水)가 합(合)하면 10일 방전하면서

나오는 열량에 따라 아기라는 핵이 형성된다.

– 자생(子生)은 큰 욕심이 많다. 이것은 음양이 교접하면 작은 정자가 큰 덩치 성인을 만드는 원리와 같기 때문이다.

– 자축생(子丑生)은 그 생리로 보아 안면방해죄에 해당한다. 그러나 공장에서 소리내는 업, 굴착공사 같은 곳에서 사업을 성공시키는 사람이 많다.

– 자대운(子大運)에는 비뇨기 질환과 성적인 문제가 생기기 쉽다. 동짓달 한기 중에 밖으로 나가기 싫어하는 것과 같아 으슥하고 따뜻한 곳에 있는 것을 좋아하기 때문이다.

– 자축생(子丑生)은 소란한 것을 싫어하여 데모 같은 것은 주동하지 않는다. 따라서 함석 장사, 북, 꽹가리, 대장간, 철공업 등에 종사하면 망한다.

– 자대운(子大運), 자생(子生), 자월(子月), 자일(子日)에 찾아온 손님은 답답한 일이 있어 온 사람이다.

– 자일(子日)에 안경을 쓴 사람과 쓰지 않은 사람이 왔다면 안경 쓴 사람은 부유하지만 안 쓴 사람은 답답한 사람으로 보면 된다. 어두울 때 밝은 전등을 킨 것과 같다.

– 자대운(子大運)에는 생활이 어려워 어두운 곳, 즉 변두리에 사는 경우가 있다.

– 자대운(子大運)에는 도둑놈이 득실거리는 운에서 사는 것과 같아 사기, 범법, 도둑, 분실, 소매치기, 음란한 일이 생긴다.

– 자대운(子大運)에 소송이나 떠들썩한 일을 벌이면 실패하고, 조용하게 진행하면 이득이 있다. 집을 팔 때도 그렇다. 신문이나 부

동산에 내놓는 것보다 조용히 이웃사람에게 말해서 매매하는 게 빠르다. 야밤에 무슨 손님이 오겠고, 누가 집을 보겠다고 오겠는가.

- 매매는 조객(弔客)이나 상문(喪門) 년월일에 성사된다.
- 자대운(子大運)에는 추락사, 골절, 찔리거나 다치는 일이 많이 생긴다.
- 색상은 항상 반대의 색이 좋다. 예를 들어 자동차를 사려고 할 때 자대운(子大運)에는 흑색의 반대인 백색이 좋다.
- 자대운(子大運) 결혼은 속기 쉬우니 잘 판단해야 한다.
- 자대운(子大運)에 있는 사업주는 항상 종업원을 믿지 못하는 기질이 있다. 피해 의식이 강해지는 대운(大運)이기 때문이다.

2) 丑(소)

丑 : 뉴 : 얽어맬 축

생식기에서 생긴 정자와 난자가 합하여 모체로 들어가 안착하는 상태를 말한다. 자시(子時)에 성교하고 축시(丑時)에 일을 끝내면 남녀 모두 피곤해져 깊은 수면에 들어간다.

- 축월(丑月)에는 온 세상이 은백색 설원이 되므로 축대운(丑大運)에는 소복을 입을 일이 생긴다.
- 자축생(子丑生)은 잠자는 시간대에 태어나 잠만 잘 수 없으니 일

을 해야 먹고 사는데 천천히 침착하게 해야 성공한다. 사업을 하더라도 안면방해가 안 되는 이불장사, 솜장사, 의류업, 방열기, 보일러, 난로장사 등이 좋고, 장의사나 의사도 좋다.

- 소는 평생 등짐을 지고 일을 하는 동물이라 소띠는 항상 허리를 조심해야 한다.
- 축생(丑生)은 여물을 질근질근 씹는 것처럼 원망하는 사람이 있거나 원망스러운 짓을 한다.
- 자축생(子丑生)은 상대방을 의심하는 부정적인 사람이다. 밤중에 무엇이 보이겠는가. 오직 깜깜한 것밖에는 보이지 않기 때문이다.
- 자축생(子丑生)은 외교적 수단이 부족하나 가장으로서는 적격이다. 야밤에 놀아줄 친구가 밖에는 없고, 집 안에는 식구들만 있기 때문이다.
- 축생(丑生)이 사업을 하면 자꾸 빚을 지게 된다. 소 등에 짐을 지기 때문이다.
- 자축생(子丑生)은 죽음에 대한 공포가 많아 겁을 주면 안 되고, 칭찬과 희망적인 말이나 건강에 대한 말을 해주면 아주 좋아한다.
- 자축생(子丑生)은 단속받는 사업을 하는 경우가 많다.
- 자축생(子丑生)은 단속을 잘 당한다(검문검색). 밤중에 돌아다니는 쥐의 생리와 어두운 곳에서 눈만 멀뚱멀뚱 뜨고 있는 소의 생리 때문이다.
- 축대운(丑大運)은 상복 대운(大運)이라고 한다. 축(丑)은 얽어맬 뉴(紐)로 소의 밧줄을 말하며, 사람으로 보면 시신을 일곱매 묶

는 것을 뜻한다. 축중(丑中)에는 계신기(癸辛己)가 암장(暗藏)되어 있다. 여기서 신금(辛金)은 선천수로 7에 해당하여 시체를 일곱매듭 지어 묶는다.

– 축대운(丑大運)에는 사고가 많이 생긴다.
– 진술축미(辰戌丑未) 대운(大運)에는 국외로 나가거나 이사를 많이 한다. 축시(丑時)는 잠자는 시간으로 연탄가스, 화재, 수재(水財)를 알지 못하고 깊이 골아떨어져 자기 때문이다. 그러므로 안전사고를 조심해야 한다.
– 천재지변은 진술축미년(辰戌丑未年)에 많이 생기고, 전쟁은 인신사해년(寅申巳亥年)에 많이 생긴다.

3) 寅(호랑이)

– 인(寅)이 유(酉)를 만나면 원진(怨嗔)이 되므로 좋은 일을 하면서도 원망과 욕을 듣는 운이다. 암탉이 자식을 낳는데 아비는 누구인지도 모르는 것과 같아 어머니 사랑은 받아도 아버지 사랑은 받지 못하는 사람이다.
– 옛날부터 어느 집이든 식구가 넷이 되기 전에는 부자가 되는 법이 없다고 했다.
– 인일(寅日)에 찾아온 손님은 딴 데 가는 척하면서 철학원을 찾아오는 사람이 많다. 호랑이는 작은 동물을 사냥해도 아주 조심스럽게 공격하는 이치와 같다.
– 그러므로 인생(寅生)은 이중인격자요, 방어 태세가 완벽한 사람

이다(호랑이 새끼는 높은 언덕 위에 올려놓아 안전하게 보호해놓고 다른 동물을 공격함).

- 채무자가 인생(寅生)이면 채권자를 우습게 보는 경향이 있다.
- 인생(寅生)은 산신이고, 의심이 많고, 뚝심이 강하고, 힘이 세다.
- 인생(寅生)은 유생(酉生)한테 원한을 산다. 정월은 설한의 달이다. 초하루는 설날, 타관객지에서 형제가 모여들고 이웃 주민이 인사하러 찾아온다. 원한이나 섭섭함이 있어도 이날 모두 풀고 화해하는 형상이니 이는 산신의 가호 때문이라고 한다. 그러므로 인생(寅生)은 원한도 잘 사지만 풀기도 잘 한다.
- 인(寅)은 납음(納音)오행으로 무인(戊寅)과 기묘(己卯)는 성두토(城頭土)라 하여 도(道)로 본다. 이 사람은 종교를 갖고 있다. 이상하게도 무인(戊寅)과 기묘(己卯) 일주(日柱)는 불교를 좋아하고 기독교를 싫어하는 경향이 있다.
- 인대운(寅大運)에 든 학생이 대학을 못 가거나 진학을 하지 못하면 자살하는 경우가 있다(생사불기 수명왈론 운).
- 인생(寅生)은 조심성이 많다. 정월은 아직 해빙이 안 되어 농사일을 못하는 대신 해빙이 되면 일을 준비하려고 연장을 손질하거나 곡식을 정리정돈하는 것과 같기 때문이다.
- 인생(寅生)은 수술 흔적이나 흉터가 있다(감자 눈 따는 계절 이므로 자기 몸에 흠집을 냄).
- 인생(寅生)은 남한테 못할 짓을 해본다(범의 본성 이 공격을 해서 생활하는 짐승이므로).
- 인생(寅生)은 관재구설이 많다.

- 인생(寅生)은 비린내 나는 생선과 육식을 즐긴다.
- 인대운(寅大運)에는 반드시 구설이 따른다. 생고기 먹고 포식한 것과 같다.
- 인생(寅生)은 산신의 정기나 가호를 받고 태어난 사람이니 종교를 갖는 것이 좋다.
- 인대운(寅大運)에는 군식구가 생긴다. 범이 새벽에 출근하려면 자녀를 봐줄 사람이 있어야 하므로 사람을 두게 된다.
- 인대운(寅大運)에는 돈을 만진다.
- 인대운(寅大運)이 막 지나면 개종하는 경우가 많다.
- 인대운(寅大運)에는 죽느냐 사느냐 사생결단 문제가 생기는 경우가 많다. 예를 들어 인대운(寅大運)에 있는 사람이 사주감정을 끝내고 한 가지만 묻겠다고 하면서 몇 살까지나 살겠냐고 묻는 경우가 많다.

4) 卯(토끼)

2월은 바람이 많이 불어 춥고 쌀쌀하다. 토끼는 본래 털이 많아 온순하게 보이지만 이때의 형상으로 보아 차고 쌀쌀하게 생겼다고 하면 쉽게 이해할 것이다.

- 2월은 부지깽이를 거꾸로 꽂아놓아도 뿌리가 난다는 계절이므로 묘생(卯生)은 부지런하다.
- 묘생(卯生)은 신경질이 많고 호들갑을 잘 떤다(해동이 되어 집안

청소하는 것과 같음).

- 묘(卯)는 음인자에 속하고 여자에 속하므로 여명이 묘생(卯生)이면 고자질을 잘 하고, 비밀을 지키기 어려운 사람이다.
- 묘대운(卯大運)에 든 사람은 아침 5~7시에 출근한다고 보면 된다.
- 묘생(卯生)이나 묘대운(卯大運)에 있는 사람은 게으른 사람이 없다 (토끼는 본래 잠귀가 밝아 일찍 일어나고 센스가 빠르다).
- 묘(卯)는 목(木)의 신경계에 해당하므로 묘생(卯生)은 불면증환자가 많다. 그러나 유생(酉生)은 잠이 많다(닭은 앉으면 졸고 있다).
- 유생(酉生)은 앉은자리가 질기고, 묘생(卯生)은 궁둥이가 가볍다고 본다(2월은 밖으로 나가 활동하는 계절).
- 묘대운(卯大運)에는 항상 바쁘다(조기 기상 농촌에서는 일이 시작되는 때).
- 직장인이 묘대운(卯大運)을 만나면 상사한테는 귀여움을 받으나 동료들한테는 눈총을 받는다.
- 묘생(卯生)은 학업을 중단하는 일이 있으니 각별히 힘써야 한다.
- 자일(子日)에 찾아온 손님은 대개 이사문제로 온 사람이다.
- 묘대운(卯大運)에는 친척 일을 봐주거나 친척 회사에 다니는 사람이 있다. 아침 일찍 누가 남의 집에 가겠는가, 친척이 아니고서야.
- 남자가 여자한테 구혼을 할 때 범띠를 만나면 돈을 만지는 여자여서 좋고, 토끼띠는 깔끔한 여자여서 좋다. 인묘생(寅卯生)은 부지런해서 좋다는 말이다.
- 묘대운(卯大運)에는 중매보다는 연애로 결혼하는 경우가 많다.
- 묘생(卯生)은 부처님을 믿는 것이 좋다. 토끼는 본래 부처님 귀처

럼 귀가 크고 길게 늘어졌기 때문이다.

- 묘대운(卯大運)에는 빚을 지는 일이 있다. 묘(卯)는 깨끗하고 정
결한 것을 좋아하므로 맑은 물에는 고기가 없는 격과 같아서다.

- 유대운(酉大運)에는 합의가 잘 안 되고, 묘대운(卯大運)에는 합
의가 잘 된다. 단, 뇌물먹은 것이 있다면 묘생(卯生)은 토해내야
된다. 토끼는 위장이 약해서다.

- 묘대운(卯大運)에는 내 곁을 떠나는 사람이 있다. 묘시(卯時)는
새벽인데 일찍 일어나 법석을 떠는데 안면방해가 되어 시끄럽다
고 피하는 원리다.

- 사업가는 노사문제로 골치를 앓게 된다.

- 묘대운(卯大運)에는 동기간에 마음 상하는 일이 있다.

- 묘대운(卯大運)에는 고객과 매상이 줄어든다.

- 묘대운(卯大運)에는 주변 사람을 믿지 못하고, 욕하는 사람이 많
아진다. 단 묘대운(卯大運)에 있는 사람에게는 칭찬을 해주면 아
주 좋아한다.

5) 辰(용)

생명이 있거나 없거나 모든 것은 자라고, 크면 열매를 맺고 떨어져
죽는다. 곡식도 추수하고 나면 창고나 뒤주 속에 보관하듯 사람도
생로병사가 끝나면 무덤 속으로 들어간다.

진시(辰時)는 7~9시로 보면 아침 식사를 끝내고 일꾼은 일터로,
학생은 학교로, 아주머니는 동창회·계모임·취미생활 등지로 떠난

후 텅빈 집에는 할아버지 할머니만 남는다. 혹은 가정부나 개·고양이·돼지 등만이 우글대고 텅빈 방구석에는 팬티, 스타킹, 양말 부스러기와 같은 지저분한 것만 널려있다. 진월(辰月)은 얼었던 땅이 풀리는 계절이다. 식물이 쑥쑥 자라는 형상을 슬로우 비디오로 보면 꿈틀꿈틀 요란하다. 이것이 즉 우레 진(震)이다. 어지러운 집 안을 청소하고, 분뇨통을 들로 밭으로 나르는 계절, 그래서 똥묻은 계절이라고 한다.

- 진대운(辰大運)에는 혼인이 잘 안 된다. 나는 깨끗하고 깔끔해도 흠을 많이 잡혀 그렇다. 봄은 더럽지만 똥을 먹고 자란 곡식은 가을에 풍성함을 약속하는 것처럼 처음에는 어려우나 나중에는 성공한다. (예 : 무진년(戊辰年) : 88올림픽)
- 진대운(辰大運)에는 친구도 끊어지고 **빽줄도 끊어진다.**
- 진대운(辰大運)에 있는 사람한테 지금 어렵게 사냐고 물으면 거의 틀림없다.
- 진운(辰運)에는 크게 인심을 얻지 못한다.
- 자생(子生)과 묘생(卯生)이 진운(辰運)에 있다면 토끼가 똥통에 빠진 형상이다. 자생(子生)이면 쥐가 똥통에 빠진 격이라고 하면 백발백중이다.
- 진운(辰運)에는 돈을 못 받아 고민하거나 매매를 못해 고민하는 일이 생긴다.
- 진운(辰運)이나 진월(辰月)에 어려우면 8개월이 지나야 운이 좋아진다. 3월에 비료를 주면 10월이 되어야 추수가 완전히 끝나기

때문이다.

- 진운(辰運)에는 부부와 자식도 멀어지고, 다른 사람도 나를 알아주지 않는다. 내 몸에서 똥냄새가 나는 원리 때문이다.
- 진년생(辰年生)은 어릴 때 잘 놀란다(진의 원리).
- 진대운(辰大運)에는 히트상품, 인기인, 특수상품, 발명특허 등을 내서 많은 사람을 놀라게 한다. 사주에 진(辰)이 없는 사람은 발명가가 될 수 없는 것도 이런 논리에서 비롯된 것이다.
- 사주에 진(辰)이 있으면 씻는 것을 싫어한다.
- 진대운(辰大運)에는 소질을 개발하고, 학생은 실력을 쌓는다.
- 사주에 진(辰)이 있으면 집 안 진방(辰方)에 외제 물건을 놓는다. 진학하는 학생이 진대운(辰大運)이면 외대 쪽으로 권함).
- 사주에 진(辰)이 있으면 허풍이 있다.
- 진생(辰生)은 서민적인 외모를 지니고, 서민적인 삶을 좋아한다. 장사를 해도 고급스러운 것보다는 실용적인 장사를 한다.
- 대운(大運) 초에 진운(辰運)이 들면 외국어에 자질이 있고, 사주에 진(辰)이 있으면 유학을 보낼 자식이 있거나 보낼 생각을 한다.
- 축일(丑日)에 자녀문제로 온 사람은 아들은 미남이고 훤칠하나 딸은 추녀다(똥을 뿌려놓은 격) : 진(辰)은 용꿈으로 아들이 되기 때문이다.
- 진대운(辰大運)에 찾아온 사업가는 고전하는 것으로 본다(과학문명시대에 걸맞지 않는 농경문화(똥)시대의 상품을 경영함으로 그렇다). 또 주먹구구식으로(똥을 주무르듯) 사업을 경영한다.
- 진대운(辰大運)에는 위조사건, 어음변조, 위조지폐, 부도 같은 사

건·사고가 많이 생긴다. 사주명리상 진대운(辰大運)이 상관운(傷官運)이면 콩밥을 먹을 일이 생긴다(위장, 변술, 사기). 이것은 집안 식구 가 모두 7~9시에 출근하고 집에 식모나 노조부만 있으니 늙은이들의 계산이 어찌 잘 되겠는가?

– 진대운(辰大運)에는 정확한 방법보다는 엉뚱한 일로 돈을 버는 경우가 있다(가변성 인자). 예를 들어 배추장사가 배추를 파는데 장단을 맞춰가며 목청 좋게 배추 포기를 세내려 간다. 처음에는 하나, 둘, 셋, 넷 하다가 엉뚱하게 열이면 열넷이요, 열여섯 하면서 말이다. 이때 이 사람을 고용한 화주는 엉뚱하게 돈을 많이 주고 고용한 것이다. 얼렁뚱땅하는 식이다.

6) 巳(뱀)

사시(巳時)라는 시간은 햇볕이 가장 따뜻하게 펴져 아침 이슬이 모두 말라버린 때다. 그러므로 사중(巳中)에는 무경병(戊庚丙)이 들어있는데 묘하게도 사중(巳中)에는 임계수(壬癸水)가 한 방울도 없다. 고로 이날은 습기가 없어 곰팡이가 안 슬어 치아도 사일(巳日)에 뽑았고, 장도 사일(巳日)에 담았다.

– 사월(巳月)은 농사철이라 대단히 바쁘다.
– 사대운(巳大運)에는 분주다사한 일이 생긴다
– 사생(巳生)은 조숙하다. 농작물이 빨리 자라는 원리와 같다.
– 사(巳)는 경계선을 말한다(논두렁, 밭두렁).

- 사운(巳運)에는 욕심이 작아지고 겸손해진다.
- 영등포역을 예로 들어 말하면 사생(巳生)인 사람은 방직이나 제과점과 인연이 있다.
- 사대운(巳大運)에는 단체나 조합에 가입한다.
- 남녀 애인이 생기는 운이다.
- 사주에 사(巳)가 있으면 반드시 고학이나 아르바이트를 한다.
- 사대운(巳大運)에서 직업에 변동이 생기면 망한다(농자 천하지대본의 철학을 거역한 죄와 동일, 씨를 뿌릴 때 파종하지 않고 엉뚱한 일을 한 격과 동일)
- 사대운(巳大運)에 망하면 재기하기 어렵다.
- 사대운(巳大運)에는 부업으로 성공할 수 있다(논두렁에 콩 심는 것과 같다).
- 건달도 사대운(巳大運)이 되면 마음을 잡는다(불량배, 부랑자, 불효자식).
- 사유축생(巳酉丑生)은 단체에서 핵심 인물이 된다(계와 모임이 잘 되려면 사유축생(巳酉丑生)을 많이 끌어들이면 그 조직은 활성화된다. (책임의식이 강하기 때문, 부양의무)
- 사(巳), 즉 뱀이라는 놈은 냉혈동물이고, 오행으로는 화(火)에 속한다. 표리가 맞지 않는다. 온화하며 바르고, 인정과 포용력이 있고, 솜씨가 좋다. 그러나 성질이 불같이 급하다.
- 뱀은 냉혈동물인 것처럼 사생(巳生)은 냉혹하며 쌀쌀맞고, 결백성이 강하다.
- 사생(巳生)은 경우가 밝고, 어물어물하는 것을 싫어하고, 통솔력

이 강하다.

– 사생(巳生)은 결혼운이 나쁘다.

– 사중(巳中)에는 경금(庚金)이 있어 냉피동물이다.

– 사월(巳月)에는 넝쿨을 이루면서 식물이 성장하는 모습이 뱀과 같다.

– 사년(巳年)에는 거저먹는 일이 생긴다(공짜를 추구함. 성큼성큼).

– 사주에 사(巳)가 있으면 부양해야 할 사람이 있어 효심이 있다고 본다.

– 사일(巳日)이나 인일(寅日)에 찾아온 손님은 버스정류장 근처에 사는 사람이 많다.

– 사대운(巳大運)에는 무슨 일이든 할 일이 생기고, 하는 일이 없으면 만들어서라도 한다. 그러나 주위 사람의 덕은 없다.

– 사주에 인(寅)이나 사(巳)가 있으면 남의 일을 도와줄 팔자다.

– 인(寅)이나 사일(巳日)에 찾아온 손님은 까다롭지 않다.

– 사운(巳運)에 든 사람에게는 현실보다는 미래운을 말해주면 좋아한다.

7) 午(말)

– 천지개벽으로 고산천봉에 오르는 격이다.

– 오대운(午大運)에는 수난이 생긴다(SOS 타전격).

– 오대운(午大運)이 지나 찾아온 사람은 부도로 망했거나 사업에 실패한 경험이 있는 사람이다.

- 오생(午生)은 남녀를 불문하고 늦게 결혼하는 경우가 많다. 노처녀 노총각이 오대운(午大運)을 만나면 아예 결혼할 생각을 하지 않는 경우가 많다.
- 오대운(午大運)은 속은 없고 껍질만 남은 대운(大運)과 같다.
- 사주에 오(午)가 있으면 말더듬이, 해소, 인후병, 수족통 같은 질병을 앓는다.
- 오대운(午大運)에는 주머니에 무엇을 넣고 다니기를 싫어하는 경향이 있다.
- 오대운(午大運)에는 부양가족도 귀찮게 여기며 홀가분한 것을 좋아한다. 오(午)는 한여름이라 후덕지근하고 노근하기 때문이다.
- 해묘미일(亥卯未日)에는 해약하는 일이 자주 생기고, 인오(寅午)술일(寅午戌日)에는 일은 지체되나 해약은 아니다.
- 오생(午生)이 외국으로 나가면 생각보다 오래 머물게 된다.
- 오대운(午大運)에는 다리 없는 황하강을 건너는 격이 된다.
- 오대운(午大運) 말에는 부도가 나니 남의 손에 맞기지 말고 직접 일을 해야 한다.
- 오생(午生)이 오대운(午大運)에 들면 천살(天殺) 방향으로 잠을 잔다(결혼이 늦을 수밖에).
- 오월(午月)은 뜨거운 달이라 여자는 남자에게 매력이 없어 보인다. 이것은 모든 것에 염세를 느끼므로 게을러져 그렇다고 할 수 있고, 남의 말에 귀를 기울이기조차 싫어지는 대운(大運)이기 때문이다.
- 오대운(午大運)에는 복잡한 일이나 생각을 하지 않으려는 경향

이 있다.

- 오대운(午大運)에는 소식을 기다리는 일이 생긴다.
- 오대운(午大運)에는 충동하는 사람이 나타나 직장이나 업종, 부부간에 변동이 생긴다.

8) 未(양)

미시(未時)는 점심을 먹고 쉰 후 다시 일을 시작하는 시간인데, 나른하여 일이 제대로 안 되고 대충대충 설렁설렁하는 경향이 있다. 그래서 글자도 아닐 미(未)다.

- 미대운(未大運)에는 빚을 지는 일이 많다.
- 오대운(午大運)에는 자기 실수보다 남 때문에 실패하는 일이 많지만, 미대운(未大運)에는 천재지변으로 실패하는 일이 많다.
- 미대운(未大運)은 묶여있는 상태로 본다.
- 월주(月柱) 주택자리에 미(未)가 있는 사람 집에 세를 산다면 저당 잡힌 집에서 살거나 자기집이 저당된 집에서 사는 경우가 많다.
- 미일생(未日生)은 상속을 받는 경우가 있다.
- 6월은 곡식이 여무는 계절이므로 미생(未生)은 빈부 격차는 있을지라도 굶어죽는 사람은 없다.
- 미대운(未大運)은 뇌성풍우가 심한 계절이라 고통스럽다. 그런가 하면 미생(未生)이 살아가는 동안 견딜 수 없는 진퇴양난의 고통이 많은 것도 계절 영향으로 본다.

- 미대운(未大運)에는 남의 말은 잘 듣지만 가족의 말은 잘 듣지 않고 고집을 부린다. 그러나 남의 말은 거짓이고, 가족의 말은 옳다.
- 미생(未生)은 우산·비옷·장화 사업이 적합하다.
- 미대운(未大運)에는 부부 사이가 나빠져 남자는 헤어지고 싶은 생각까지 한다.
- 진일(辰日)에 남녀문제로 찾아온 사람은 100% 헤어진다.
- 미대운(未大運)에 재산이 있다고 큰 소리를 쳐보지만 알고 보면 실속있는 재산은 없다(저당 설정).
- 해묘미운(亥卯未運)에는 저당을 잡히지만 신자진운(申子辰運)에는 풀린다. 그러므로 저당을 설정할 일이 있으면 해묘미일(亥卯未日)은 피하고 신자진일(申子辰日)에 하면 위험하지 않다.
- 남자가 미대운(未大運)에 들면 여자가 많이 들어오고, 들어오면 떨어질 줄을 모르는데 쓸만한 여자는 없다. 여자들은 이 남자에게 달라붙어 흡혈귀처럼 빨아먹으려고 들어오는 것이다. 미월(未月) 벼포기는 땅에 찰싹 붙어 잘 뽑히지 않는 이치와 같다.
- 미생(未生)은 남녀 모두 게으르다.
- 미일(未日)에 받기로 한 돈은 받지 못한다.
- 사주에 미(未)가 있으면 끈기가 없고, 저당과 은행돈을 무서워하지 않는다.
- 재혼녀 사주에 미(未)가 있으면 첩이나 후실 팔자다.
- 사주에 미(未)가 있으면 불이익을 당하는 일이 많다.
- 여명에 미(未)가 있으면 남자들에게 추파를 많이 당한다. 미(未)는 맛 미(味)를 뜻하므로.

- 사주에 미(未)가 있으면 수입보다 지출이 많다.
- 사주에 미(未)가 있으면 음식솜씨가 좋지 않다. 식당 주인은 미생 (未生)을 고용하지 말라.
- 미생(未生)은 첫사랑과 지금까지 사귀는 경우가 많고, 정조를 일찍 잃는 경우가 많다.
- 친구 모임에 미생(未生)이 끼어있으면 윤활유 같아 모임이 잘 된다 (약방에 감초격). 그러나 원진살(怨嗔殺)이 없어야 인기가 있다.
- 사주에 미(未)가 있으면 본드 환각 상태에 빠지기 쉽고, 담배도 잘 피운다(양과 염소는 담배를 잘 먹는다).
- 친목 모임에 미생(未生)이 많으면 그 모임은 잘 된다.
- 미대운(未大運)에는 바람이 잘 난다(애인 출현).
- 사주에 미(未)가 있으면 악인이 없다.
- 사주에 미(未)가 있으면 부부간에 헤어져도 재결합하는 일이 있다.
- 미생(未生)은 사업에는 소홀하고 오히려 취미에 적극적이다.
- 사업을 망쳐먹는 대운(大運)이 미운(未運) 말이다.
- 미대운(未大運)에 결혼하면 손해보는 결혼이다.

9) 申(원숭이)

낙과 상태를 말하는데, 낙과하는 모습이 바윗돌에 떨어졌을 때와 나뭇가지에 떨어져 찢겨진 상태, 물 속에 빠져 썩는 상태가 있다. 이때 이를 가공하여 속여 파는 기질이 있는 것처럼 신(申)은 사기를 치며 기만하는 일을 한다. 신들린 사람으로도 본다.

- 신대운(申大運)에 장사를 하면 반은 투자요, 동업 같은 것으로 나눠먹는다(사과를 네 쪽이나 두 쪽으로 나눠먹음).
- 신대운(申大運)에는 칼부림이 나기도 한다.
- 신대운(申大運) 재산은 다 내 것이 아니다. 1/4이나 1/2은 남의 것이라고 보면 좋다.
- 신대운(申大運)에는 후한 사람도 짠돌이로 변한다.
- 신생(申生)은 인색해서 팁을 적게 주는 사람인데, 특히 신대운(申大運)에는 더 뚜렷하게 나타난다.
- 신일(申日)에는 음식도 적게 먹고 사람도 적게 만난다.
- 첩을 둔 사람이라면 신대운(申大運)에 하나는 떨어져 나간다.
- 신대운(申大運)에는 큰 것을 독식하려는 욕심이 생기지만 결코 되지 않는다. 요행히 먹었어도 기어이 토해내고 만다.
- 신대운(申大運)에는 가족이나 식구가 줄거나 결혼 안 한 딸이 시집을 가기도 한다.
- 신대운(申大運)에는 아내가 모든 사고를 조심해야 된다.
- 신대운(申大運)에는 원한을 맺는 사람이 생긴다.

10) 酉(닭)

- 일몰시간대가 유(酉)다.
- 유대운(酉大運)에는 그동안 살아온 게 억울하다는 피해의식이 강하게 생긴다.
- 사주에 유(酉)가 있으면 스트레스가 많은 사람으로 본다.

乙 乙 己 丁
酉 酉 酉 酉

이 사주는 불평불만이 있고, 가정불화가 많다. 짜증이 많은 사람이니 부부불화가 심할 수밖에 없다. 이런 사람은 눈물도 많다. 유(酉)에서 해(亥)가 욕패지(浴敗地)가 되기 때문이다.

- 유대운(酉大運)에 든 사람은 넋두리만 들어주어도 고마워한다.
- 유대운(酉大運)에는 입방아를 잘못 찧어대 구설에 오르거나 망하는 일이 있다.
- 유대운(酉大運)에는 본의 아니게 불이익을 당하고, 주위에 괴롭히는 사람이 많아진다.

11) 戌(개)

술(戌)은 저녁시간대로 개인생활을 만끽할 수 있는 자유로운 시간이다.

- 사주에 술(戌)이 있거나 술대운(戌大運)에 들면 이중생활을 하기도 하고, 성격도 이중적이 된다(양면성 생활인자 때문임).
- 술대운(戌大運)에는 숨겨놓은 애인도 생긴다. 그러나 생활비를 축내면서 이중살림을 차리는 것은 아니고 몰래 생기는 부수입으로 꾸려나간다. 술대운(戌大運)이 아닌 운에서 애인이 생기면 집

돈을 축낸다.

- 사주에 술(戌)이 있으면 개 같은 놈이라는 말을 듣기 싫어서인지 꼭 종교를 갖는다.
- 사주에 술(戌)이 있으면 남자는 첩이 있고, 여자는 재혼녀가 많다. 그렇지 않으면 부모가 둘인 경우도 있다.
- 술대운(戌大運)에는 싸우는 일이 많고 구타를 당하기도 한다(학생 데모).
- 술대운(戌大運)에는 폭력과 관재구설이 생긴다.
- 사주에 술(戌)이 있거나 술대운(戌大運)에 들면 축구할 때 골키퍼를 시키거나 야구를 시키면 잘한다. 구기 종목에 특기가 있다.
- 사주에 술(戌)이 있으면 한 가지 일에 만족하지 못한다.
- 술대운(戌大運)에 바람이 나면 아예 살림을 차린다.
- 술대운(戌大運)에는 버릇 없는 짓을 하여 욕을 많이 먹는다.

12) 亥(돼지)

- 사주나 대운(大運)에서 해(亥)를 만나면 경제 관리를 소홀히 하는 경향이 있다(주먹구구식).
- 해대운(亥大運)에는 원한을 사는 일이 있다. 해월(亥月), 해해자형(亥亥自刑)이 있는 사람이다.
- 해대운(亥大運)에 해월(亥月)이나 해년(亥年)을 만나면 무조건 화재를 조심하라.
- 해생(亥生)은 돼지처럼 검고 지저분해서 그런지 얼굴은 씻는다고

씻어도 발을 안 닦는 사람이 많다.

- 해생(亥生)은 음식점에 가서 먹는 것보다 집에서 시켜먹는 것을 좋아한다(돼지우리에 갇힌 형상이므로).
- 사주에 해(亥)가 있거나 해대운(亥大運)에 든 사람은 누구나 든 든한 빽이 있고, 없어도 생긴다.
- 육해살(六害殺) 대운(大運)에는 허리가 아프고, 여명이 유대운 (酉大運)인데 육해살(六害殺)을 만난 버림을 받는다.
- 돼지라는 놈은 잡을 때 꼭 백정이 멱을 따서 잡는다.
- 해대운(亥大運)에는 피를 연상하듯 잔인한 말을 서슴없이 하는 경향이 많다.
- 해대운(亥大運)에는 관재와 원한을 갖는 사람이 생긴다.
- 해대운(亥大運)에는 비싸게 사서 똥값에 파는 일이 있으니 매매 하면 손해를 본다.
- 해대운(亥大運)에는 남에게 이용을 당한다.
- 해대운(亥大運)에는 인후병이 생기기는데, 심하면 수술한다.

4장. 실용 신살(神殺)의 모든 것

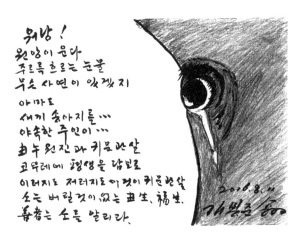

1. 삼형(三刑)의 구성과 작용

앞에서 4번째와 뒤에서 4번째

■ 인사신(寅巳申) 삼형(三刑)

子	丑	寅	卯	辰	巳	午	未	申	酉	戌	亥
		└──	──4번째──	──┘	└──	──4번째──	──┘				

■ 축술미(丑戌未) 삼형(三刑)

寅	卯	辰	巳	午	未	申	酉	戌	亥	子	丑
					└──	──4번째──	──┘	└──	──4번째──	──┘	

■ 자묘형(子卯刑)

子	丑	寅	卯	辰	巳	午	未	申	酉	戌	亥
└──	──4번째──	──┘									

1) 인사신(寅巳申) 삼형(三刑)

은혜를 모르고 배은망덕한다는 살이다. 그러나 무관(武官) 같은 직업, 즉 군인·경찰·판사·검사·의사·기자·역술인이 되면 좋다. 인사신(寅巳申) 삼형(三刑)을 갖춘 대표적인 사람으로는 박정희 대통령을 꼽을 수 있다. 그가 5·16쿠데타를 일으킨 것도 이 삼형살(三刑殺)이 있어 가능했던 것이다. 나쁘게 작용할 때는 납치·감금·수술·돌발사고·행방불명 같은 흉작용을 한다.

※ 사신(巳申)의 형(刑)이 합(合)하거나 극(剋)하면서 합(合)하면 여기에는 사신형(巳申刑)이라 하는 고약한 내성이 들어있다. 형합(刑合)이나 극합(剋合)은 종견승래(從見乘來)라 하여 괴팍하며 다루기 어려운 사람을 만나고, 감당할 수 없는 일이 많이 생기는 흉살로 본다.

※ 인사형(寅巳刑)도 그렇다. 사화(巳火)는 인마살상(人馬殺傷)을 하는 흉살이므로 먼저 불을 조심해야 하고, 인목(寅木)은 역마살(驛馬殺)로 자동차를 조심해야 한다. 년월에 인사신(寅巳申)이 있으면 부모·형제와 안 맞고, 자식이나 남편에 형살(刑殺)이 있으면 관재구설이나 시비가 많은데 심하면 감옥살이까지 하게 된다. 인수(印綬)에 형살(刑殺)이 있으면 형법(刑法) 공부가 좋고, 나쁘게 작용할 때는 집이 저당이나 압류되거나 새 집을 헌 집으로 만든다.

어머니가 아프고 집안이 시끄러운 것도 이 살 때문이다. 또한 인수(印綬)가 형(刑)을 맞으면 형제간에 의절하거나 싸우는 사람이 많고, 정재(正財)가 형(刑)을 맞으면 아내가 아프거나 재복이 없고 잔돈에 인색하다. 식신(食神)이 형(刑)을 맞으면 여자는 산액이 있거나 그 자식이 아프고, 평생 마음을 쓰는 일이 생긴다.

※ 신(申)이 일지(日支)에 있는데 운에서 인(寅)이나 사(巳)가 오면 대장에 이상이 생기고 폐가 약해진다. 특히 일지(日支)에 신(申) 하나만 있어도 치질을 겪는다. 왜냐하면 대장 밑에 치질이 있기 때문이다. 인사신(寅巳申)은 질병으로도 본다. 인(寅)은 수족과 임파선, 사(巳)는 눈, 신(申)은 치질이나 맹장수술을 받아본다. 초년에는 수

족, 중년과 말년에는 치질과 맹장수술을 받게 된다.

　※ 수술에 나쁜 날 : 寅, 申, 巳, 亥

　※ 수술에 좋은 날 : 午, 未

2) 축술미(丑戌未) 삼형(三刑)

　세력과 세력이 모여 대치하는 것과 같은 살이다. 형충(刑沖)이란 서로 잡고 흔들어대는 형상인데 흔들면 뒤집어진다. 흙은 화개살(華蓋殺)로 묘장고(墓葬庫)를 말하는데, 모든 것은 죽어서 썩으면 흙으로 돌아간다. 토(土)는 믿음이다. 믿음은 종교다. 그러나 형충(刑沖)을 받으면 개종까지 할 만큼 엄청난 변화를 겪는다.

　질병으로는 위장계가 약하고, 잔병이 많고, 위를 수술하는 사람이 많은 것도 축술미(丑戌未) 탓이다.

3) 자묘형(子卯刑)

　일단 잘난 도화(桃花)끼리 만났다. 나보다 못난 사람과 같이 다녀야 내가 예뻐 보이지, 나보다 예쁜 사람과 같이 다니면 더 못나 보이는 것이다. 그러나 자도화(子桃花)와 묘도화(卯桃花)가 늘 같이 있거나 붙어다니면 서로 시기하고 질투하며 사이가 좋지 않다. 자묘형(子卯刑)은 자수(子水)가 묘목(卯木)을 생(生)하는 관계가 아니기 때문이다. 자수(子水)는 얼음이요, 묘목(卯木) 역시 2월 냉한절 나무라 습목(濕木)이 되어 싫어하고, 서로 만나면 수목(水木)이 응결되어 만사불성이 된다.

　그런가 하면 습한 자(子)와 습한 것을 싫어하는 묘(卯)가 만나면 안으로는 수생목(水生木) 관계가 되는데, 이것은 음(陰)과 음(陰)의 교합을 말하는 것이다. 이렇게 되면 바람둥이끼리 만나 에이즈 같은 무서운 병에 걸리는 대가를 치르게 된다. 또 부모와 갈등이 심하고 안에서나 밖에서나 무례한 짓을 서슴치 않고, 욕도 잘한다.

2. 기타 여러 살(殺) 모음

1) 자형살(自刑殺)

　사주에 진(辰)·오(午)·유(酉)·해(亥)가 무리지어 있거나 진(辰)·오(午)·유(酉)·해(亥)로 되어 있으면 수족을 다치거나 심하면 절단하기도 한다. 이들은 삼형살(三刑殺)에서 왕따 당한 것들이다.

－ 인신사해(寅申巳亥)에서 해(亥)
－ 진술축미(辰戌丑未)에서 진(辰)
－ 자오묘유(子午卯酉)에서 유(酉)
－ 자오묘유(子午卯酉)에서 오(午)

　이렇게 사방에서 세력을 떨치고 있을 때 인사신(寅巳申)끼리, 축술미(丑戌未)끼리, 자묘(子卯)끼리 뭉쳐 삼형(三刑)을 만들고 해진오유

(亥辰午酉)는 왕따를 시켜버렸는데, 같은 것들끼리 두 개씩 뭉쳐 자형(自刑)을 만들었다. 이들도 사납고 거칠다. 수족을 절단시키는 흉한 작용을 한다.

■ 삼형살(三刑殺)을 피하는 요령

삼형(三刑)이 들면 12지지 마스코트를 지니고 다니는 것도 도움이 된다. 예를 들어

– 인사(寅巳)로 형(刑)이 되면 '토끼'

– 사신(巳申)으로 형(刑)이 되면 '닭'

– 인신(寅申)으로 형(刑)이 되면 '용'

– 축미(丑未)로 형(刑)이 되면 '쥐'

– 축술(丑戌)로 형(刑)이 되면 '말'

– 술미(戌未)로 형(刑)이 되면 '토끼'

– 자묘(子卯)로 형(刑)이 되면 '개'

2) 귀문관살(鬼門官殺)

子酉, 丑午, 寅未, 卯申, 辰亥, 巳戌

12띠를 흩어졌다가 둘씩 모이라고 했더니 이렇게 짝을 지은 것이 우습다. 세상에! 악연도 인연이 있어야 된다고 하더니 어쩌면 이럴 수가 있을까. 싫어하는 것들끼리 모였다. 원수도 이런 원수가 없다. 원진살(怨嗔殺)이라는 원수지간의 살이라는 뜻인데, 귀문관살(鬼

門官殺)은 이보다 더하면 더했지 덜하지 않다. 우선 정신신경계 질환의 대표가 귀문관살(鬼門官殺)인데 이거 큰 문제다.

- 히스테리가 말도 못하고
- 이유 없이 짜증내고
- 귀에서 이명이 들려 잠을 자지 못하고
- 귀신을 봤다는 소리를 잘 하고
- 자살을 시도해보고
- 괴팍한 성질에 말꼬리를 잡고 늘어지고
- 이랬다 저랬다 왔다 갔다 갈피를 못 잡고
- 변태성이 있어 근친상간이 염려되며
- 남의 속을 뒤집는 괴팍한 성질에
- 신들린 사람이 많다.
- 제대로 된 무속인이면 좋고, 이런 사람이 역학을 공부하면 아주 잘하고, 정신질환도 치유된다.

3) 탕화살(湯火殺)

축(丑), 인(寅), 오(午) 중에 한 글자만 있어도 해당한다. 이거 아주 나쁜 살이다.

- 음독할 수 있고, 약물중독이 무섭다.
- 염세주의자처럼 자신을 비관하거나 비판도 잘 한다.

– 평생 불과 뜨거운 물을 조심해야 한다. 여차하면 작은 것에도 화상을 입는다.

– 그러나 독극물 취급사, 소방사, 약사, 건강식품 판매업에는 좋다.

– 탕화살(湯火殺)이 있는 사람이 불이 난 집으로 이사하면 잘 산다.

4) 원진살(怨嗔殺)

서로 싸우고 원망한다는 흉살이다.

– 子未 : 쥐와 염소는 물을 싫어한다.

– 丑午 : 소와 말은 붉은 색을 싫어한다.

– 寅酉 : 호랑이는 닭을 싫어한다.

– 卯申 : 토끼와 원숭이는 서로 싫어한다.

– 辰亥 : 용은 돼지 얼굴을 싫어한다.

– 巳戌 : 뱀과 개는 서로 물러서지 않고 죽도록 싸운다.

5) 도화살(桃花殺)

자오묘유(子午卯酉)는 붉은 새와 꽃을 상징한다. 특히 일지(日支)와 월령(月令)에 있는 도화(桃花)가 작용이 강하다. 도화(桃花)는 여자요 꽃이다. 사주에 자오묘유(子午卯酉)가 모두 있으면 천하의 바람둥이다. 특히 자묘형(子卯刑)에 걸리므로 성병이 두렵고 동성간의 행위도 위험하다.

※ 묘유술(卯酉戌)은 철쇄개금(鐵鎖開金)이라 하는데, 이런 사람

은 만사에 해결사요 심부름꾼 노릇을 잘한다.

　※ 특히 음력 2·8·9월생이면 묘유술(卯酉戌)이 되는데, 이 중에서 한 글자가 월에 있으면 의사나 법관 집안 출신인 경우도 있다.

6) 천라지망살(天羅地網殺)

戌, 亥, 辰, 巳

　천라지망(天羅地網)이란 하늘과 땅에 그물을 쳤다는 뜻이다. 즉 출국금지와 검문검색을 당한다는 뜻인데, 사주에 술해진사(戌亥辰巳) 중에서 한 글자만 있어도 해당한다.

7) 공망살(空亡殺)

　갑자순중(甲子旬中) → 술해공(戌亥空)
　갑술순중(甲戌旬中) → 신유공(申酉空)
　갑신순중(甲申旬中) → 오미공(午未空)
　갑오순중(甲午旬中) → 진사공(辰巳空)
　갑진순중(甲辰旬中) → 인묘공(寅卯空)
　갑인순중(甲寅旬中) → 자축공(子丑空)

－ 비었다, 없다, 파괴, 황폐, 피상, 정지되다, 빠지다, 망하다라는 뜻이다.
－ 같은 공망(空亡)이라도 왕자(旺者)는 물공(勿空, 태강한 세력을

약화시키기 때문) 쇠자(衰者)는 진공(眞空, 공 작용이 배가, 충 또는 형 등의 흉살이 병임해도 같다)

– 목공즉절(木空則折) : 나무가 부러진다.

화공즉열(火空則熱) : 불길이 솟는다.

토공즉붕(土空則崩) : 흙이 무너진다.

금공즉명(金空則鳴) : 소리가 잘 난다.

수공물공(水空勿空) : 물은 공망이 없다.

– 년주(年柱)가 공망(空亡)되면 선조, 족보, 가문 등을 잃어버리고 초년에 고생이 많다.

– 월지(月支)가 공망(空亡)되면 부모와 형제의 덕이 없고, 고향을 떠나 살며 중년에 고생이 많다.

– 일지(日支)가 공망(空亡)되면 부부궁이 부실하여 공방살이를 하고, 만사가 뜻대로 안되며 중말년에 고생이 많다.

– 시지(時支)가 공망(空亡)되면 자손에 흠이 있고 심하면 자식을 두기 어렵고 말년에 고생이 많다.

– 인수(印綬)가 공망(空亡)되면 조별양친, 부모덕무, 학업중단, 계획 부실, 지구력과 인내력이 부족하다.

– 재성(財星)이 공망(空亡)되면 처덕이 없고, 금전이 모이지 않으며 심하면 극처(剋妻)한다.

– 식신(食神)이 공망(空亡)되면 자손과 아랫사람 덕이 없다.

– 관성(官星)이 공망(空亡)되면 직장에 변화가 많다. 여자는 남편, 남자는 자손에게 흠이 있다.

– 비겁(比劫)이 공망(空亡)되면 형제자매간에 이상이 있다.

- 지지(地支)가 공망(空亡)되면 천간(天干)도 공망(空亡)이 된다.
- 일주(日柱)를 기준으로 년, 월, 시를 보고, 년주(年柱)를 기준으로 일을 본다.
- 길신이 공망(空亡)되면 흉하고, 흉신이 공망(空亡)되면 길하다.
- 여명이 일지(日支)가 공망(空亡)되면 남편이 좋지 않고, 일시지(日時支)가 공망(空亡)되면 자손이 없다(사궁(死宮) : 자손이 없다)
- 시간(時干)에 흉신이 있으면 절로공망(截路空亡)이 된다.

壬 丙 甲 丙
辰 申 午 寅

시간(時干)에 임계수(壬癸水)가 자리하고 있으니 앞에 큰 강물이 가로막은 것과 같아 매사가 막힌다. 그러나 시상(時上) 임계수(壬癸水)가 좋은 작용을 할 때는 흉이 될 수 없고, 시상(時上)에 악신이 있으면 절로공망(截路空亡)과 똑같다고 할 수 있다.

8) 천전살(天轉殺)

일정한 직업이 없어 동서남북을 전전하며 자연의 방해를 많이 받는다는 흉살이다.

인묘진월(寅卯辰月) → 을묘일(乙卯日)
사오미월(巳午未月) → 병오일(丙午日)

신유술월(申酉戌月) → 신유일(辛酉日)

해자축월(亥子丑月) → 임자일(壬子日)

9) 지전살(地轉殺)

사사건건 혼미하고, 조성모파(朝成暮破)에 낭비가 심하며, 발전이 늦고, 불의의 재난으로 실패가 많고, 직업에 변화가 많다는 흉살이다.

봄 생 → 신묘(辛卯)

여름생 → 무오(戊午)

가을생 → 계유(癸酉)

겨울생 → 병자(丙子)

- 춘절은 목(木)인데 신묘(辛卯)는 납음(納音)으로 목(木) : 庚寅, 辛卯 송백목.
- 하절은 화(火)인데 무오(戊午)는 납음(納音)으로 화(火) : 戊午, 己未 천상화.
- 추절은 금(金)인데 계유(癸酉)는 납음(納音)으로 금(金) : 壬申, 癸酉 검봉금.
- 동절은 수(水)인데 병자(丙子)는 납음(納音)으로 수(水) : 丙子, 丁丑 윤하수.

이렇게 구성되는데 알고 보면 천전살(天轉殺)이나 지전살(地轉殺) 모두 비겁(比劫)이 태왕(太旺)하기 때문이다.

10) 적벽살(赤劈殺)

자오묘유월(子午卯酉月) → 사(巳)
인신사해월(寅申巳亥月) → 유(酉)
진술축미월(辰戌丑未月) → 축(丑)

파재, 낭비, 분재 등으로 고생하게 된다. 이유는
자오묘유(子午卯酉) 사왕지국(四旺之局)
인신사해(寅申巳亥) 사생지국(四生之局)
진술축미(辰戌丑未) 4고지국(四庫之局)

이것은 첫 자는 생하고, 두 번째는 일어나고, 셋째는 왕하고, 넷째는 끝으로 종이 되는데, 모두 두 번째 일어나려고 하는 곳에 견겁(肩劫)으로 방해가 된다 하여 작용하는 것이다. 즉, 자오묘유(子午卯酉)에는 사화(巳火)가 오화(午火)를 방해하고, 인신사해(寅申巳亥)에는 유금(酉金)이 신금(申金)을 방해하고, 진술축미(辰戌丑未)에는 축토(丑土)가 술토(戌土)를 방해하기 때문이다. 이것은 사주에 비겁(比劫)이 많아지면서 작용하는 흉살이다.

11) 효신살(梟神殺) : 梟(올빼미 효)

甲子, 乙亥, 丙寅, 丁卯, 庚辰, 辛未, 壬申, 癸酉

동방지불인지조(東方之不仁之鳥) : 어미새를 잡아먹는 흉조

− 어머니와 인연이 없다.

− 어머니를 속상하게 한다.

− 어머니가 둘이다(유실일모).

− 일지(日支) 인수(印綬)가 기신(忌神)일 때

12) 백호대살(白虎大殺)

피(혈광, 견혈, 견혈광)를 본다는 흉살로 범위가 넓은데, 특히 육신에 따라 적용한다. 년월일시 어디에 있든 편재(偏財) 백호살(白虎殺)은 부친이나 처첩에게 불리하다.

甲辰, 乙未, 丙戌, 丁丑, 戊辰, 壬戌, 癸丑

− 남자는 처첩이 흉하고, 여자는 남편이 흉하다. 남녀 모두 흉살이
  므로 늘 조심해야 된다.
− 여명은 식상(食傷)과 백호대살(白虎大殺)이 동궁하면 자손이 흉
  하다.
− 남명은 관성(官星)과 백호대살(白虎大殺)이 동궁하면 자손이 흉
  하다.
− 인성(印星)에 백호대살(白虎大殺)이 동궁하면 모친이 흉하다.
− 갑진생(甲辰生)과 을미생(乙未生)은 부친이 객사하거나 흉사한다.
− 비겁(比劫)에 백호대살(白虎大殺)이 있으면 형제 중에 흉사한다.

13) 상문살(喪門殺)과 조객살(弔客殺)

상문(喪門)은 상복을 입는 것을 말하고, 조객(弔客)은 소리내 슬피 우는 것이니 근친 또는 원친과 사별한다는 뜻이다. 세운(歲運)에서 들어오는 것을 꺼린다.

生年	寅	卯	辰	巳	午	未	申	酉	戌	亥	子	丑
喪門	辰	巳	午	未	申	酉	戌	亥	子	丑	寅	卯
弔客	子	丑	寅	卯	辰	巳	午	未	申	酉	戌	亥

※ 앞으로 3개 가면 상문살(喪門殺)

　뒤로 3개 가면 조객살(弔客殺)

14) 병신살(病身殺)

선천적으로 신병이 있어 몸이 아픈 살로, 을목(乙木)과 기토(己土)에만 해당한다. 무(巫)병이 있는 사람도 많다.

을사일(乙巳日)이나 을사시(乙巳時)

을미일(乙未日)이나 을미시(乙未時)

기사일(己巳日)이나 기사시(己巳時)

15) 의처살

아내나 남편을 공연히 의심하는 변태적 성격을 말한다. 정해일(丁亥日), 기해일(己亥日), 을사일(乙巳日), 신사일(辛巳日), 계사일(癸巳日)에 태어나고, 사주에 관성(官星)이 투관되고 암장(暗藏)되어 있을 때다.

16) 금쇄관살(金鎖關殺)

기계나 쇠붙이에 몸을 다친다는 살이다. 월지(月支)에서 일(日)과 시(時)의 영향을 받는다.

月	寅	卯	辰	巳	午	未	申	酉	戌	亥	子	丑
日時	申	酉	戌	亥	子	丑	申	酉	戌	亥	子	丑

17) 괴강살(魁罡殺)

庚辰, 庚戌, 壬辰, 壬戌

- 아주 강한 우두머리요, 괴수라는 뜻이다.
- 가는 곳마다 큰소리를 쳐야 하고, 일찍 성공하는 사람도 있으나 한번 실패하면 재기하지 못하는 경우도 많다.
- 군인이나 승려 같은 직업이 좋다.
- 특히 여자는 일시(日時)에 진술(辰戌)이 있으면 독수공방할 팔자

가 된다. 진술(辰戌)이란 강한 것과 강한 것이 부딪치기 때문이다. 그러므로 무술(戊戌)과 무진(戊辰)도 포함할 수 있다.

18) 낙정관살(落井關殺)

우물, 맨홀, 인분, 강, 바다 같은 곳에 빠져 위험해진다는 흉살이다. 이 살의 특징은 정이 많고 귀가 얇아 속임수와 모함에 잘 빠지고, 해난이나 조난 같은 위험에 처하는 경우가 많다.

갑기(甲己) : 축시(丑時)
을경(乙庚) : 자시(子時)
병신(丙辛) : 신시(申時)
정임(丁壬) : 술시(戌時)
무계(戊癸) : 묘시(卯時)

19) 고란살(孤蘭殺)

여명은 남편이 첩을 얻거나 이별하거나 독수공방하고, 남명은 홀아비가 된다는 살이다.

甲寅日, 乙巳日, 丁巳日, 戊申日, 辛亥日

20) 과살(戈殺)

무술(戊戌)에만 해당하여 독살(獨殺)이라고도 한다. 몸에 손상을 입는데 일(日)이나 시(時)에 있으면 더욱 꺼린다. 위험에 노출되어 불구가 될 수도 있으니 항상 조심해야 한다.

21) 소실살(小實殺)

남의 남편 밑에서 사는 것을 말하며, 이 살(殺)이 있으면 남녀 모두 나이가 많거나 어린 사람과 동거하면 면할 수 있다.

甲申, 乙巳, 乙亥, 丙子, 丁巳, 丁亥, 戊寅, 戊申, 己卯, 己巳,
己亥, 庚午, 庚戌, 辛巳, 辛亥, 壬午, 壬戌, 癸巳, 癸亥

22) 급각살(急脚殺)

손발에 이상이 생기고, 심하면 다리를 절게 된다는 살(殺)이다. 특히 금일주(金日柱)가 목화(木火)가 많으면 골다공증에 걸리거나 뼈가 약해서 잘 부러진다. 의외로 잘 맞는 살(殺)이다.

봄　생 : 해자(亥子)
여름생 : 묘미(卯未)
가을생 : 인술(寅戌)
겨울생 : 축진(丑辰)

■ 급각살(急脚殺)의 원리

– 봄 : 해자(亥子). 봄은 목(木)의 계절인데, 해자(亥子)를 만나면 수목(水木)이 응결되어 신경이 굳어지므로 격각이 됨. 마음만 앞서지 발이 따라가지 못한다.

– 여름: 묘미(卯未). 여름은 화(火)의 계절인데, 묘미(卯未)로 목(木)을 만나면 목생화(木生火)를 받아 화(火)가 더욱 기승을 부려 건조해지므로 격각이 됨.

– 가을 : 인술(寅戌). 가을은 건조한 때인데, 인술(寅戌)을 만나면 더욱 건조해지므로 격각이 됨.

– 겨울 : 축진(丑辰). 겨울은 추운 때인데, 축진(丑辰)은 습한 토(土)가 되어 땅이 꽁꽁 얼므로 자율신경이 마비되어 격각이 됨.

23) 해살(害殺)

子未, 丑午, 寅巳, 卯辰, 申亥, 酉戌

일명 통할 천(穿) 자를 써서 상천상(相穿殺)이라고도 하는데, 서로 통하면서 해(害)가 된다는 살이다. 6가지로 구성되었다 하여 육해살(六害殺)이라고도 하는데, 자미(子未)와 축오(丑午) 외에는 서로 생(生)하고 합(合)하므로 자미(子未)와 축오(丑午)만 육해(六害)로 본다.

이들은 또 원진살(怨嗔殺)도 되므로 그 작용이 배가 되어 크다. 남명이 수토일생(水土日生)인데 해살(害殺)이 많으면 아내가 아이를 낳다 죽을 수도 있다. 예를 들어 계미일(癸未日) 자시(子時)에 낳았는데 수(水)가 많으면 이미 목(木) 자식이 미(未)에 죽어 위험하다는 뜻인데 아이를 낳을 때는 엄청난 에너지가 필요하다. 이때 화(火)라는 에너지는 수(水)가 많아 몰광(沒光)할 때 죽는다고 한다.

수(水)는 수압이다. 수압은 물속 깊이 들어갈수록 더 높아지는 법이다. 해녀들이 일정한 깊이 이상을 들어가지 못하는 것도 수압 때문이다. 수압은 압력이 높아질수록 정화(丁火)라는 심장을 억누르는 작용도 하는데 이때 심장이 터질 것 같다고 하는 것이다. 심장이 압력을 받아 눌리거나 터지면 죽는다. 이러한 이치에서 비롯된 살이며 토일생(土日生)이 토(土)가 많으면 수(水)가 아내인데, 바싹 마른 조토(燥土)가 수(水)를 보면 몽땅 빨아들이면 그 수(水)는 영영 나오지 못하니 죽을 수밖에 없다.

24) 단교관살(斷橋官殺)

月	1	2	3	4	5	6	7	8	9	10	11	12
斷橋	寅	卯	申	丑	戌	酉	辰	巳	午	未	亥	子

- 단교관살(斷橋官殺)은 풍질(風疾)이 원인이다. 특히 아기들은 몸에 열이 많으면 소아마비를 앓거나 뱃속에서 기형이 되는 경우가 많다.
- 사람의 체온이 39도에 이르면 정신을 잃는데, 이를 반죽음이라 한다.
- 화(火)가 많은 사람이 인수(印綬)를 만나면 혈압이 갑자기 올라

가 혼절하는 것은 설기구가 작거나 없기 때문이다.

- 낙상·추락·치아부실·골절·중풍·신경쇠약·발육부진·자율신경 마비 등이 따르는 흉살이다.

- 사주가 습하거나 건조할 때 중풍과 혈압, 어린아이들은 소아마비가 무섭다.

- 그러나 여명은 단교관살(斷橋官殺)이 용신(用神)이면 아이 낳고 팔다리가 저리던 병이 없어진다. 기신(忌神)이면 반대 현상이 생긴다.

- 남명이 너무 습하면 발기가 잘 안 된다. 특히 고환이 촉촉하면 더 심하다.

25) 음양차착살(陰陽差錯殺)

月干	丙	丁	戊	辛	壬	癸
陰陽差錯	子午	丑未	寅申	卯酉	辰戌	巳亥

- 양(陽)에 속하면 양차(兩差), 음(陰)에 속하면 음착(陰錯)이라고 한다.

- 일(日)에 있으면 외삼촌이 고독하고, 시(時)에 있으면 처남이 고독하다.

- 여명에 있으면 시집이 몰락하거나 남편궁이 불미하여 수심이 끊기지 않는다.

26) 양인살(羊刃殺)과 비인살(飛刃殺)

	甲	丙	戊	庚	壬
羊刃	卯	午	午	酉	子
飛刃	酉	子	子	卯	午

- 건록격(建祿格)과 양인격(羊刃格)은 대부분 신강(身强) 사주에 많다.
- 재관인식(財官印食)을 용신(用神)으로 삼으면 기뻐한다.
- 양인(羊刃)의 반대가 비인(飛刃)인데, 함께 있으면 양인(羊刃) 작용을 하지 못한다.
- 양인(羊刃)은 합(合)을 좋아하고 충(沖)을 싫어하며, 양인격(羊刃格)인데 관(官)이 생조해주면 명리(名利)가 높아진다.
- 양인(羊刃)의 특성은 성질이 조급하며 사납고, 눈초리가 매섭고 광대뼈가 튀어나오고, 수염이 뻣뻣하다.
- 갑묘(甲卯)·병오(丙午)·무오(戊午)·경유(庚酉)·임자(壬子)를 5 양인(羊刃)이라고 하나, 진정한 양인(羊刃)은 병오(丙午)·무오(戊午)·임자(壬子)다.
- 양인(羊刃)은 겁재(劫財)로만 구성되어 그 강도가 대단하다.
- 수염은 억센 왁새(으악새)풀과 같고, 우악스럽게 생긴 얼굴과 뼈대는 통뼈요, 싸워도 지지 않으려는 기질이 양인(羊刃) 성격이요 골격이다.
- 양인(羊刃)은 힘센 장사다. 생긴 모습은 안대발강(眼大髮强)하고 조달남아(早達男兒)하여 장남장녀인 경우가 많고, 월봉양인(月逢

羊刃)이 되면 이 자식이 극부극모 후 소년 소녀에 가장 노릇을 하는 경우가 많은 고약한 팔자다.

- 싸움판에 나가면 임전무퇴요 전이불강하여 결코 항복하는 법이 없으니 잘되면 충신이요, 못되면 역적이다.

- 사주에 양인(羊刃)이 있으면 횡사하는 경우가 많다. 그러나 공망(空亡)이 있으면 예외다.

- 사주에 양인(羊刃)이 있는 사람이 군인·경찰·법관·의사·교도관·기자·역술인·정육점 등 생사를 주관하는 직업을 갖는다면 오히려 대발하는 경우가 많다. 만약 그렇지 못하면 불의의 재난과 사고가 생기고, 악질 지병이 생겨 절단이나 절개 수술을 하는 경우가 많다.

- 가정적으로는 일찍 불운이 찾아오면 소년 소녀에 가장 노릇을 해야 하고, 결혼한 뒤에도 문제가 많다.

- 남자는 부모와 자식간에도 쟁투·질시·불목을 거듭하여 조용할 날이 없고, 여자는 반드시 시댁과 불화하며 시비가 분분하다.

- 건록운(建祿運)에 들면 태양의 광도가 뜨겁지도 약하지도 않은 온난한 때가 되므로 만물을 배양하는 데 최적의 온도와 같아 최고로 행복한 시기를 누린다.

- 그러나 자연의 법도는 순환 법칙을 어기지 않는다. 춘하추동의 사시가 순화하듯이 여기에 따라 인간의 영고성쇠도 있게 했으니 출생하면 사망할 때가 있고, 흥왕하면 패망할 때가 있고, 만나면 헤어지는 때가 있는 것도 모두 순환의 법칙 때문이다. 이를 불가에서는 생멸(生滅) 혹은 공(空)이라 한다.

- 우주나 인간은 건록기(建祿期)를 맞아 최행최영(最幸最榮)을 누리고는 제왕기(帝旺期)로 들어간다. 제왕(帝旺)은 우주에서는 태양의 꼭짓점과 같은 정오(正午)요, 지상에서는 산의 정점에 올라선 격이라 더 오를 데가 없다. 막다른 골목길의 끝과 같아 더 나아갈 수도 물러설 수도 없다. 이때 나타나는 현상이 악이다. 악에 악을 더하면 불굴·불패·불종·불합·불의·불신·불만·부정·불목·부쟁·부지·불각·부진·불량 등으로 나타나는데, 이를 행동으로 옮길 때가 양인(羊刃)이다.
- 양인(羊刃)이란 이처럼 무서운 살이 되어 양인(羊刃)을 고약한 사람 또는 고약한 팔자라는 이름이 붙어다닌다.
- 하지만 신약(身弱)한 사주에서는 양인(羊刃)이라 하지 않고 비겁(比劫)이라 하여 좋게 볼 때도 있다. 특히 재다신약(財多身弱) 사주에서는 양인(羊刃)만큼 좋은 용신(用神)이 없다.
- 또한 양인(羊刃)은 무기가 되어 사주에 양인(羊刃)이 있으면 칼을 들먹이며 잔인한 소리를 하고, 싸울 때도 돌이나 몽둥이, 칼을 갖고 싸운다.
- 편관(偏官)은 장수(將帥)에 해당하므로 양인격(羊刃格)인데 편관(偏官)이 있으면 틀림없이 무관이 된다. 나라의 명장되어 큰 공을 세우고, 겸손하며 과묵하여 만인의 사표가 되는 경우도 있다.

27) 고신살(孤辰殺, 홀애비살)과 과수살(寡宿殺, 과부살)

	寡宿殺	孤辰殺
寅卯辰	寅 앞의 丑	辰 다음의 巳
巳午未	巳 앞의 辰	未 다음의 申
申酉戌	申 앞의 未	戌 다음의 亥
亥子丑	亥 앞의 戌	丑 다음의 寅

- 띠를 기준으로 본다(年). 방합(方合)으로 맞춰라

- 방합(方合) 전이 과수살(寡宿殺)이고 방합(方合) 후가 고신살(孤辰殺)이다.

- 목국(木局)의 남편은 금(金)인데 금(金)의 고장은 축(丑)이니 관고(官庫)다.

- 화국(火局)의 남편은 수(水)인데 수(水)의 고장은 진(辰)이니 관고(官庫)다.

- 금국(金局)의 남편은 화(火)인데 미(未) 속의 정(丁)이 금다화식(金多火熄)이 된다.

- 수국(水局)의 남편은 토(土)인데 토(土)의 고장은 술(戌)이니 관고(官庫)다.

- 여자가 관고(官庫)를 놓으면 남자를 무서워하지 않는다. 어떤 남자든 자기 앞에 무릎을 꿇릴 만큼 자신이 있는 게 관고(官庫) 작용이다.

- 남자가 재고(財庫)를 놓으면 어떤 여자든 자기 마음대로 해야 직성이 풀린다.

28) 합(合)과 살(殺)

- 합(合)이 들어오면 무조건 변한다. 있으면 나가고, 나갔으면 들어온다.
- 인수(印綬)가 합(合)되면 문서, 즉 집에 변동이 있어 이사수가 있고, 학교나 선생님의 변화가 있다.
- 관(官)이 합(合)되면 직장에 변화가 생긴다. 재직자는 다른 직장이나 부서로 가게 되고, 실업자는 취직한다.
- 삼합(三合)은 멀리 움직이고, 방합(方合)은 가까이 움직인다.
- 삼합(三合)은 이물질+이물질이고, 방합(方合)은 동질+동질이다.
- 충(沖)은 합(合)을 풀고, 합(合)은 충(沖)을 풀어준다.
- 병원에서 수술 날짜를 잡을 때 나와 합(合)이 되는 날로 잡아라. 충(沖)되는 날에는 재수술을 하게 되거나 후유증이 심하고, 의사와 맞지 않아 실수하기도 한다.
- 사주에 형충(刑沖)이 많으면 얼굴에 흉이 있거나 제멋대로 생겼고, 형충(刑沖)이 없으면 깨끗하게 생겼다.
- 인(寅) : 지하철

  신(申) : 자동차

  사(巳) : 비행기

  해(亥) : 배
- 갑신일(甲申日) 옆에 사(巳)는 사신합(巳申合)이다. 일지(日支)에 신(申)이 있어 대장암이 우려되나, 옆에 사(巳)가 있어 항문도 되므로 치질환자가 많다.

- 갑목일(甲木日) : 턱이 뾰족하다.

  병화일(丙火日) : 곱슬머리다.

  무토일(戊土日) : 조토(燥土)면 삐쩍 말랐다.

  경금일(庚金日) : 턱이 사각이다.

  임수일(壬水日) : 관골이 옆으로 뚜렷하다.
- 광대뼈

  종 : 귀쪽으로 올라붙으면 좋고,

  횡 : 위에서 아래로 있거나 탁구공처럼 생겼으면 과부요, 팔자가

  　세다.
- 왕자형발(旺者刑發) : 많은 것이 형(刑)을 당하면 더 많아지고,

  쇠자형발(衰者刑拔) : 작은 것을 형(刑)하면 완전히 뿌리가 뽑힌다.
- 육합(六合)

  갑기합(甲己合) : 남편은 아내를 위하여 처가에 잘한다.

  을경합(乙庚合) : 아내는 남편에게 잘한다.

  병신합(丙辛合) : 부모가 합심하여 자식에게 정성을 다한다.

  정임합(丁壬合) : 부모를 중요하게 여긴다.

  무계합(戊癸合) : 무토(戊土)의 아내 계수(癸水)는 돈을 우선으로

  　생각한다.

3. 길신(吉神)

사주에서 용신(用神)만큼 좋은 것이 없다. 안쓰럽게도 사주에 용

신(用神)이 없는 사람도 있고, 있어도 힘이 없는 사람이 있다. 여기에 사주가 좋으려면 우선 뿌리가 좋아야 하는데 때를 맞춰 잘 태어나고 주위 환경이 좋으며 사주가 신왕(身旺)하면 신도시 개발사업으로 도시의 구획 정리가 잘된 것처럼 이를 좋은 사주라고 한다. 여기에 귀인(貴人)까지 많으면 금상첨화격(錦上添花格)이다.

1) 건록(建祿)

월지(月支)의 비견(比肩)이 건록(建祿)이다.

甲(寅), 乙(卯), 丙(巳), 丁(午), 戊(巳), 己(午), 庚(申), 辛(酉), 壬(亥), 癸(子)

그러나 진짜 건록(建祿)은 갑인(甲寅), 을묘(乙卯), 경신(庚申), 신유(辛酉) 4개밖에 없다. 화토(火土)는 건록(建祿)이 같고 수(水)는 양(陽)이 뿌리하여 불배합(不配合)의 관계가 되므로 건록(建祿)에 들지 못한다. 건록(建祿)은 천록(天祿)이다. 천록(天祿)은 하늘에서 이미 먹고살 복을 갖고 태어난 것이라 하여 천불생무록지인(天不生無祿之人)이라 한다. 그러나 아무리 좋은 천록(天祿)이라 해도 너무 많으면 모자라는 것만 못하다.

○ 庚 ○ ○
申 申 申 申

이 사주는 설기(泄氣)하는 곳이 없어 꽉 막히고 말았다. 답답하다, 너무 무겁다. 쓸모없는 금(金)이다. 이것이 천록(天祿)이 너무 많아 못쓰게 된 사주다. 천록(天祿)이 2개까지는 쌍록이라 하여 좋으나 너무 많으면 못쓴다.

2) 금여록(金輿祿)

子 午 卯 酉

처가 여기에 해당하면 미모가 뛰어나고, 월(月)에 재국(財局)을 깔고 있으면 남자는 처가덕이 있다고 한다.

3) 녹방도화(祿房桃花)

재(財)가 월(月)에 간여지동(干與之同)이면서 진도화(眞桃花)를 놓으면 그의 처는 미모가 아주 뛰어나다. 이때의 건록(建祿)은 자오묘유(子午卯酉) 가운데 하나일 때 그의 미모는 아름답다고 하는 것이다.

4) 문창귀인(文昌貴人)

내가 생(生)하는 식신(食神)이 문창귀인(文昌貴人)이다. 그러나 문창귀인(文昌貴人)이 있는 사람은 공부를 꾀로 한다. "식신(食神)은 영리하다. 말 잘한다. 추리, 응용, 예지력이 발달해 있다"

화(火)는 문명으로 문창귀인(文昌貴人)이 없어도 사주에 화(火)가 많으면 문창귀인(文昌貴人)으로 본다.

5) 문곡귀인(文曲貴人)

식신(食神)의 반대로 인수(印綬)가 문곡귀인(文曲貴人)이다.

- 문창귀인(文昌貴人) : 내가 출생하기 전에 문장가였으므로 글을 보면 이해가 빠르고 재미있어 한다. 즉 식상(食傷)으로 글을 써놓으면·이해가 빨라 재미있어 한다는 것이다. 그러나 깊이가 없다는 것이 흠이다. 씹는 맛이 없다.
- 문곡귀인(文曲貴人) : 죽은 뒤 문장가로 이름을 날린다. 즉 책을 볼수록 재미있고 씹을 맛이 난다. 그대신 깊이가 있고 파고든다. 또 순수한 학자로서 파고드는 기질이 있다.

6) 학당귀인(學堂貴人)

甲→亥, 乙→子, 丙戊→寅, 丁己→卯,
庚→巳, 辛→午, 壬→申, 癸→酉

인수(印綬)나 식신(食神)이 동반하면서 오행이 골고루 있을 때 학당귀인(學堂貴人)이 된다. 즉 문창(文昌)과 문곡(文曲)이 모두 있어야 한다는 말이며 연구기관에 종사하거나 박사학위를 받는 사람이 많다.

7) 옥당천을귀인(玉堂天乙貴人)

日干	甲戊庚	乙己	丙丁	辛	壬癸
玉堂天乙貴人	丑未	子申	酉亥	寅午	卯巳

옥당천을귀인(玉堂天乙貴人)이 용신(用神)으로 좋을 때는 국가
공무원이 되거나 중앙부처에 근무하고, 수석급 관직에 오른다. 모습
도 귀공자요 점잖다.

4. 십이신살(十二神殺)

	巳酉丑月	亥卯未月	申子辰月	寅午戌月
劫殺	寅	申	巳	亥
災殺	卯	酉	午	子
天殺	辰	戌	未	丑
地殺	巳	亥	申	寅
年殺	午	子	酉	卯
月殺	未	丑	戌	辰
亡身殺	申	寅	亥	巳
將星殺	酉	卯	子	午
攀鞍殺	戌	辰	丑	未
驛馬殺	亥	巳	寅	申
六害殺	子	午	卯	酉
華蓋殺	丑	未	辰	戌

■ 옛날 십이신살(十二神殺) 해설집

우리나라 옛 점술은 주로 십이신살(十二神殺)과 당사주(唐四柱)로 보았다. 여기서 설명하는 십이신살(十二神殺)은 현장감을 느끼게 하고자 옛날 그대로의 환경과 용어로 점치고 설명한 것을 가감없이 그대로 옮겨 쓴 희귀한 자료다. 현대인에게는 어색할 수도 있지만 옛날 사람의 눈으로 보면 유익함이 있으리라 믿는다.

① 겁살(劫殺) : 역모, 주동자
② 재살(災殺) : 역모, 주동자
③ 천살(天殺) : 군주
④ 지살(地殺) : 외무장관
⑤ 년살(年殺) : 시녀
⑥ 월살(月殺) : 내당마님
⑦ 망신살(亡身殺) : 왕족의 형제
⑧ 장성살(將星殺) : 내무장관
⑨ 반안살(攀鞍殺) : 내시관
⑩ 역마살(驛馬殺) : 문공장관
⑪ 육해살(六害殺) : 수문장
⑫ 화개살(華蓋殺) : 자문관

1) 겁살(劫殺)

— 겁살(劫殺)은 역모를 주동한다는 살(殺)로, 대장살(大將殺) 혹은

천지대살(天地大殺)이라고도 한다.

- 사주에 겁살(劫殺)이 있으면 성격이 원만하지 못하다.
- 사주에 겁살(劫殺)이 있으면 의사나 약사, 법조인이 좋다.
- 맏딸이 겁살(劫殺)이면 여동생을 보고, 아들이 겁살(劫殺)이면 남동생을 보기도 한다. 만약 아들이면 탕아가 되거나 비명횡사하거나 가산을 탕진할 수도 있다.
- 사유축생(巳酉丑生)이 인일(寅日), 즉 겁살일(劫殺日)에 찾아온 손님은 사활이 걸린 중대한 문제로 온 것이다.
- 혼기에 든 남녀가 겁살일(劫殺日)에 찾아왔으면 오기나 감정으로 결혼을 하려는 것이다.
- 대학 진학생이 겁살운(劫殺運)이라면 의대나법대, 체대를 지원하라. 이는 힘의 논리를 말하는 강제성이 있는 운이므로 밀어부쳐야 개운하기 때문이다.
- 겁살(劫殺) 대운에는 강제나 억압으로 결혼하는 경우가 많다.
- 겁살(劫殺) 대운에는 싸울 일이 생긴다.
- 겁살(劫殺) 대운에는 강제 차압, 집달리, 세무서, 강제 철거 등이 따른다.
- 겁살(劫殺) 대운에는 부부간에 싸우거나 이혼하는 경우가 많다.
- 겁살(劫殺) 대운에는 외과수술을 하는 경우가 많다.
- 겁살(劫殺) 대운 말에는 교통사고를 조심해야 한다. 이는 긴장 속에서 살다가 풀리는 과정과 같아서다.
- 겁살(劫殺) 대운이 지나야 세상 이치를 어느 정도 안다는 말이 있는 것처럼 겁살운(劫殺運)에는 변화가 많다.

- 겁살(劫殺) 방향은 조잡한 물건을 방치하는 곳으로, 언젠가는 수리해야 할 곳이다.

  사유축생(巳酉丑生) : 동쪽 : 목조 수리

  인오술생(寅午戌生) : 북쪽 : 수리시설 개보수

  신자진생(申子辰生) : 남쪽 : 인화 물질

  해묘미생(亥卯未生) : 서쪽 : 금속 물질

- 겁살(劫殺)이나 천살(天殺) 방향을 잘못 수리하면 그 집안의 중심 인물이 병에 걸리거나, 가족이 가출하거나 심하면 죽을 수도 있다.

  인오술생(寅午戌生) : 해겁살(亥劫殺) 방향 : 축천살(丑天殺) 방향

  사유축생(巳酉丑生) : 인겁살(寅劫殺) 방향 : 진천살(辰天殺) 방향

  해묘미생(亥卯未生) : 신겁살(申劫殺) 방향 : 술천살(戌天殺) 방향

  신자진생(申子辰生) : 사겁살(巳劫殺) 방향 : 미천살(未天殺) 방향

- 사람이 가출한 집을 보면 겁살(劫殺) 방향을 수리한 뒤일 때가 많다.

2) 재살(災殺)

- 재살(災殺)은 역모 주동자에게 동조하는 것으로 본다.
- 재살(災殺) 방향은 비밀문서나 맹견, 운동기구, 우산, 연장, 저울 같은 것을 보관하는 곳이다.
- 자기 집을 중심으로 재살(災殺) 방향에는 나와 감정이 나쁘거나 질투심이 많은 사람이 사는데 언젠가는 나를 중상모략할 것이다.

- 재살(災殺) 방향에 처가가 있으면 아내와 사이가 나빠져 원수가
  될 수도 있다.
- 재살(災殺)에 해당하는 자식은 똑똑하고 총명하지만 얌체다.
- 재살(災殺)은 꼼수로 사람을 괴롭히는 살(殺)이다.
- 재살(災殺) 대운에는 일류대학을 가려는 욕심이 생기고, 학교 진
  학이 잘 되니 무리를 해도 괜찮다.
- 재살(災殺) 대운에는 힘보다는 꾀로 살려고 하고, 성격이 싹싹해
  진다.
- 재살(災殺) 대운에는 큰 돈이 들어오거나 횡재하기도 한다.
- 사주에 재살(災殺)이 있으면 매력이 있고, 근성이 강하다.
- 재살(災殺)이 충(沖)되면 사기꾼이다.
- 재살(災殺)에 해당하는 자식을 둔 사람은 일단 자식은 잘 낳았
  다고 할 수 있으나, 이 자식에게 약점을 잡힌다.
- 금고를 재살(災殺)이나 육해살(六害殺) 방향으로 놓으면 돈이
  잘 벌린다.
- 급전을 빌리려면 재살(災殺) 방향에서 구해라. 악질의 돈이지만
  잘 융통된다. 그러나 골치 아픈 돈이라 갚지 않으면 안 된다.
- 상대방을 설득하려면 재살(災殺) 방향을 보고 앉게 해라.
- 식신(食神)이 재살(災殺)에 해당하면 과학자나 종교인이 많고, 겁
  살(劫殺)이면 법조인이 많다.
- 여명에 재살(災殺)이 있으면 사람은 못됐지만 싹싹한 맛은 있다.
- 가출한 사람이 있으면 그의 생년으로 보아 재살(災殺) 방향에서
  찾아라.

- 인맥은 재살(災殺) 방향에서 찾아라.

3) 천살(天殺)

- 천살(天殺)은 군주살(君主殺) 혹은 신왕살(神王殺)이라고도 한다.
- 사주에 천살(天殺)이 있으면 머리가 좋고, 기억력이 뛰어나고, 이론에 강하고, 승리욕이 강하고, 눈썰미가 있다.
- 사주에 천살(天殺)이 있으면 사리사욕이 많다. 공돈을 좋아하며 작은 돈은 눈에 차지 않고, 대신 갚는 것을 망설인다.
- 사주에 천살(天殺)이 있으면 도움을 받고도 은혜를 모른다.
- 천살(天殺)이 월지(月支)에 있으면 대왕 앞에 무릎을 꿇는 형상이고, 일지(日支)에 있으면 대왕을 깔고 앉은 형상이고, 시지(時支)에 있으면 대왕을 부려먹는 형상으로 무뢰한 사람이다.
- 일지(日支)에 천살(天殺)이 있으면 자기 코도 남이 풀어주기를 바랄 정도로 게으르며 무능하고, 불치병이나 하반신 불구가 될 수도 있다. 그러나 사주의 격이 좋으면 하인을 두거나 남을 부려먹는 사람이 된다.
- 시지(時支)에 천살(天殺)이 있으면 왕을 몰아내고 왕좌에 앉은 격이니 무뢰한 같은 사람이다.
- 천살(天殺)이 막 지났으면 법망에 걸릴 수 있는데, 정신이 해이해져 그렇다.
- 사주에 천살(天殺)이 있거나 천살일(天殺日)에 찾아온 사람한테는 무조건 칭찬을 해줘야 좋아한다.

- 여명에 천살(天殺)이 있으면 잘 따지며 부정적이고, 말대꾸를 잘
  한다.
- 학생이 천살(天殺)이 있거나 천살(天殺) 대운에 있으면 죽기 살
  기로 데모를 한다.
- 천살(天殺)이 형(刑)되면 망한다.
- 천살(天殺)과 반안살(攀鞍殺)은 충(沖)하는 관계로 왕과 내시가
  싸우는 꼴이니 평생 자중지란이 많고, 불구·벙어리·장님이 될
  수도 있다.
- 천살생(天殺生) 가족에게 투자하면 밑 빠진 독에 물 붓기가 된다.
- 대운에서 천살(天殺)을 만나지 못한 사람은 천운을 맛보지 못한
  것과 같으니 종교를 갖는 것이 좋다.
- 사람은 갑(甲)이나 계(癸) 대운을 지나면 겸손해진다고 하는데,
  천살(天殺)이 있는 사람은 예외로 방자하다.
- 천살운(天殺運)이 지나면 노이로제나 신경성 질환이 생기고, 손
  가락질을 받는 일이 생긴다. 그러나 운이 역행하는 사람은 천살
  운(天殺運)이 지나면 화(禍)가 줄어들고, 천살운(天殺運)에서 성
  공하는 경우가 많다.
- 천살운(天殺運)이 막 지나면 관재구설이 생긴다. 승려는 이때 파
  계하기도 한다.
- 천살(天殺) 대운이 지난 사람의 사주는 잘 맞고, 그렇지 않은 사
  람의 사주는 잘 맞지 않는다.
- 천살(天殺) 방향으로 머리를 두고 자면 운이 막힌다. 특히 학생
  은 진학길이 막히는데, 이 방향에 책상을 놓고 공부하면 가정교

사를 둔 것처럼 성적이 좋아진다.

- 천살(天殺) 방향에 금고를 놓으면 사업이 실패한다.

- 매력이 있거나 양심 있는 사람은 천살(天殺) 방향에 있다.

4) 지살(地殺)

- 지살(地殺)은 십이운성(十二運星)에서 장생(長生)에 해당하는 길성(吉星)이다.

- 사주에 지살(地殺)이 있으면 과시하려는 기질이 있다.

- 지살(地殺)은 대로행, 역마살(驛馬殺)은 소로행이라고 한다.

- 지살(地殺)은 육해살(六害殺)과 원진살(怨嗔殺)을 싫어하나, 역마살(驛馬殺)이 있으면 괜찮다.

- 지살운(地殺運)에는 세일즈업도 좋다.

- 진학할 학생이 지살(地殺) 대운에 있으면 정치외교나 신문방송학과가 좋다.

- 지살(地殺) 대운에 있으면 망신살(亡身殺)이 든 것과 같아 창피란 창피는 다 당하는 운이라고 보면 된다.

- 지살(地殺) 방향은 사진이나 호화로운 물건과 출입문이 있는 곳이고, 간판을 고는 곳이다.

- 지살(地殺) 방향에 간판을 달면 손님이 몰려든다.

5) 년살(年殺)

- 년살(年殺)은 함지살(咸地殺), 도화살(桃花殺), 목욕살(沐浴殺)
  로도 본다.
- 년살(年殺)은 반복되는 일이 많아 흉하게 보는데, 지루해도 참고
  견뎌야 하는 살(殺)이다.
- 년살(年殺)은 서비스업을 말하는데 치장·보상·청산·개보수·팁
  같은 것을 의미하며, 보통 빚을 갚는 경우가 많다.
- 년살(年殺)은 반안살(攀鞍殺)을 좋아한다.
- 사주에 년살(年殺)과 해살(害殺)이 같이 있으면 투기를 좋아한다.
- 사주에 년살(年殺)과 월살(月殺)이 동주하면 내당마님과 시녀가
  한 방을 쓰는 형상이라 흉을 잡히기도 한다.
- 여명에 년살(年殺)과 해살(害殺)이 같이 있으면 난산을 한다. 오
  미생(午未生)과 자축생(子丑生)의 합(合)은 겉보기에는 좋으나
  속으로는 해가 되어 고생이 많다.
- 자식 중에 년살(年殺) 띠가 가장 예쁘다.
- 년살(年殺) 자식은 끈기가 있고 나를 위해 궂은 일을 맡아준다.
  그러나 외방이나 혼전 자식일 수도 있다.
- 년살(年殺) 자식을 낳으면 터울이 길어진다. 이는 궁녀가 왕의 은
  총을 입으려면 시간이 오래 걸리는 이치와 같다.
- 년살(年殺) 대운은 지체되는 운이라 모든 일이 늦어진다. 매사 불
  이익이 많아 피곤살이라고도 한다.
- 년살(年殺) 대운에 사업을 시작하면 교제비가 많이 나가는 업종

을 하게 된다.

- 년살운(年殺運)에는 밀애나 탈선, 성교가 따른다.
- 년살(年殺) 방향은 빨래거리를 쌓아두거나 굴뚝이 있는 곳이다.
- 산소를 기준으로 년살(年殺) 방향을 파보면 반드시 물이 나오거
  나 벌레집이 있다. 대주를 기준으로 인오술(寅午戌)이면 묘(卯)가
  년살(年殺)인데 선천수가 6(卯)이므로 6m만 직선으로 걸어가 파
  보면 물이 나온다.
- 문의하는 날이 년살(年殺)이나 월살(月殺)에 해당하면 그 일은 잘
  안 된다.

6) 월살(月殺)

- 월살(月殺)은 전등살 혹은 형광살이라 하여 집 안에서는 전기
  스위치 같은 것이 있는 밝은 곳으로 본다.
- 월살(月殺)은 반역동조자라고 하는 재살(災殺)과는 합(合)하고,
  화개살(華蓋殺)과는 충(沖)한다. 예를 들어 신자진생(申子辰生)
  의 월살(月殺)은 술(戌)이고 진(辰)은 화개살(華蓋殺)인데, 이것
  이 진술충(辰戌沖)하면 처가나 시댁 식구 중에서 재살생(災殺
  生)이 나를 헐뜯는다. 부부가 파경 지경일 때 충동질하는 이도
  역시 재살생(災殺生)이다.
- 사주에 월살(月殺)과 화개살(華蓋殺)이 동주하면 불구나 절둑발
  이가 될 수 있다.
- 사주에 월살(月殺)이 있는데 대운이나 세운에서 화개살(華蓋殺)

을 만나면 퇴직·부부상쟁·부상이 따를 수 있다.

- 여름생이 월살(月殺)이 있으면 흉한 명으로 본다.

- 월살(月殺)은 흉해 보이지만 대운에서 만나면 좋다. 그러나 여명에게는 고독한 별이라 하여 나쁘게 본다.

- 월살(月殺) 대운에 있는 사람은 가난뱅이가 없다고 하니, 이 운에 있는 사람이 죽겠다고 하면 엄살을 부리는 것이다.

- 월살(月殺) 대운에는 최고의 영화를 누리지만, 그 시기가 지나면 운이 내려간다고 본다.

- 진학할 학생이 월살운(月殺運)에 있으면 약대나 의대가 좋다.

- 월살(月殺) 다음 달에는 크든 적든 반드시 돈이 들어온다.

- 월살(月殺) 방향은 부엌이 있는 곳이다.

- 남명이 월살생(月殺生)과 결혼하면 처가덕을 보거나 상속을 받는다.

7) 망신살(亡身殺)

- 망신살(亡身殺)은 칠위칠충칠살(七位七沖七殺)처럼 7번째에 있는 살이라 편관(偏官) 작용을 하는데, 비웃음·비방·수모·봉변을 당한다는 뜻이다.

- 망신살(亡身殺)은 몸을 팔아서라도 이익을 챙기는 살이요, 모로 가도 서울만 가면 된다는 억지 살이기도 하다.

- 사주에 망신살(亡身殺)이 있으면 부끄러움을 모르고, 노여움을 잘 타고, 관광을 좋아하고, 호기심이 많고, 박학다식하다.

- 망신살(亡身殺)이 원진(怨嗔)이 되면 동성연애나 근친상간, 근친혼을 하게 된다. 사주에 망신살(亡身殺)이 있는데 대운이나 세운에서 원진(怨嗔)을 만나도 마찬가지다.
- 망신살(亡身殺)은 육해살(六害殺)을 좋아하는데, 망신월(亡身月)에는 짭짤한 재미도 있다.
- 망신살(亡身殺)은 신체에서 병든 곳을 말한다.
  신자진생(申子辰生) : 해망신(亥亡身) : 방광, 비뇨기계 질병
  해묘미생(亥卯未生) : 인망신(寅亡身) : 간, 담 질병
  인오술생(寅午戌生) : 사망신(巳亡身) : 심장 질병
  사유축생(巳酉丑生) : 신망신(申亡身) : 폐, 기관지 질병
- 망신생(亡身生) 자식은 부모를 빼닮는다.
- 망신생(亡身生) 자식은 키우기 어려우니 망신년(亡身年)에는 자식을 낳지 않는 것이 좋다. 그러나 혼전 자식은 무방하다.
- 망신생(亡身生) 자식은 속을 썩이고, 여자는 임신이나 출산도 하지만 수술을 할 수도 있다.
- 망신운(亡身運)에는 재물운이 좋아 궁하게 사는 사람이 없지만, 형제나 친족과 싸움을 많이 하게 된다.
- 망신운(亡身運)이나 년월에는 공돈이 생기는 일이 많다.
- 망신운(亡身運)과 월살운(月殺運)은 횡재운이라고 하여 사주에 있으면 부자 사주로 본다. 그러나 공망(空亡)이 되면 허사다.
- 노인들은 망신운(亡身運)에서 많이 죽는다.
- 망신년(亡身年)에는 송사에 걸려들기도 한다.
- 남녀 모두 첫정과 순정을 빼앗는 놈은 망신생(亡身生)이다.

- 망신생(亡身生)과는 연애하다 헤어져도 뒤가 깨끗하다.
- 남편이 숨겨놓은 애인은 망신생(亡身生)인 경우가 많다.
- 망신방(亡身方)은 가정에서 비밀스런 장소로 연애편지·생리대·비상금·비밀문서·일기장 같은 것을 두며, 팬티를 입거나 목욕탕이 있거나 음탕한 곳이다.
- 숨겨놓은 애인이 있는 곳이 망신방(亡身方)이고, 시댁이 있는 곳도 망신방(亡身方)이다.
- 부부관계를 할 때 알몸을 보이는 행위가 곧 망신인데, 머리는 자연 반안방(攀鞍方)으로 두게 되고 하체는 망신방(亡身方)으로 두게 된다.
- 남편이 바람을 피우면 반안방(攀鞍方)으로 머리를 두고 자거라. 그러면 자연 하체는 망신방(亡身方)으로 가게 되어 남편이 아내가 보고 싶어져 빨리 집으로 돌아온다.
- 망신방(亡身方)에 신세를 질 사람, 급한 일이 생겼을 때 부를 사람, 급전을 돌려줄 사람이 산다.

8) 장성살(將星殺)

- 장성살(將星殺)을 충(沖)하는 것을 적군으로 본다.
- 사주에 장성살(將星殺)이 있으면 비밀이 많고, 가장 노릇을 한다.
- 장성살(將星殺)이 있는 사람과 역마살(驛馬殺)이 있는 사람이 같이 살면 놀고먹는 사람이 생긴다.
- 가족 중에 장성살(將星殺)이 있는 사람이 셋이면 부부가 이별하

기 쉽다.

– 여명에 장성살(將星殺)이 있으면 남편을 갈아치우거나 돌아다니는 것을 좋아하므로 흉하게 본다. 그러므로 장성살(將星殺)은 지살(地殺)을 좋아한다.

– 장성살(將星殺)이 있는 사람을 사귀면 모든 일이 순조로워진다.

– 장성생(將星生)은 재살(災殺)이 있는 사람과 잘 싸운다.

– 가난하던 사람이 장성생(將星生) 자식을 낳으면 바로 개운한다.

– 장성살(將星殺) 방위는 대장군방(大將軍方)이라고도 한다.

– 장성살(將星殺) 방향에는 파출소나 경찰서 같은 것이 있다.

– 장성살(將星殺) 방향에 대문이나 창문이 있으면 패가할 상으로 본다. 특히 가장이 비명횡사할 수 있다.

– 학생의 공부방 출입문이 장성살(將星殺) 쪽으로 나있으면 난장판 형상이라 공부가 잘 되지 않는다.

– 사업하는 사람의 출입문이 장성살(將星殺) 방향에 있으면 되는 일이 없다. 이를 막으려면 그 문 위에 장(將)이나 장명(將明)이라고 써서 붙여라.

– 장성살(將星殺) 방향 문을 자주 쓰면 병이 생겨 잘 낫지 않는다.

9) 반안살(攀鞍殺)

– 반안살(攀鞍殺)은 벼나 보리가 말라버리는 형상과 같다.

– 반안살(攀鞍殺)은 불임살 혹은 내시살, 고초살이라고 하는데, 사주에 있으면 과숙살처럼 자식을 낳기 어렵다.

- 사주에 반안살(攀鞍殺)이 있는데 대운이나 세운에서 년살(年殺)을 만나면 음탕하며 지저분한 사람으로 돌변하고, 부부가 서로 배우자의 말을 믿지 않는다.
- 사주에 반안살(攀鞍殺)과 재살(災殺)이 있으면 천한 명이 되나, 년살(年殺)이 있으면 무방하다.
- 사주에 반안살(攀鞍殺)과 년살(年殺)이 동주하면 대부대귀한 명이 된다.
- 사주에 반안살(攀鞍殺)과 육해살(六害殺)이 동주하면 천한 명이 된다.
- 사주에 반안살(攀鞍殺)이 있으면 임기응변에 능하나 사업을 하면 안 된다.
- 여명에 반안살(攀鞍殺)과 재살(災殺)이 동주하면 노처녀가 되도록 시집을 가지 못할 수도 있다.
- 반안생(攀鞍生) 자식은 귀한 편이다.
- 자식 중에 반안생(攀鞍生)이 있으면 노후에는 반드시 이 자식이 부양한다.
- 가족 중에서는 반안생(攀鞍生)이 가장 입이 무겁고, 마음을 터놓고 이야기할 수 있는 사람이다.
- 직원도 반안생(攀鞍生)이 가장 믿음직하고, 사장을 기준으로 반안생(攀鞍生) 직원은 노사분규나 말썽을 일으키지 않는다. 그러나 재살생(災殺生)이나 겁살생(劫殺生)은 난리를 피운다.
- 사람은 누구나 이상하게도 반안생(攀鞍生)이나 반안방(攀鞍方)의 돈을 알게 모르게 떼먹는 경우가 있다. 다음 사람들의 돈은

떼먹어도 문제가 되지 않는다.

해묘미생(亥卯未生)은 진생(辰生)

인오술생(寅午戌生)은 미생(未生)

사유축생(巳酉丑生)은 술생(戌生)

신자진생(申子辰生)은 축생(丑生)

- 반안생(攀鞍生)이 반안일(攀鞍日)에 악담을 하면 그 악담이 그대로 돌아온다. 신자진생(申子辰生)에게는 축(丑)이 반안일(攀鞍日)이니 축일(丑日)에 악담을 하지 말라.

- 남녀 모두 반안운(攀鞍運)에 들면 바람기가 동한다.

- 결혼 날짜를 잡을 때 장롱을 놓을 방향도 잡아주면 좋은데, 반안방(攀鞍方)에 장롱을 놓거나 머리를 두고 자면 좋다.

- 남자는 반안살(攀鞍殺) 방향에서 혼인길이 열리고, 여자는 천살(天殺) 방향에서 혼인길이 열리니 이 쪽으로 머리를 두고 자라.

- 진학할 학생이라면 반안살(攀鞍殺) 방향으로 가라. 천살(天殺) 방향은 절대 안 된다. 공부방 책상은 천살(天殺) 방향이 좋지만, 진학은 절대 안 된다. 반안살(攀鞍殺) 방향이 어려우면 육해살(六害殺) 방향이 좋다.

- 반안살(攀鞍殺) 방향으로 머리를 두고 자면 좋다. 이는 금고가 있는 형상과 같아서다. 그러나 금고를 이 방향에 놓으면 사업이 흉하다.

- 광업을 하는 사람은 반안살(攀鞍殺) 방향을 파보아라. 노다지가 나온다. 신자진생(申子辰生)이면 서쪽으로 6m나 60리도 된다.

- 반안살(攀鞍殺) 방향에 가게를 얻으면 망하는 법이 없다.

10) 역마살(驛馬殺)

- 역마살(驛馬殺)은 이동살이라고도 하며, 코미디살 혹은 게그맨 살로도 본다.
- 역마살(驛馬殺)은 시(時)에 있는 것을 최상으로 치고, 정재(正財)에 역마(驛馬)가 있으면 좋은 역마(驛馬)로 본다. 그러므로 정재(正財)가 시(時)에 있으면서 역마(驛馬)에 해당하면 평생 돈을 다 세어보지 못하고 죽을 정도로 큰 부자가 된다고 한다.
- 사주에 역마살(驛馬殺)이 있으면 조건보다는 인간적인 거래를 좋아하고, 사람은 좋으나 계산이 명확하지 않고, 신용이 없고, 집중하지 못한다.
- 사주에 역마(驛馬)가 있으면 공짜도 좋아하지만 주는 것도 좋아한다.
- 역마살(驛馬殺)은 식신(食神)과 같아 양보하는 미덕이 있다.
- 사주에서 관(官)이 역마(驛馬)에 해당하면 고관이 되고, 재(財)가 역마(驛馬)에 해당하면 큰 재물을 쌓는다.
- 사주에 역마(驛馬)와 육해(六害)가 동주하면 빈천하다. 육해(六害)가 대운이나 세운에서 들어와도 좋지 않다.
- 연예인 사주에서 인수(印綬)나 식신(食神)이나 양인(羊刃)이 역마(驛馬)에 해당하면 히트 작품이 나오고 유명해진다.
- 역마살(驛馬殺)은 장성살(將星殺)을 싫어한다.
- 역마살(驛馬殺)에 해당하는 자식은 키우기 어렵지만, 키워만 놓으면 중요한 인물이 된다.

- 연애 상대가 역마살(驛馬殺)이 있으면 헤어져도 악담을 듣거나 원한을 갖지 않는다.
- 대인관계나 부부관계가 나쁠 때 해결해 줄 사람은 역마생(驛馬生)이다.
- 역마운(驛馬運)이나 역마월(驛馬月)에는 지출이 많아진다.
- 역마운(驛馬運)에는 봉사하는 일이 많아진다.
- 역마(驛馬) 년월에 생긴 일은 역마(驛馬) 년월이 되어야 풀린다.
- 역마(驛馬) 년월에는 일의 능률이 떨어지고, 창피한 일이 생긴다. 특히 직장인은 시말서를 쓸 일이 생긴다.

11) 육해살(六害殺)

- 육해살(六害殺)은 지름길로 빨리 가려는 형상으로, 속도나 과속을 의미한다.
- 육해살(六害殺)은 육친이나 친지를 말하기도 한다.
- 사주에 육해살(六害殺)이 있으면 센스와 학식이 풍부하고 총명하며 비상하나, 약고 잔꾀가 많으며 시샘이 많다.
- 사주에서 육해살(六害殺)과 천살(天殺), 망신살(亡身殺)이 삼합(三合)을 하면 빽이 좋은 사람이다.
- 육해년(六害年)이나 육해운(六害運)에는 바깥 일이 신통치 않다.
- 육해운(六害運)은 빠르고, 년살운(年殺運)은 느리다.
- 육해운(六害運)에는 부자가 되기 어렵고, 빨리 가려다 실패할 수도 있고, 외롭게 지내거나 불편한 식구가 들어올 수 있다. 특히

여명은 부부간에 불화하거나 소박을 맞기도 한다.

‒ 기도를 하려면 육해일(六害日)에 빌어라. 불가사의할 정도로 잘 듣는다.

‒ 육해년(六害年)이나 육해년(六害月)에 돌아가신 조상의 제사를 잘 지내면 그 조상의 덕을 본다.

‒ 육해월(六害月)이나 육해일(六害日)에 돈을 빌리면 육해월(六害月)이나 육해일(六害日)에 갚게 된다.

‒ 육해생(六害生) 자식은 나중에 종신자식 노릇을 한다.

‒ 육해생(六害生)과 원한을 맺으면 큰 피해를 본다.

‒ 육해생(六害生)한테는 서운한 소리만 들으면 재수가 없다.

‒ 육해생(六害生)은 나와 천적관계이므로 그를 화나게 하면 평생 결정적일 때만 나타나 방해한다.

‒ 육해일(六害日)에는 장사가 잘 안 된다.

‒ 육해일(六害日) 손님은 공짜손님이 많고, 급하거나 나쁜 일을 갖고 오는 손님이 많다.

‒ 육해일(六害日)에 찾아온 손님은 대개 가족 문제가 있는 것이다.

‒ 육해살(六害殺)이 있는 아내를 만나면 놀고먹는 팔자가 되기 쉽다. 아내는 부지런하여 어떤 장사라도 해서 먹고 살 정도로 지독한 사람이다.

‒ 육해살(六害殺) 돈은 부모나 형제의 것으로, 떼먹어도 소송이나 큰 시달림이 없다. 그러나 육해방(六害方)이나 육해생(六害生)의 돈을 떼먹으면 비명횡사할 수도 있으니 조심해야 한다. 이 돈은 원한의 돈이라 하여 이승에서 못 갚으면 저승에 가서라도 갚아

야 한다.

- 육해살(六害殺)은 귀신이고 년살(年殺)은 술이므로 육해살(六害殺) 귀신은 년살(年殺)을 좋아한다.
- 육해살(六害殺) 방향은 버리기도 보관하기도 애매한 물건이 있는 곳으로, 깨끗하게 하면 개운할 수도 있다.
- 환자는 육해살(六害殺) 방향에서 약을 먹거나 입원하면 치료가 잘 된다.
- 사업을 재기하고 싶으면 육해살(六害殺) 방향에서 시작해라. 육해생(六害生)이나 육해방(六害方)에 있는 사람에게는 경제적인 도움을 받을 수도 있다.
- 싼 땅이나 집을 사려면 육해살(六害殺) 방향으로 가라.
- 급할 때 돈을 빌려줄 사람은 육해살(六害殺) 방향에 있고, 작은 돈은 이 방향에서 구해라.
- 육해살(六害殺)은 지살(地殺)을 꼼짝 못하게 하는 살로, 저당권이나 차압을 말한다.
- 육해살(六害殺)은 지살(地殺)과 관계가 깊으므로 육해살(六害殺) 방향을 깨끗이 하면 막혔던 운이 뚫린다.

12) 화개살(華蓋殺)

- 진술축미생(辰戌丑未生)은 장남이 아니라도 장남 노릇을 해야 할 팔자다.
- 사주에 화개살(華蓋殺)이 있으면 꼼꼼하며 섬세하고 애교가 많

지만, 기호식품을 즐기고, 알코올에 중독되는 사람이 많고, 한 소리를 또 하고, 잔주를 잘 떤다.

- 사주에 화개살(華蓋殺)과 월살(月殺)이 있으면 조석으로 변덕이 심하다.
- 사주에 화개살(華蓋殺)과 육해살(六害殺)이 동주하면 이율배반적인 사람이다.
- 화개살(華蓋殺)과 월살(月殺)은 충(沖)되므로 서로 싫어한다.
- 화개살(華蓋殺)이 강한 사람은 음식을 먹고 트림을 잘한다.
- 화개생(華蓋生) 자식을 낳으면 이별이나 가출 같은 변고가 생긴다.
- 화개일(華蓋日)에 찾아온 손님은 대개 재혼이나 재결합 문제다.
- 화개년(華蓋年)에는 노처녀가 결혼하고, 헤어졌던 부부가 재결합하기도 한다.
- 화개년(華蓋年)에는 옛날에 일어났던 일이 재발하는 경우가 많다.
- 화개(華蓋) 대운에는 피나는 노력을 해야 한다.
- 화개(華蓋) 대운에는 헤어졌던 가족이나 친구를 만나고, 정치인은 출마를 꿈꾸게 된다(재충전의 의미).
- 화개년(華蓋年)이나 화개월(華蓋月)에는 취직이나 복직이 잘 된다.
- 화개살(華蓋殺) 방향은 예술품이 놓여있는 곳이다.
- 화개살(華蓋殺)에 해당하는 사람은 나한테 물질보다는 정신적인 도움을 주는 사람이다.
- 사업을 재기하려면 화개살(華蓋殺)과 협의하라.
- 화개살(華蓋殺) 방향에는 단골집이 있다.

粧凝朝日粟

밤새 단장을 하고
아침 햇살에 보내 엉켜서흘에

5장. 역학 상식

1. 간여지동(干與之同)의 성격과 신체

1) 양목(陽木) : 인목(甲寅)

- 인(寅)은 화(火)의 장생지(長生地)이므로 사람의 정신을 주관한
  다. 사람의 문화 수단인 예의·법도·윤리·도덕·학문·교육 등의
  주류를 이뤄 동방(東方)을 예의지국이라고 한다.
- 인체 甲 : 머리, 간, 동맥
  　　　寅 : 머리카락, 팔
- 직업 : 학자, 관리경영인, 발명가, 언론인, 문화인

2) 음목(陰木) : 을목(乙木)

- 사람의 목을 뜻하기도 하며, 회전과 곡직을 하면서 자라는 음목
  (陰木)이다. 또 묘월(卯月)은 춘분 때가 되어 낮과 밤의 길이가 일
  정했다가 점차 길어지는 때가 되므로 이 사람 역시 지는 것을 싫
  어하고 앞으로 나아가기를 좋아하며 시샘은 몸에 밴 천성이요
  칭찬에는 인색하다.
- 인체 乙 : 목(아지), 간, 수족 마디(관절)
  　　　卯 : 간, 모세혈관, 근육, 말초신경, 정강이
- 직업 : 목공, 수공예, 지휘자, 골프, 당구, 야구, 만능재주꾼

3) 양화(陽火) : 병오(丙午)

- 병화(丙火)는 태양의 열이고, 오화(午火)는 세균을 죽이는 X선
  같은 방사선을 의미한다. 병화(丙火)는 최강의 화기(火氣)이므로
  타의 기세를 따르지 않는 특징이 있다. 또한 오화(午火)는 광명
  과 같아 인간의 정신생활을 지배하므로 예의·도덕·교육으로도
  본다. 수화(水火) 운동을 하는데 바닷물(亥水, 염수)이 증발하여
  올라가면 임수(壬水)가 되어 내려와 물이 고이는데, 이때 병화(丙
  火)와 임수(壬水)가 조화를 이루면 은빛 찬란한 것은 물론 영롱
  한 무지개로도 나타난다.
- 인체 丙 : 소장, 어깨
       午 : 심장, 목, 혀, 칼로리, 정신신경계
- 직업 : 문화인, 도시인, 교육자, 화가, 안과의사, 방사선기사, 인테리
  어, 디자이너

4) 음화(陰火) : 정사(丁巳)

- 정화(丁火)는 화살이 ↑→ 곧고 바르게 뻗어나가는 것과 같고, 직
  사광선 같은 화력이 있는가 하면, 사화(巳火)는 무쇠덩이를 녹이
  는 용광로의 불이다. 그러므로 힘센 사람을 장정(壯丁)이라 하고,
  패기 있는 젊은 병사를 병정(兵丁)이라고 하는 것도 정화(丁火)의
  위력을 상징한 말이다. 또한 사화(巳火)는 금(金)의 장생지(長生
  地)가 되므로 금속공업을 발달시킨 동기부여의 요처도 되고, 석

유, 화공약품, 폭발성 있는 인화물질, 독극물 같은 극약으로도 설명한다. 이처럼 사화(巳火)는 독성이 강하다고 하는데 본말의 뜻은 바로 여기서 비롯된 것이다. 그러므로 사일생(巳日生)은 함부로 말하지 말라. 독성이 있어 입으로 살기(殺氣)를 쏘면 살생(殺生)할까 두렵다.

- 인체 丁 : 정신, 마음, 눈, 심장

　　　巳 : 소장, 얼굴, 치아, 근육, 인후, 반점, 삼초, 혀, 편도선

- 직업 : 화부, 화공(畵工), 부녀자, 용접공, 미용사, 염직공

5) 양토(陽土) : 무진(戊辰) : 탄소(C)

- 무토(戊土)는 만물을 키우는 조화와 억제하는 작용도 하는데 우주 본체의 구심점에서 회전운동을 해주는 핵심 역할을 한다. 또한 진토(辰土)는 토이생화(土而生火)라 하여 목(木)을 화(火)로 태우려면 먼저 점화되어야 하는데, 이때 점화작용을 진(辰)이 맡는다. 이는 운행우시(運行雨施)라 하여 초목에 비를 내려 키우고 꽃을 피우는 까닭에 목(木)이 화(火)를 생(生)하는 것이다.

- 인체 戊 : 위, 등

　　　辰 : 위장, 피부, 배, 목, 코, 가슴, 맹장

- 직업 : 미용사, 교도관, 죄수, 어부, 어물중개인

6) 음토(陰土) : 기축(己丑) : 탄소(C)

- 기토(己土)는 열(十)을 완성하는 토(土)로 만물을 성숙 완성시키는 작용을 한다. 축토(丑土)는 해자수(亥子水) 세력이 넘치지 않도록 적당히 여과하는 작용도 하고, 무기나 금고처럼 저장한다는 는 의미도 있다.
- 인체 己 : 비장, 배
  　　丑 : 비장, 배, 양손, 양발, 횡경막, 맹장
- 직업 : 은행원, 군인, 세무사, 경리, 소년, 중개인, 숙박업, 기계공, 기사

7) 양금(陽金) : 경신(庚申)

- 가을이 되면 만물이 수축하여 정기가 응고되기 시작한다. 이것을 고체화시키는 시작이라고 하는데, 이는 식물의 성장이나 사물의 팽창이 강제로 응고되어 결실을 맺게 한다. 이를 숙살지기(肅殺之氣)라 하며, 살상하고 억압하는 작용을 한다. 신금(申金)은 상하를 뚫고 관통(申)하는 기세를 보이므로 상달하의(上達下意)·상명하복(上命下服)하는 일을 맡는데, 이는 귀신 신(神) 자와도 상통한다. 일월성신지기(日月星辰之氣)가 하강무소불통(下降無所不通)이라 하여, 우리가 경신일(庚申日)의 천기를 받으려고 이날 기도하는 것도 여기서 비롯된 것이다.
- 인체 庚 : 대장, 배꼽
  　　申 : 대장, 폐, 근골, 음성, 정맥

– 직업 : 군인, 운전사, 비행사, 통신사, 철도인, 기술자

8) 음금(陰金) : 신유(辛酉)

– 가을이 되면 만물이 응고하여 사물을 자극하는 까닭에 고추나 마늘이 맵다는 것도 매울 신(辛) 자로 표시한다. 그런가 하면 신 (辛)을 '오곡백과가 무르익었다'하여 갱신을 뜻하기도 한다. 유금 (酉金)은 열매를 상징하며 달이나 구슬 같은 원형을 뜻하기도 하고, 달빛에 반사한 거울로도 본다. 또한 유금(酉金)은 물질의 번식을 자극·억압하는 작용을 하고, 균을 배양하여 이용하는 효소 물질. 즉 고추장이나 된장, 술 같은 발효식품과 신경계를 자극하는 주사나 침, 마취제 같은 의약용으로도 쓴다.

– 인체 辛 : 폐, 팔근육

　　　　酉 : 폐, 코, 음성, 입, 치아, 혀, 월경, 정혈, 항문, 오줌통

– 직업 : 은행원, 군인, 마취사, 가수, 접대부, 요릿집, 식모, 금은세공사

9) 양수(陽水) : 임자(壬子) : 물(H_2O), 수소(H)

– 임(壬) 자는 토(土) 자 위에 삐친 점 하나가 더 있고, 자(子)는 종자를 의미한다. 임수(壬水)는 음체양용(陰體陽用)인 까닭에 동중정(動中靜)하는 기질이 있어 본성이 음정하나 솔직한 외향성이 있다. 수(水)는 지기(智機)가 많아 창조적인 근원이 되기도 한다. 자수(子水)는 양수(陽水)로 액체와 유체인 까닭에 신자진(申

子辰)을 구성하는 핵심 역할을 하며, 일생생활에서 쓰는 물을 뜻
하기도 한다.
- 인체 壬 : 방광
　　　子 : 신장, 요도, 자궁, 월경, 귀, 허리, 호르몬, 생식기, 음부, 난자
- 직업 : 임신부, 매춘부, 어부, 승려, 의사, 철학자, 저술가, 도둑, 간
　　첩, 맹인

10) 음수(陰水) : 해수(癸亥)

- 계수(癸水)는 음(陰) 중에 음수(陰水)요, 가장 아래에 있는 것처
럼 위세도 지약하기 이를데 없다. 그러므로 한냉한 것에는 약해
서 쉽게 응고·결빙되는 것처럼 종세종화(從勢從化)도 잘 한다.
또한 해수(亥水)는 화(火)의 절처봉생지(絕處逢生地)라 하는데,
해수(亥水)는 목(木)의 장생지(長生地)로 목(木)을 살려 화(火)를
돕는 역할을 한다.
- 인체 癸 : 신장, 방광, 다리
　　　亥 : 방광, 신장, 고환, 생식기, 자궁, 월경, 혈액, 대소변, 장딴지
- 직업 : 선생, 연구원, 아이디어, 박사, 외교

※ 절처봉생(絕處逢生)은 음양(陰陽)이 만나 생장한다는 뜻이다.
지구 표면이 해수(亥水, 바닷물)로써 70%가 바다로 되어 있는데, 이
는 태양의 과열로 지구가 불덩어리가 될 것을 해수(亥水)가 막아주
므로 태양(陽)과 지구(陰)의 균형을 이루게 해준 것에 지구인은 감

사해야 할 것이다.

※ 수(水)의 5덕(德)
① 만물을 키우고 더러운 것을 씻어준다.
② 맑은 것을 띄우고 탁한 것을 가라앉혀 준다.
③ 천성이 부드러워 넘치는 것을 싫어한다.
④ 자기의 공을 자랑하지 않는다.
⑤ 뒷물이 앞물을 추월하려고 하지 않는다.

2. 오행(五行)의 길흉(吉凶)

명조가 중화되면 성격이 원만하고, 편고하면 오만불손하고 변덕이 심하며 고집이 세다.

– 양(陽)이 길신이면 솔직하나, 흉신이면 경솔하다.
– 음(陰)이 길신이면 신망이 두터우나, 흉신이면 음흉하다.
– 목(木)이 길신이면 인자하나 흉신이면 불인하고 무능하다.
– 화(火)가 길신이면 예의가 바르나, 흉신이면 과대망상에 걸려 헛
  소리를 잘한다.
– 토(土)가 길신이면 중후하며 믿음이 있으나, 흉신이면 어리석고
  잘 속는다.
– 금(金)이 길신이면 강직하며 의리가 있으나, 흉신이면 포악하다.

- 수(水)가 길신이면 도량과 지혜가 있으나, 흉신이면 편협하며 사기 근성이 있다.

3. 천간(天干)의 길흉(吉凶)

- 갑목(甲木)이 길신이면 정직하고 인자하나, 흉신이면 인자함이 없고 뒤끝이 안 좋다.
- 을목(乙木)이 길신이면 온화하고 다정하나, 흉신이면 무정하며 신의가 없다.
- 병화(丙火)가 길신이면 대범하며 포부가 크나, 흉신이면 대책없이 조급하다.
- 정화(丁火)가 길신이면 온순하고 다정하나, 흉신이면 마음속에 독이 있다.
- 무토(戊土)가 길신이면 신의가 있으나, 흉신이면 무정하며 신의가 없다.
- 기토(己土)가 길신이면 인내심이 있으나, 흉신이면 무능하며 경솔하다.
- 경금(庚金)이 길신이면 위엄이 있으나, 흉신이면 난폭하며 인자함이 없다.
- 신금(辛金)이 길신이면 엄격하며 깨끗하나, 흉신이면 새침하며 신경질적이다.
- 임수(壬水)가 길신이면 사려가 깊으나, 흉신이면 억지를 잘 부린다.

– 계수(癸水)가 길신이면 다정하며 원만하나, 흉신이면 소심하며 비겁하다.

4. 육친(六親)의 길흉(吉凶)

– 비견(比肩)이 길신이면 헌신적이며 우애가 있으나, 흉신이면 속으로 경계심이 대단하다.
– 겁재(劫財)가 길신이면 외유내강이나, 흉신이면 남이 잘되는 꼴을 못본다.
– 식신(食神)이 길신이면 너그럽고 봉사적이나, 흉신이면 불평불만이 많다.
– 상관(傷官)이 길신이면 솔직하고 근면하나, 흉신이면 오만불손하다.
– 정재(正財)가 길신이면 정직하고 치밀하나, 흉신이면 소심하다.
– 편재(偏財)가 길신이면 소탈하고 이재에 밝으나, 흉신이면 욕심이 많고 불로소득을 바란다.
– 정관(正官)이 길신이면 규칙적이고 모범적이나, 흉신이면 따지기를 좋아한다.
– 편관(偏官)이 길신이면 결단력이 있고 총명하나, 흉신이면 겉이나 속 하나는 난폭하다.
– 인수(印綬)가 길신이면 점잖으나, 흉신이면 게으르고 옹졸하다.
– 편인(偏印)이 길신이면 거친 것 같아도 온순하나, 흉신이면 말이 거칠고 독이 있다.

5. 용신(用神)을 정할 때

- 인수(印綬)가 많아 신왕(身旺)하면 재(財)가 용신(用神)이다.
- 신왕(身旺)한데 관(官)이 약하면 재(財)가 용신(用神)이다.
- 인비(印比)가 태왕(太旺)한데 신왕(身旺)하면 관(官)이 용신(用神)이다.
- 비겁(比劫)이 태왕(太旺)한데 재(財)가 약하면 식신(食神)이 용신(用神)이다.
- 신왕(身旺)한데 재(財)가 없으면 식신(食神)이 용신(用神)이다.
- 인수(印綬)가 태왕(太旺)한데 관(官)이 약하면 재(財)가 용신(用神)이다.
- 신약(身弱)한데 관(官)이 왕하면 인수(印綬)가 용신(用神)이다.
- 신약(身弱)한데 식상(食傷)이 많으면 인수(印綬)가 용신(用神)이다.
- 신약(身弱)한데 재(財)가 많으면 비겁(比劫)이 용신(用神)이다.
- 일주(日柱)와 관살(官殺)의 세력이 팽팽하면 식상(食傷)이 용신(用神)이다.
- 일주(日柱)와 재(財)의 세력이 팽팽하면 인수(印綬)나 비겁(比劫)이 용신(用神)이다.

6. 용신(用神)과 불용(不用)

- 비겁(比劫)이 태왕(比劫太旺)하면 관(官)이 아니라 식신(食神)을

쓴다.

- 재(財)가 많은데 신약(身弱)하면 인수(印綬)가 아니라 비겁(比劫)을 쓴다.

- 관(官)이 많은데 신약(身弱)하면 비겁(比劫)이 아니라 인수(印綬)를 쓴다.

- 살(殺)을 좋아하면 재(財)와 친하고, 싫어하면 식신(食神)과 친해라.

- 인(印)을 좋아하면 관(官)과 친하고, 싫어하면 재(財)와 친해라.

- 재(財)를 좋아하면 식신(食神)과 친하고, 싫어하면 비겁(比劫)과 친해라.

7. 구름(庚辛), 비(壬癸), 바람(甲乙)

1) 구름(庚辛)

구름은 비의 어머니요, 구름이 비를 만들지 못하면 안개가 된다. 구름은 햇빛을 막아주지만 안개는 햇빛을 보면 흩어지는데, 이것은 안개 속에 수증기가 없어서다. 구름이 하늘에서 둥둥 떠돌아다니는 것은 대기 압력으로 더 올라갈 수 없는 한계에 부딪쳤기 때문이다. 하늘로 구름이 올라간 한계까지를 구지(九地)라 하고, 구지(九地)까지 올라간 구름이 찬 공기를 만나면서 빙정(氷晶)이 만들어질 때의 구름이 비구름이다.

구름이 기압의 압력으로 더 이상 오르지 못하는 구지(九地)를 도교에서는 제9의 하늘 혹은 신선의 세계라 하고, 불교에서는 해탈 직전 단계 혹은 구름의 구천 세계라 하고, 기독교에서는 선한 사람만 선택받아 올라간다는 휴거라 한다. 사람의 영적 능력으로 구지(九地)까지만 도달해도 해탈의 경지에 오른 도인의 반열에 속한다.

구름의 한계점인 구지(九地) 이상의 곳을 제10의 하늘, 십지(十地), 정화천(淨化天), 휴거라 한다.

구름은 얌전하게 비만 뿌려주고 가는 것도 있고, 엄청난 수증기를 품은 적란운(積亂雲)도 있다. 적란운 속에는 운간방전(雲間放電)이라 하여 천둥과 번개를 치며 요란을 떠는 구름과 대지방전(大地放電)이라 하여 전기가 땅으로 내려와 벼락을 치는 것도 있다.

2) 장마전선(壬癸)

남쪽에서 생긴 덥고 습한 고기압과 북쪽에서 생긴 찬 저기압의 세력이 서로 밀리지 않으려고 팽팽하게 맞서는 것을 장마전선이라 한다. 여름이 왔는데도 겨울의 찬 한냉전선이 물러가지 않고 버티는 것을 여름장마라 하고, 겨울인데도 여름의 고기압이 물러가지 않고 버티는 것을 겨울장마라 한다.

구름을 피하자니 '가뭄'이요, 구름을 머물게 하자니 '장마'다. 봄비는 귀여움을 받고, 여름비는 거칠며 사납고, 가을비는 눈총받기 딱 좋고, 겨울비는 반기는 사람이 없어 고독비라 한다.

3) 바람(甲乙)

　동쪽에서 부는 바람은 샛바람, 남쪽에서 부는 바람은 마파람, 서쪽에서 부는 바람은 하늬바람, 북쪽에서 부는 바람은 된바람·삭풍·광막풍·호풍이라 한다.

　실바람·살바람·손바람·산들바람·남실바람·건들바람·살랑바람은 착한 바람이고, 돌풍·광풍·폭풍·태풍은 나쁜 바람이다. 또 수직으로 올라간 적란운이라는 구름 덩어리가 그 속에 있던 열기와 대기 중의 찬 공기가 만났을 때 대기의 공기가 갑자기 뜨거워지면서 용오름 현상이 나타나는 것을 토네이도, 즉 회오리바람이라고 한다.

8. 삼자역어(三字易語)

－ 녹두재(祿頭財) : 건록(建祿) 위에 재(財)가 올라가 있는 것을 말한다.
－ 인두재(刃頭財) : 사주 어디에 있든 지지(地支)에 양인(羊刃)을 놓고, 그 위에 재(財)가 있을 때를 말한다. 사주가 좋으면 양인(羊刃)을 제거할 때 크게 발복한다.
－ 도화마(桃花馬) : 건록(建祿)에 역마(驛馬)가 있으면 돌아다닌다는 말이다.
－ 도대체(道大體) : 도(道)는 '측량할 수 없을 만큼 크다'는 뜻으로 알 수 없는 것을 말한다. '도대체 저놈의 속은 알 수가 없네'라는

말도 여기서 비롯된 것이다.

9. 사자역어(四字易語)

− 근첩원격(近貼遠隔) : 첩(貼)은 붙는다, 격(隔)은 떨어진다는 말이다. 용신(用神)은 근첩(近貼)해야 하고, 흉신은 원격(遠隔)해야 한다.

− 금목간격(金木間隔) : 목일생(木日生)이 금(金)이 없으면 그릇이 안 된다는 뜻이다.

− 금목성기(金木成器) : 신왕(身旺)한 목일생(木日生)이 금(金)이 좋으면 사회적으로 명성을 얻는다는 뜻이다.

− 금백수청(金白水淸) : 금생수(金生水)한 물이 깨끗해야지 탁하면 쓸모없는 사람이 된다는 뜻이다.

− 금수상관(金水傷官) : 금생수(金生水)한 물이 깨끗한데 화관(火官)이 있으면 특수한 인물이 된다는 뜻이다. 특히 겨울생이면 더욱 좋지만 금한수냉(金寒水冷)하면 파격이 된다. 금수상관요견관(金水傷官要見官)이란 화(火)를 보면 조후되어 좋고 관(官)이 맑고 깨끗하여 명관(名官)에 오른다는 뜻이다.

− 남방고명(南方高明) : 운이 동에서 남으로 흘러 용신(用神)인 화(火)를 맞이한다는 뜻이다.

− 입명출암(入明出暗) : 묘(卯)가 자(子)를 형(刑)하면 수류불통(水流不通)이 되어 자식의 영화가 없다는 뜻이다.

- 곤랑도화(滾浪桃花) : 천간(天干)은 합(合)되고 지지(地支)는 자묘형(子卯刑)이 되었다는 뜻이다. 이런 사주는 염문을 일으키며 성병으로 고생한다.

辛 丙 ○ ○
卯 子 ○ ○

- 편야도화(偏野桃花) : 사정격(四定格)이라고도 하는데, 명조에 자오묘유(子午卯酉)가 모두 있을 때를 말한다. 이런 사주는 자기 관리를 잘 하지 않으면 재화를 모두 잃는다.
- 나체도화(裸體桃花) : 일지(日支)의 도화(桃花)가 십이운성(十二運星)의 목욕과 병에 닿았다는 뜻이다. 양일간(陽日干)은 갑자(甲子)와 경오(庚午)가 목욕(沐浴)이고, 음일간(陰日干)은 정묘(丁卯)와 기묘(己卯)와 계유(癸酉)가 병(病)이다. 여기에 해당하면 염문을 일으키며 성병에 걸릴 위험이 있다.
- 배록불빈(背祿不貧) : 녹(祿)이란 정관(正官)을 말하고, 정관(正官)을 극(剋)하는 것은 상관(傷官)이므로 상관(傷官)을 배록(背祿)이라 한다. 상관(傷官)은 흉신이지만 재운을 만나면 크게 발복하므로 상관(傷官) 배록(背祿)이 있으면 가난하지 않다는 말이 있다.
- 부옥빈인(富屋貧人) : 겉보기에는 기와집에 사는 것 같아도 속으로는 가난하다는 뜻이다. 일간(日干)이 약한데 재(財)가 왕한 사주, 재(財)가 공망(空亡)된 사주, 일간(日干)이 태왕(太旺)하여 재

(財)를 극한 사주, 재(財)가 형충파해(刑沖破害)로 깨진 사주를 말한다.

– 목화통명(木火通命) : 신왕(身旺) 사주에 화(火)가 있는 것을 말하며, 목화광휘(木火光輝)라고도 한다.

– 4대 공망(空亡) : 갑자일(甲子日), 갑인일(甲寅日), 갑오일(甲午日), 갑신일(甲申日)을 말하며, 여기에 해당하면 장수하기 어렵다.

– 생사비해(生死秘解) :

① 인수(印綬)가 용신(用神)인데 재(財)가 있고 재운(財運)을 만나면 위태롭다. 비겁(比劫)으로 막아야 한다.

② 관(官)이 용신(用神)인데 상관(傷官)이 있고 상관운(傷官運)을 만나면 위태롭다. 인수(印綬)로 막아야 한다.

③ 재(財)가 용신(用神)인데 비겁(比劫)이 있고 비겁운(比劫運)을 만나면 위태롭다. 관(官)으로 막아야 한다.

④ 비겁(比劫)이 용신(用神)인데 인수(印綬)가 있고 관운(官運)을 만나면 위태롭다. 상관(傷官)으로 막아야 한다.

– 생생화육(生生化育) : 사주는 맑은 '산수화' 같아야 한다. 서로 싸우지 않고 조화롭게 물이 흐르듯 해야 최상으로 친다.

– 생처취생(生處聚生) : 사주에 인수(印綬)나 장생(長生)이 있으면 나를 낳아준 곳이 있다는 뜻이다.

– 세덕관성(歲德官星) : 년간(年干)에 정관(正官)이 있고 지지(地支)에 재(財)의 생조를 받으면서 용신(用神)이면 최상이라는 뜻이다.

– 수목청기(水木淸氣) : 수(水)와 목(木)이 균형을 이루었다는 뜻으로 화(火)가 있어도 두렵지 않다는 뜻이다. 이런 사주는 귀명(貴

命)으로 본다.

- 악살폭루(惡殺暴淚) : 개두(蓋頭)한 편관(偏官)이 나를 괴롭혀 눈물을 흘리고, 암장(暗藏)된 편관(偏官)이 충(沖)을 받아 뛰어나오면서 나를 괴롭힌다는 뜻이다.

- 여명오기(女命五忌) : 관살(官殺)이나 상관(傷官)이나 합(合)이 많거나, 사주가 편고하거나, 일주(日柱)가 태왕(太旺)할 때 쓰는 말이다.

- 원형이정(元亨利貞) : 年 : 元, 月 : 亨, 日 : 利, 時 : 貞. 우주의 만물과 만상의 근본이다. 사람의 말과 행실에도 이것이 맞지 않으면 비인간적이며 경우를 모르는 사람, 뿌리없는 사람이라 한다. 작명할 때는 이를 최우선으로 하는 것도 이런 까닭이 있어서다.

- 일운동도(日運同途) : 복음대운(伏吟大運)이라고도 하는데, 일주(日柱)와 대운이 같을 때를 말한다.

- 재장관로(財藏官露) : 재(財)는 암장(暗藏)된 것이 좋고, 관(官)은 투간(透干)된 것이 좋다는 뜻이다.

- 좌공자공(坐空自空) : 생일에서 보아 타지에 공망(空亡)이 있으면 좌공(坐空), 그 공망(空亡) 위에 있는 천간(天干)을 자공(自空)이라 한다.

- 체용동궁(體用同宮) : 월지(月支)의 장간(藏干)이 모두 투간(透干)하고, 그 투간(透干)한 오행이 길신일 때를 말한다.

- 피아공망(彼我空亡) : 부부가 공망(空亡)이 동일하면 평생 해로하고, 상대편이 공망(空亡)이 되는 날 싸우면 내가 이긴다는 말이다. "일녀(一女)가 십부(十夫)를 대적한다"는 말도 여명에서 관(官)

이 공망(空亡)되면 어떤 남자든 내가 다스리고 살아야 하고, 평생 남자를 이기고 산다.

- 희문불희(喜聞不喜) : 사주에 재관(財官)이라는 길신이 있어도 명조가 약하고 재관(財官)이 허약하면 발복하지 못한다는 말이다.

- 시종득기(始終得氣) : 사주가 천간(天干)부터 지지(地支)까지 순조롭게 돌아가는 것을 말한다.

- 녹록종신(碌碌終身) : 평생 하는 일 없이 놀고먹는다는 뜻이다.

- 모정유변(母情有變) : 인수(印綬)가 다른 오행과 합(合)하면 어머니의 마음이 변한다는 말이다.

- 기식상통(氣息相通) : 사방이 꽉 막혔는데 어느 오행이 소통을 시켜줄 때 쓰는 말이다.

- 추수통원(秋水通源) : 신월생(申月生)이 임수(壬水)가 좋으면 평생을 막힘없이 산다는 말이다.

- 효자봉친(孝子奉親) : 사주에 인수(印綬)가 있는데 재(財)가 없으면 어머니를 편하게 해준다는 뜻이다.

- 건지태시(乾知太始) : 남자는 일을 만드는 시초라는 뜻이다.

- 곤지성물(坤知成物) : 여자는 일을 마무리하는 끝이라는 뜻이다.

利爪削黃金

一鳴天下白

일지름을 빨을은 방을을 쫓더라

꼬꼬꼬 울어서 천하가 밝아라

丁酉元旦 自林 金泰俊

6장. 생활 역학

1. 구름의 색과 비

– 파란 구름 → 木 →비가 안 온다.
– 붉은 구름 → 火 → 새털구름이라고도 하는데 비가 안 온다.
– 노을 구름 → 土 → 이레 동안 비가 안 온다.
– 하얀 구름 → 金 → 금새 검은 구름으로 바뀌어 비가 온다.
– 검은 구름 → 水 → 비를 싣고 다니는 구름이다. 특히 임계일(壬
癸日)에 비가 오면 많이 온다.

2. 오행일(五行日)로 본 비

– 목일(木日) : 번개와 뇌성을 치며 비가 온다.
– 화일(火日) : 한번 내렸다 하면 벼락이 치듯 폭우로 쏟아지다가
금방 그치는 비다.
– 토일(土日) : 이슬비나 가랑비다.
– 금일(金日) : 우박이 내리거나 우박처럼 굵은 비가 내린다.
– 수일(水日) : 하늘은 검고 장대비로 쏟아진다.

3. 여행 일진과 동석자

– 재고일(財庫日) : 할머니와 동석한다.

- 장생재일(長生財日) : 처녀와 동석한다.

- 재왕일(財旺日) : 아주머니와 동석한다.

- 도화일(桃花日) : 미녀와 동석한다.

- 비겁일(比劫日) : 남자는 남자와, 여자는 여자와 동석한다.

4. 상대를 알아보는 방법

이는 내방객의 마음을 아는 방법으로, 격물법(格物法)이라고도 한다. 인생을 상담하는 직업이나 수사기관 같은 곳에서도 참고할 만하다. 예를 들어 이웃 아주머니가 찾아와 말을 못하고 머뭇거리면서 배 쪽에 있는 치마끈이나 옷을 만지작거리면 돈을 빌려달라고 온 것이다. 이때 상냥하게 웃으면서 얼마나 필요하냐고 묻는다면 고마움은 둘째치고 깜짝 놀랄 것이다. "신들린 사람인가? 독심술을 쓰는 사람인가?" 하며, 앞으로 이 사람한테는 거짓말도 못하고 돈을 빌리면 떼먹지 못하겠구나 하는 마음을 갖게 될 것이다.

다음 내용을 보고 그때 그때 상황에 따라 응용해보기 바란다. 상대를 보았을 때 첫 동작이 가장 중요하기는 하지만, 같은 부분을 계속 만진다면 그쪽에 해당하는 것으로 본다.

1) 첫 동작으로 아는 방법

- 귀를 만지면 애정 문제다.

- 눈을 만지면 자손이나 부부 문제다.
- 입을 만지면 실직이나 구직, 사업, 시비구설 문제다.
- 코를 만지면 부동산 매매나 돈 문제다.
- 눈썹을 만지면 형제나 집안 문제다.
- 볼을 만지면 이별이나 아주 복잡한 문제인데 해결하기 어렵다.
- 이마를 만지면 부모와의 재산 문제나 관청과의 문제, 남편이나 자식 문제다.
- 목을 만지면 부모와의 돈 문제나 계약 문제다.
- 손을 만지면 분실·도난·사기·손재 문제다.
- 발을 자꾸 움직이면 택일이나 사람을 만나는 일, 해외여행 문제다.
- 배를 만지면 부동산 매입이나 돈을 빌리는 문제다.
- 수염을 만지면 도난이나 사기 문제다.
- 등을 긁으면 굵직한 직책이나 중책 문제다.
- 다리를 만지면 도피·도주·은닉이나 은밀한 문제다.
- 생식기를 만지거나 긁적거리면 비밀스러운 애정 문제다.
- 여자가 앞치마나 치마끈을 만지작거리면 돈을 빌리는 문제다.
- 마주 앉아있으면서 힐끗힐끗 쳐다보면 도피나 아주 급한 일을 저지르고 온 사람이다.
- 머리를 긁적거리거나 자꾸 머리를 만지면 골치 아픈 애정 문제다.
- 말하면서 언뜻 눈썹이 움직이면 형제간의 싸움 문제다.
- 입맛을 쩝쩝 다시면 구설·시비나 먹고사는 문제로 힘들게 사는 사람이다.

2) 앉는 방향으로 아는 방법

- 봄 : 서쪽에 앉으면 돈이나 송사 문제다.
- 여름 : 동쪽에 앉으면 계약이나 부모 문제다.
- 가을 : 남쪽에 앉으면 부부싸움이나 질병 문제다.
- 겨울 : 북쪽에 앉으면 자녀나 아랫사람 문제다.

5. 일간(日干)으로 본 얼굴

⑴ 갑을일생(甲乙日生) : 木

- 갑을일생(甲乙日生)이 신왕(身旺)하면 체격이 우람하고, 얼굴은 청백색이고, 입은 약간 뾰족하고, 머리카락이 곱다.
- 갑을일생(甲乙日生)이 신약(身弱)하면 키가 후리후리하며 깡마르고, 머리카락은 흑갈색이다.
- 갑을일생(甲乙日生)이 토(土)가 많으면 얼굴이 황갈색이다.
- 갑을일생(甲乙日生)이 금(金)이 많으면 얼굴이 백색이다.
- 갑을일생(甲乙日生)이 화(火)가 많으면 얼굴이 붉다.
- 갑을일생(甲乙日生)이 수(水)가 많으면 얼굴이 검다.
- 갑을일생(甲乙日生)이 일지(日支)에 절(絶)이나 사(死)가 있으면 목이 쭉 빠져 길고, 목젖이 툭 튀어나왔고, 눈썹이 거칠다.
- 목일생(木日生)은 대개 키가 후리후리하게 크고 잘 생겼다. 그러나 신약(身弱)한데 격이 좋지 않으면 키가 작고 허약하며 못생긴

편이다.

(2) 병정일생(丙丁日生) : 火

– 병정일생(丙丁日生)은 미간이 좁고, 코가 넓고, 귀가 크고, 얼굴이
  붉은 편이다.
– 병정일생(丙丁日生)이 신왕(身旺)하면 상체는 좁고 하체는 넓다.
– 병정일생(丙丁日生)이 신약(身弱)하면 얼굴에 점이 많고 몸이 깡
  마른 편이다.

(3) 무기일생(戊己日生) : 土

– 무기일생(戊己日生)은 얼굴이 황갈색이고, 목소리가 탁하고, 눈이 예
  쁘고, 눈썹은 많지 않고, 코가 크고, 입은 약간 모가 난듯하고, 허리가
  둥글고 크다.
– 무기일생(戊己日生)이 신왕(身旺)하면 신체가 비대하다.
– 무기일생(戊己日生)이 신약(身弱)하면 얼굴이 검고, 체격은 작으
  며 깡마른 편이다.

(4) 경신일생(庚辛日生) : 金

– 경신일생(庚辛日生)은 얼굴이 약간 붉은 편이고, 목소리는 쩌렁
  쩌렁하며 발음이 정확하고, 눈은 약간 들어가 쏙 박혔고, 눈썹은
  짙고 거칠다.
– 경신일생(庚辛日生)이 신왕(身旺)하면 신체가 풍만하다.
– 경신일생(庚辛日生)이 신약(身弱)하면 신체가 작고 추하다.

5) 임계일생(壬癸日生) : 水

- 임계일생(壬癸日生)은 피부가 희고 곱다.
- 임계일생(壬癸日生)이 신왕(身旺)하면 머리숱이 많고 곱슬머리거나 대머리가 많다.
- 임계일생(壬癸日生)이 신약(身弱)하면 얼굴이 검다.

6. 육친(六親)으로 본 얼굴

① 비견(比肩) : 겉으로는 강해 보이나 속은 여리고, 키가 크며 눈빛이 강하다. 특히 여자는 남자처럼 행동한다.

② 겁재(劫財) : 비견(比肩)과 비슷하나, 못생긴 편으로 인상이 험악하며 우락부락하다.

③ 식신(食神) : 대개 키가 크고 뚱뚱하지만 작으면서 뚱뚱한 사람도 많다.

④ 상관(傷官) : 몸매가 날씬하며 잘생긴 사람이 많고, 음악을 좋아한다.

⑤ 편재(偏財) : 위압감을 주는 인상으로 잘생긴 편은 아니지만 사교적이며 활동적이다.

⑥ 정재(正財) : 체격이 야무지고 성격도 빈틈이 없다.

⑦ 편관(偏官) : 키가 작고 단단하며, 무관의 상이고, 독기와 살기가 등등하다.

⑧ 정관(正官) : 얼굴이 네모난 듯 둥글며 균형이 있다. 인상이 편안

하며 용모가 단정하다. 정직하며 성실하다.

⑨ 편인(偏印) : 키가 작고 깡마르고 허약하여 균형을 잃은 듯한 모습이다. 성격은 괴팍하며 까다롭다.

⑩ 인수(印綬) : 학자풍의 용모로 단정하며 점잖다.

7. 육친(六親)과 목소리 : 일지(日支)로 본다.

① 비견(比肩) : 탁한 듯 하면서 강하며 자신있는 목소리로 사람을 제압한다.

② 겁재(劫財) : 허풍을 떨며 거짓말과 욕설을 잘한다.

③ 식신(食神) : 목소리가 부드럽고 상냥하며 조심스럽게 말한다. 상대방의 기분에 맞춰 말하기도 한다.

④ 상관(傷官) : 목소리가 매끄럽고 유창하나 비꼬기를 잘하고 냉소적이다. 상대방의 말을 잘 꺾는다.

⑤ 편재(偏財) : 목소리가 명쾌하나 함부로 말하며 농담도 잘한다.

⑥ 정재(正財) : 목소리에 힘이 있고 필요한 말만 한다. 꾸밈이 없고 소박하다.

⑦ 편관(偏官) : 목소리가 터져 소리가 크고 높다.

⑧ 정관(正官) : 조심스럽고 정직하며 책임 있는 말을 한다. 격식을 갖춘 사람이다.

⑨ 편인(偏印) : 비현실적이며 공상적이고 고상한 말만 한다. 이지적이며 멋있는 말만 한다.

⑩ 인수(印綬) : 깊이 생각하며 신중하게 점잖은 말만 한다.

8. 오행(五行)으로 본 장부의 질병

오행	음양	간지	기관
木	陽	甲, 寅	담
	陰	乙, 卯	간
火	陽	丙, 午	소장, 삼초
	陰	丁, 巳	소장, 삼초
土	陽	戊, 辰戌	위장
	陰	己, 丑未	비장
金	陽	庚, 申	대장
	陰	辛, 酉	폐장
水	陽	壬, 子	방광
	陰	癸, 亥	신장

(1) 갑인(甲寅) : 담

- 사주에 갑목(甲木)이나 인목(寅木)이 많으면 담석·담낭염·좌골
  신경통·관절염·빈혈·후두통이 따르고 발목 같은 곳을 잘 삔다.
- 사주에 갑목(甲木)이나 인목(寅木)이 적으면 담석·담낭·신경통·
  관절염·편두통·황달·현기증 등이 따른다.

(2) 을묘(乙卯) : 간

- 사주에 을목(乙木)이나 묘목(卯木)이 많으면 전두통·간염·간경

화·근육통·신경과민·불면증·위산과다·동맥경화·기미·주근
깨·눈충혈 등이 따르고, 얼굴이 창백하며 입이 비뚤어지기도
한다.
– 사주에 을목(乙木)이나 묘목(卯木)이 적으면 정신질환·요통·생
리불순·백내장·색맹·야맹 등 각종 안과질환에 잘 걸린다.

(3) 병오(丙 午) : 소장, 삼초

– 사주에 병화(丙火)와 오화(午火)가 많으면 인후·편도선·류머티
즘·신경쇠약·생리불순·생리통·소장계 질환 등이 따르고, 몸이
퉁퉁 붓기도 한다.
– 사주에 병화(丙火)와 오화(午火)가 적으면 생리불순·생리통·인
후·편도선·어깨결림 등이 따르고 목덜미가 뻐근하다.

(4) 정사(丁巳) : 심장, 삼초

– 사주에 정화(丁火)와 사화(巳火)가 많으면 호흡기·동맥경화·협
심증·고혈압·저혈압·심장판막·변비·설사 등이 따르고, 열이 많
고 갈증을 잘 느낀다.
– 사주에 정화(丁火)와 사화(巳火)가 적으면 야뇨증·오줌소태·저혈
압·동상·난시·난청·귀울림·몽정·경기·요통·하지무력증이 따
르고, 가슴이 두근거리고 잡스러운 꿈이 많다.

(5) 무진술(戊 辰戌) : 위장

– 사주에 무토(戊土)나 진술토(辰戌土)가 많으면 위하수·위궤양·

위무력증·위암·급체·변비·치통·잇몸질환 등이 따른다.

- 사주에 무토(戊土)나 진술토(辰戌土)가 적으면 소화불량·위경련·복통·위염·변비 등이 따르고 피부가 거칠다.

(6) 기축미(己丑未) : 비장

- 사주에 기토(己土)나 축미토(丑未土)가 많으면 관절염·췌장염·피부병·위경련·맹장염·복냉증 등이 따르고 잠이 많다.

- 사주에 기토(己土)나 축미토(丑未土)가 적으면 위산과다·식욕부진·변비·설사·경기·신경질환·불면증 등이 따르고, 살이 잘 찌기도 하지만 잘 빠지기도 한다.

(7) 경신(庚申) : 내장

- 사주에 경금(庚金)이나 신금(申金)이 많으면 무릎 관절염·치통·불면증·전두통·신경과민·불면증·감기·코막힘 등이 있다.

- 사주에 경금(庚金)이나 신금(申金)이 적으면 혈변·하혈·이질·설사·치질 등이 따른다.

(8) 신유(辛 酉) : 폐장

- 사주에 신금(辛金)이나 유금(酉金)이 많으면 천식·인후·축농증·요통·비후염 등이 따른다.

- 사주에 신금(辛金)이나 유금(酉金)이 적으면 편두통·인후·신경과민·갑상선·폐결핵·피부병 등이 따르고, 얼굴이 창백하다.

(9) 임자(壬子) : 방광

- 사주에 임수(壬水)나 자수(子水)가 많으면 임질·매독·관절염·좌
  골신경통·요도염·방광염·안구충혈 등이 따른다.
- 사주에 임수(壬水)나 자수(子水)가 적으면 생식기 질환·냉대하·
  고환염·치질·야뇨증·자궁내막염·오줌소태 등이 따른다.

(10) 계해(癸亥) : 신장

- 사주에 계수(癸水)나 해수(亥水)가 많으면 냉대하·하혈·고환염·
  귀울림·딸꾹질·신장결석·신장염·결핵·오줌소태·불임증 등이
  따른다.
- 사주에 계수(癸水)나 해수(亥水)가 적으면 요통·신경통·두통·
  골수염·골막염·치통·반신불수·전신불수·정력감퇴·생리불순·
  생리통 등이 따른다.

9. 일간(日干)에 극(剋)이 많으면

(1) 갑을일생(甲乙日生)이 금(金)이 많으면

겁이 많고, 잘 놀라고, 머리가 어지럽고, 눈이 어둡고, 간과 담에 질
병이 있고, 피를 토하고, 천식이 있고, 입이 돌아가기도 한다. 모발이
빠지고, 눈에 질병이 있고, 피부가 거칠고, 손발에 상처도 많이 생긴
다. 특히 여자는 기혈이 고르지 못하고, 유산하기 쉽고, 어린아이는
급체를 잘하고, 밤에 경기를 잘하거나 잠을 자지 않고 심하게 우는

경우가 많다.

(2) 병정일생(丙丁日生)이 수(水)가 많으면

심장이 나빠 입을 벌리고 숨을 몰아쉬고, 가슴이 답답하여 가슴을 치며 소리를 지른다. 피부병에 잘 걸리고, 시력이 나쁘다. 어린아이는 손님마마나 홍역에 약하다. 여자는 생리불순이나 생리통이 심한데 색이 검붉거나 흐리다.

(3) 무기일생(戊己日生)이 목(木)이 많으면

헛배가 불러 음식을 먹기 싫어지고, 맛을 모르고, 조금만 과식해도 설사를 하거나 토한다. 피부가 거칠며 잘 트고, 어린아이는 설사가 그칠 날이 없고 깡마른다. 얼굴이나 입, 하복부 아래에 흉터가 생긴다.

(4) 경신일생(庚辛日生)이 화(火)가 많으면

폐와 대장에 질병이 있어 해소·가래·기침이 많다. 또한 위장에도 질병이 있고, 치질과 하혈이 있다. 헛소리도 잘하고, 손에 든 물건도 찾는 증세가 있다. 코끝은 주독에 걸린 것처럼 빨갛고, 피부가 거칠며 비듬이 생긴다. 특히 머리에는 비듬이 많고, 종기나 부스럼이 생기면 잘 낫지 않는다.

(5) 임계일생(壬癸日生)이 토(土)가 많으면

밤에 식은땀을 잘 흘리고, 이성과 관계하는 꿈을 잘 꾼다. 정기가 부족해지면서 귀울림이 심해지고, 아랫배가 아프며 요통도 일어난다. 또한 비뇨계 질환이 많다. 남자는 조루와 낭습이 있고, 여자는 불임과 습관성 유산을 한다. 만일 어린아이가 밤에 오줌을 잘 싸거나, 다 큰 아이가 오줌을 싸면 여기에 속하는 체질이다.

10. 일지(日支)로 본 질병

① 子 : 아랫배가 붓고 자주 아프며 요통이 있다.

② 丑 : 위 무력증이나 위에 통증이 있다.

③ 寅 : 어깨·허리·무릎·팔다리 등이 쑤신다.

④ 卯 : 손이 저리고 시리며 가려움증도 있다.

⑤ 辰 : 등과 가슴이 결리며 뻐근하다.

⑥ 巳 : 얼굴이 창백하며 동공의 초점이 맑지 않다.

⑦ 午 : 심장이 두근거리며 잘 놀라고 혈압이 있다.

⑧ 未 : 비장이 나쁘고, 가슴이 답답하고, 우울증이 있다.

⑨ 申 : 가래·기침·해소·천식·요통·관절염이 있다.

⑩ 酉 : 간과 폐가 나쁘고, 각혈이나 골절이 많다.

⑪ 戌 : 등과 어깨가 결리고, 장이 나쁘다.

⑫ 亥 : 신장·방광이 나쁘고, 생리불순·요도 등이 있다.

11. 방위(方位)로 본 길흉

① 동쪽 : 사주에 을목(乙木)이나 묘목(卯木)이 많은데 동쪽으로 대문을 내거나 머리를 두고 자면 간이 더욱더 나빠진다. 그러나 적은 사람은 무관하다.

② 동남쪽 : 사주에 갑목(甲木)이나 인목(寅木)이 많은데 동남쪽으로 대문을 내거나 머리를 두고 자면 담이 더욱더 나빠진다. 그러나 적은 사람은 무관하다.

③ 동북쪽 : 사주에 기토(己土)나 축미토(丑未土)가 많은데 동북쪽으로 대문을 내거나 머리를 두고 자면 비장이 더욱더 나빠진다. 그러나 적은 사람은 무관하다.

④ 서쪽 : 사주에 신금(辛金)이나 유금(酉金)이 많은데 서쪽으로 대문을 내거나 머리를 두고 자면 폐장이 더욱더 나빠진다. 그러나 적은 사람은 무관하다.

⑤ 서북쪽 : 사주에 경금(庚金)이나 신금(申金)이 많은데 서북쪽으로 대문을 내거나 머리를 두고 자면 대장이 더욱더 나빠진다. 그러나 적은 사람은 무관하다.

⑥ 서남쪽 : 사주에 기토(己土)나 축미토(丑未土)가 많은데 서남쪽으로 대문을 내거나 머리를 두고 자면 비장이 더욱더 나빠진다. 그러나 적은 사람은 무관하다.

⑦ 남쪽 : 사주에 정화(丁火)나 사화(巳火)가 많은데 남쪽으로 대문을 내거나 머리를 두고 자면 심장이 더욱더 나빠진다. 그러나 적은 사람은 무관하다.

⑧ 북쪽 : 사주에 임자수(壬子水)나 계해수(癸亥水)가 많은데 북쪽으로 대문을 내거나 머리를 두고 자면 신장이 더욱더 나빠진다. 그러나 적은 사람은 무관하다.

신비한 동양철학 시리즈

적천수 정설
유백온 선생의 적천수 원본을 정석으로 해설
원래 유백온 선생이 저술한 적천수의 원문은 그렇게 많지가 않으나 후학들이 각각 자신의 주장으로 해설하여 많아졌다. 이 책은 적천수 원문을 보고 30년 역학의 경험을 총동원하여 해설했다. 물론 백퍼센트 정확하다고 주장할 수는 없다. 다만 한국과 일본을 오가면서 실제의 경험담을 함께 실었다. 공부하는 사람들에게는 많은 도움이 될 것이라 믿는다.
신비한 동양철학 82 | 역산 김찬동 편역 | 692면 | 34,000원 | 신국판

궁통보감 정설
궁통보감 원문을 쉽고 자세하게 해설
『궁통보감(窮通寶鑑)』은 5대원서 중에서 가장 이론적이며 사리에 맞는 책이며, 조후(調候)를 중심으로 설명하며 간명한 것이 특징이다. 역학을 공부하는 학도들에게 도움을 주려고 먼저 원문에 음독을 단 다음 해설하였다. 그리고 예문은 서낙오(徐樂吾) 선생이 해설한 것을 그대로 번역하였고, 저자가 상담한 사람들의 사주와 점서에 있는 사주들을 실었다.
신비한 동양철학 83 | 역산 김찬동 편역 | 768면 | 39,000원 | 신국판

연해자평 정설(1·2권)
연해자평의 완결판
연해자평의 저자 서자평은 중국 송대의 대음양 학자로 명리학의 비조일 뿐만 아니라 천문점성에도 밝았다. 이전에는 년(年)을 기준으로 추명했는데 적중률이 낮아 서자평이 일간(日干)을 기준으로 하고, 일자(日支)를 배우자로 보는 이론을 발표하면서 명리학은 크게 발전해 오늘에 이르렀다. 때문에 연해자평은 5대 원서 중에서도 필독하지 않으면 안 되는 책이다.
신비한 동양철학 101 | 김찬동 편역 |1권 559면, 2권 309면 | 1권 33,000원, 2권 20,000원 | 신국판

명리입문
명리학의 정통교본
이 책은 옛부터 있었던 글들이나 너무 여기 저기 산만하게 흩어져 있어 공부하는 사람들에게는 많은 시간과 인내를 필요로 하였다. 그래서 한 군데 묶어 좀더 보기 쉽고 알기 쉽도록 엮은 것이다.
신비한 동양철학 41 | 동하 정지호 저 | 678면 | 29,000원 | 신국판 양장

조화원약 평주
명리학의 정통교본
자평진전, 난강망, 명리정종, 적천수 등과 함께 명리학의 교본에 해당하는 것으로 중국 청나라 때 나온 난강망이라는 책을 서낙오 선생께서 자세하게 설명을 붙인 것이다. 기존의 많은 책들이 오직 격국과 용신을 중심으로 감정하는 것과는 달리 십간십이지와 음양오행을 각각 자연의 이치와 춘하추동의 사계절의 흐름에 대입하여 인간의 길흉화복을 알 수 있게 했다.
신비한 동양철학 35 | 동하 정지호 편역 | 888면 | 46,000원 | 신국판

사주대성
초보에서 완성까지
이 책은 과거 현재 미래를 모두 알 수 있는 비결을 실었다. 그러나 모두 터득한다는 것은 어려울 것이다.역학은 수천 년간 동방의 석학들에 의해 갈고 닦은 철학이요 학문이며, 정신문화로서 영과학적인 상수문화로서 자랑할만한 위대한 학문이다.
신비한 동양철학 33 | 도관 박홍식 저 | 986면 | 49,000원 | 신국판 양장

쉽게 푼 역학(개정판)
쉽게 배워 적용할 수 있는 생활역학서 !

이 책에서는 좀더 많은 사람들이 역학의 근본인 우주의 오묘한 진리와 법칙을 깨달아 보다 나은 삶을 영위하는데 도움이 될 수 있도록 가장 쉬운 언어와 가장 쉬운 방법으로 풀이했다. 역학계의 대가 김봉준 선생의 역작이다.

신비한 동양철학 71 │ 백우 김봉준 저 │ 568면 │ 30,000원 │ 신국판

사주명리학 핵심
맥을 잡아야 모든 것이 보인다

이 책은 잡다한 설명을 배제하고 명리학자에게 도움이 될 비법들만을 모아 엮었기 때문에 초심자가 이해하기에는 다소 어려운 부분도 있겠지만 기초를 튼튼히 한 다음 정독한다면 충분히 이해할 것이다. 신살만 늘어놓으며 감정하는 사이비가 되지말기를 바란다.

신비한 동양철학 19 │ 도관 박흥식 저 │ 502면 │ 20,000원 │ 신국판

물상활용비법
물상을 활용하여 오행의 흐름을 파악한다

이 책은 물상을 통하여 오행의 흐름을 파악하고 운명을 감정하는 방법을 연구한 책이다. 추명학의 해법을 연구하고 운명을 추리하여 오행에서 분류되는 물질의 운명 줄거리를 물상의 기물로 나들이 하는 활용법을 주제로 했다. 팔자풀이 및 운명해설에 관한 명리감정법의 체계를 세우는데 목적을 두고 초점을 맞추었다.

신비한 동양철학 31 │ 해주 이학성 저 │ 446면 │ 34,000원 │ 신국판

신수대전
흉함을 피하고 길함을 부르는 방법

신수는 대부분 주역과 사주추명학에 근거한다. 수많은 학설 중 몇 가지를 보면 사주명리, 자미두수, 관상, 점성학, 구성학, 육효, 토정비결, 매화역수, 대정수, 초씨역림, 황극책수, 하락리수, 범위수, 월영도, 현무발서, 철판신수, 육임신과, 기문둔갑, 태을신수 등이다. 역학에 정통한 고사가 아니면 추단하기 어려우므로 누구나 신수를 볼 수 있도록 몇 가지를 정리했다.

신비한 동양철학 62 │ 도관 박흥식 편저 │ 528면 │ 36,000원 │ 신국판 양장

정법사주
운명판단의 첩경을 이루는 책

이 책은 사주추명학을 연구하고자 하는 분들에게 심오한 주역의 이해를 돕고자 하는 의도에서 시작되었다. 음양오행의 상생상극에서부터 육친법과 신살법을 기초로 하여 격국과 용신 그리고 유년판단법을 활용하여 운명판단에 첩경이 될 수 있도록 했고 추리응용과 운명감정의 실례를 하나하나 들어가면서 독학과 강의용 겸용으로 엮었다.

신비한 동양철학 49 │ 원각 김구현 저 │ 424면 │ 26,000원 │ 신국판 양장

내가 보고 내가 바꾸는 DIY사주
내가 보고 내가 바꾸는 사주비결

기존의 책들과는 달리 한 사람의 사주를 체계적으로 도표화시켜 한 눈에 파악할 수 있고, DIY라는 책 제목에서 말하듯이 개운하는 방법을 제시한다. 초심자는 물론 전문가도 자신의 이론을 새롭게 재조명해 볼 수 있는 케이스 스터디 북이다.

신비한 동양철학 39 │ 석오 전광 저 │ 338면 │ 16,000원 │ 신국판

인터뷰 사주학
쉽고 재미있는 인터뷰 사주학

얼마전만 해도 사주학을 취급하면 미신을 다루는 부류로 취급되었다. 그러나 지금은 하루가 다르게 이 학문을 공부하는 사람들이 폭증하고 있는 것으로 보인다. 젊은 층에서 사주카페니 사주방이니 사주동아리니 하는 것들이 만들어지고 그 모임이 활발하게 움직이고 있다는 점이 그것을 증명해준다. 그뿐 아니라 대학원에는 역학교수들이 점차로 증가하고 있다.

신비한 동양철학 70 │ 글갈 정대엽 편저 │ 426면 │ 16,000원 │ 신국판

사주특강
자평진전과 적천수의 재해석
이 책은 『자평진전』과 『적천수』를 근간으로 명리학의 폭넓은 가치를 인식하고, 실전에서 유용한 기반을 다지는데 중점을 두고 썼다. 일찍이 『자평진전』을 교과서로 삼고, 『적천수』로 보완하라는 서낙오의 말에 깊이 공감한다.
신비한 동양철학 68 | 청월 박상의 편저 | 440면 | 25,000원 | 신국판

참역학은 이렇게 쉬운 것이다
음양오행의 이론으로 이루어진 참역학서
수학공식이 아무리 어렵다고 해도 1, 2, 3, 4, 5, 6, 7, 8, 9, 0의 10개의 숫자로 이루어졌듯이 사주도 음양과 오행으로 이루어졌을 뿐이다. 그러니 용신과 격국이라는 무거운 짐을 벗어버리고 음양오행의 법칙과 진리만 정확하게 파악하면 된다. 사주는 음양오행의 변화일 뿐이고 용신과 격국은 사주를 감정하는 한 가지 방법에 지나지 않는다.
신비한 동양철학 24 | 청암 박재현 저 | 328면 | 16,000원 | 신국판

사주에 모든 길이 있다
사주를 알면 운명이 보인다!
사주를 간명하는데 조금이라도 도움이 됐으면 하는 바람에서 이 책을 썼다. 간명의 근간인 오행의 왕쇠강약을 세분하고, 대운과 세운, 세운과 월운의 연관성과, 십신과 여러 살이 미치는 암시와, 십이운성으로 세운을 판단하는 법을 설명했다.
신비한 동양철학 65 | 정담 선사 편저 | 294면 | 26,000원 | 신국판 양장

왕초보 내 사주
초보 입문용 역학서
이 책은 역학을 너무 어렵게 생각하는 초보자들에게 조금이나마 도움을 주고자 쉽게 엮으려고 노력했다. 이 책을 숙지한 후 역학(易學)의 5대 원서인 『적천수(滴天髓)』, 『궁통보감(窮通寶鑑)』, 『명리정종(命理正宗)』, 『연해자평(淵海子平)』, 『삼명통회(三命通會)』에 접근한다면 훨씬 쉽게 터득할 수 있을 것이다. 이 책들은 저자가 이미 편역하여 삼한출판사에서 출간한 것도 있고, 앞으로 모두 갖출 것이니 많이 활용하기 바란다.
신비한 동양철학 84 | 역산 김찬동 편저 | 278면 | 19,000원 | 신국판

명리학연구
체계적인 명확한 이론
이 책은 명리학 연구에 핵심적인 내용만을 모아 하나의 독립된 장을 만들었다. 명리학은 분야가 넓어 공부를 하다보면 주변에 머무르는 경우가 많아, 주요 내용을 잃고 헤매는 경우가 많다. 그러므로 뼈대를 잡는 것이 중요한데, 여기서는 「17장. 명리대요」에 핵심 내용만을 모아 학문의 체계를 잡는데 용이하게 하였다.
신비한 동양철학 59 | 권중주 저 | 562면 | 29,000원 | 신국판 양장

말하는 역학
신수를 묻는 사람 앞에서 술술 말문이 열린다
그토록 어렵다는 사주통변술을 쉽고 흥미롭게 고담과 덕담을 곁들여 사실적으로 생동감 있게 통변했다. 길흉을 어떻게 표현하느냐에 따라 상담자의 정곡을 찔러 핵심을 끌어내 정답을 내리는 것이 통변이다.역학계의 대가 김봉준 선생의 역작.
신비한 동양철학 11 | 백우 김봉준 저 | 576면 | 26,000원 | 신국판 양장

통변술해법
가닥가닥 풀어내는 역학의 비법
이 책은 역학과 상대에 대해 머리로는 다 알면서도 밖으로 표출되지 않아 어려움을 겪는 사람들을 위한 실습서다. 특히 실명감정과 이론강의로 나누어 역학의 진리를 설명하여 초보자도 쉽게 이해할 수 있다. 역학계의 대가 김봉준 선생의 역서인 「알기 쉬운 해설·말하는 역학」이 나온 후 후편을 써달라는 열화같은 요구에 못이겨 내놓은 바로 그 책이다.
신비한 동양철학 21 | 백우 김봉준 저 | 392면 | 36,000원 | 신국판

술술 읽다보면 통달하는 사주학
술술 읽다보면 나도 어느새 도사
당신은 당신 마음대로 모든 일이 이루어지던가. 지금까지 누구의 명령을 받지 않고 내 맘대로 살아왔다고, 운명 따위는 믿지 않는다고, 운명에 매달리지 않는다고 말하는 사람들이 많다. 그러나 우주법칙을 모르기 때문에 하는 소리다.
신비한 동양철학 28 | 조철현 저 | 368면 | 16,000원 | 신국판

사주학
5대 원서의 핵심과 실용
이 책은 사주학을 체계적으로 공부하려는 학도들을 위해서 꼭 알아두어야 할 내용들과 용어들을 수록하는데 중점을 두었다. 이 학문을 공부하려고 많은 사람들이 필자를 찾아왔을 깨 여러 가지 질문을 던져보면 거의 기초지식이 시원치 않음을 보았다. 따라서 용어를 포함한 제반지식을 골고루 습득해야 빠른 시일 내에 소기의 목적을 달성할 수 있을 것이다.
신비한 동양철학 66 | 글갈 정대엽 저 | 778면 | 46,000원 | 신국판 양장

명인재
신기한 사주판단 비법
이 책은 오행보다는 주로 살을 이용하는 비법을 담았다. 시중에 나온 책들을 보면 살에 대해 설명은 많이 하면서도 실제 응용에서는 무시하고 있다. 이것은 살을 알면서도 응용할 줄 모르기 때문이다. 그러나 이 책에서는 살의 활용방법을 완전히 터득해, 어떤 살과 어떤 살이 합하면 어떻게 작용하는지를 자세하게 설명하였다.
신비한 동양철학 43 | 원공선사 저 | 332면 | 19,000원 | 신국판 양장

명리학 | 재미있는 우리사주
사주 세우는 방법부터 용어해설 까지!!
몇 년 전 「사주에 모든 길이 있다」가 나온 후 선배 제현들께서 알찬 내용의 책다운 책을 접했다는 찬사를 받았다. 그러나 사주의 작성법을 설명하지 않아 독자들에게 많은 질타를 받고 뒤늦게 이 책을 출판하기로 결심했다. 이 책은 한글만 알면 누구나 역학과 가까워질 수 있도록 사주 세우는 방법부터 실제간명, 용어해설에 이르기까지 분야별로 엮었다.
신비한 동양철학 74 | 정담 선사 편저 | 368면 | 19,000원 | 신국판

사주비기
역학으로 보는 역대 대통령들이 나오는 이치!!
이 책에서는 고서의 이론을 근간으로 하여 근대의 사주들을 임상하여, 적중도에 의구심이 가는 이론들은 과감하게 탈피하고 통용될 수 있는 이론만을 수용했다. 따라서 기존 역학서의 아쉬운 부분들을 충족시키며 일반인도 열정만 있으면 누구나 자신의 운명을 감정하고 피흉취길할 수 있는 생활지침서로 활용할 수 있을 것이다.
신비한 동양철학 79 | 청월 박상의 편저 | 456면 | 19,000원 | 신국판

사주학의 활용법
가장 실질적인 역학서
우리가 생소한 지방을 여행할 때 제대로 된 지도가 있다면 편리하고 큰 도움이 되듯이 역학이란 이와같은 인생의 길잡이다. 예측불허의 인생을 살아가는데 올바른 안내자나 그 무엇이 있다면 그 이상 마음 든든하고 큰 재산은 없을 것이다.
신비한 동양철학 17 | 학선 류래웅 저 | 358면 | 15,000원 | 신국판

명리실무
명리학의 총 정리서
명리학(命理學)은 오랜 세월 많은 철인(哲人)들에 의하여 전승 발전되어 왔고, 지금도 수많은 사람이 임상과 연구에 임하고 있으며, 몇몇 대학에 학과도 개설되어 체계적인 교육을 하고 있다. 그러나 아직도 실무에서 활용할 수 있는 책이 부족한 상황이기 때문에 나름대로 현장에서 필요한 이론들을 정리해 보았다. 초학자는 물론 역학계에 종사하는 사람들에게 큰 도움이 될 것이라고 믿는다.
신비한 동양철학 94 | 박흥식 편저 | 920면 | 39,000원 | 신국판

사주 속으로
역학서의 고전들로 입증하며 쉽고 자세하게 푼 책

십 년 동안 역학계에 종사하면서 나름대로는 실전과 이론에서 최선을 다했다고 자부한다. 역학원의 비좁은 공간에서도 항상 후학을 생각하는 마음으로 역학에 대한 배움의 장을 마련하고자 노력한 것도 사실이다. 이 책을 역학으로 이름을 알리고 역학으로 생활하면서 조금이나마 역학계에 이바지할 것이 없을까라는 고민의 산물이라 생각해주기 바란다.

신비한 동양철학 95 │ 김상회 편저 │ 429면 │ 15,000원 │ 신국판

사주학의 방정식
알기 쉽게 풀어놓은 가장 실질적인 역서

이 책은 종전의 어려웠던 사주풀이의 응용과 한문을 쉬운 방법으로 터득하는데 목적을 두었고, 역학이 무엇인가를 알리고자 하는데 있다. 세인들은 역학자를 남의 운명이나 풀이하는 점쟁이로 알지만 잘못된 생각이다. 역학은 우주의 근본이며 기의 학문이기 때문에 역학을 이해하지 못하고서는 우리 인생살이 또한 정확하게 해석할 수 없는 고차원의 학문이다.

신비한 동양철학 18 │ 김용오 저 │ 192면 │ 16,000원 │ 신국판

오행상극설과 진화론
인간과 인생을 떠난 천리란 있을 수 없다

과학이 현대를 설정하여 설명하고 있으나 원리는 동양철학에도 있기에 그 양면을 밝히고자 노력했다. 우주에서 일어나는 모든 일을 과학으로 설명될 수는 없다. 비과학적이라고 하기보다는 과학이 따라오지 못한다고 설명하는 것이 더 솔직하고 옳은 표현일 것이다. 특히 과학분야에 종사하는 신의사가 저술했다는데 더 큰 화제가 되고 있다.

신비한 동양철학 5 │ 김태진 저 │ 222면 │ 15,000원 │ 신국판

스스로 공부하게 하는 방법과 천부적 적성
내 아이를 성공시키고 싶은 부모들에게

자녀를 성공시키고 싶은 마음은 누구나 같겠지만 가난한 집 아이가 좋은 성적을 내기는 매우 어렵고, 원하는 학교에 들어가기도 어렵다. 그러나 실망하기에는 아직 이르다. 내 아이가 훌륭하게 성장해 아름답고 멋진 삶을 살아가는 방법을 소개한다.

신비한 동양철학 85 │ 청암 박재현 지음 │ 176면 │ 14,000원 │ 신국판

진짜부적 가짜부적
부적의 실체와 정확한 제작방법

인쇄부적에서 가짜부적에 이르기까지 많게는 몇백만원에 팔리고 있다는 보도를 종종 듣는다. 그러나 부적은 정확한 제작방법에 따라 자신의 용도에 맞게 스스로 만들어 사용하면 훨씬 더 좋은 효과를 얻을 수 있다. 이 책은 중국에서 정통부적을 연구한 국내유일의 동양오술학자가 밝힌 부적의 실체와 정확한 제작방법을 소개하고 있다.

신비한 동양철학 7 │ 오상익 저 │ 322면 │ 20,000원 │ 신국판

수명비결
주민등록번호 13자로 숙명의 정체를 밝힌다

우리는 지금 무수히 많은 숫자의 거미줄에 매달려 허우적거리며 살아가고 있다. 1분 ·1초가 생사를 가름하고, 1등·2등이 인생을 좌우하며, 1급·2급이 신분을 구분하는 세상이다. 이 책은 수명리학으로 13자의 주민등록번호로 명예, 재산, 건강, 수명, 애정, 자녀운 등을 미리 읽어본다.

신비한 동양철학 14 │ 장충한 저 │ 308면 │ 15,000원 │ 신국판

진짜궁합 가짜궁합
남녀궁합의 새로운 충격

중국에서 연구한 국내유일의 동양오술학자가 우리나라 역술가들의 궁합법이 잘못되었다는 것을 학술적으로 분석·비평하고, 전적과 사례연구를 통하여 궁합의 실체와 타당성을 분석했다. 합리적인 「자미두수궁합법」과 「남녀궁합」 및 출생시간을 몰라 궁합을 못보는 사람들을 위하여 「지문으로 보는 궁합법」 등을 공개하고 있다.

신비한 동양철학 8 │ 오상익 저 │ 414면 │ 15,000원 │ 신국판

주역육효 해설방법(상·하)
한 번만 읽으면 주역을 활용할 수 있는 책
이 책은 주역을 해설한 것으로, 될 수 있는 한 여러 가지 사설을 덧붙이지 않고, 주역을 공부하고 활용하는데 필요한 요건만을 기록했다. 따라서 주역의 근원이나 하도낙서, 음양오행에 대해서도 많은 설명을 자제했다. 다만 누구나 이 책을 한 번 읽어서 주역을 이해하고 활용할 수 있도록 하는데 중점을 두었다.
신비한 동양철학 38 ┃ 원공선사 저 ┃ 상 810면·하 798면 ┃ 각 29,000원 ┃ 신국판

쉽게 푼 주역
귀신도 탄복한다는 주역을 쉽고 재미있게 풀어놓은 책
주역이라는 말 한마디면 귀신도 기겁을 하고 놀라 자빠진다는데, 운수와 일진이 문제가 될까. 8×8=64괘라는 주역을 한 괘에 23개씩의 회답으로 해설하여 1472괘의 신비한 해답을 수록했다. 당신이 당면한 문제라면 무엇이든 해결할 수 있는 열쇠가 이 한 권의 책 속에 있다.
신비한 동양철학 10 ┃ 정도명 저 ┃ 284면 ┃ 16,000원 ┃ 신국판

나침반 ┃ 어디로 갈까요
주역의 기본원리를 통달할 수 있는 책
이 책에서는 기본괘와 변화와 기본괘가 어떤 괘로 변했을 경우 일어날 수 있는 내용들을 설명하여 주역의 변화에 대한 이해를 돕는데 주력하였다. 그러나 그런 내용을 구분할 수 있는 방법을 전부 다 설명할 수는 없기에 뒷장에 간단하게설명하였고, 다른 책들과 설명의 차이점도 기록하였으니 참작하여 본다면 조금이나마 도움이 될 것이다.
신비한 동양철학 67 ┃ 원공선사 편저 ┃ 800면 ┃ 39,000원 ┃ 신국판

완성 주역비결 ┃ 주역 토정비결
반쪽으로 전해오는 토정비결을 완전하게 해설
지금 시중에 나와 있는 토정비결에 대한 책들은 옛날부터 내려오는 완전한 비결이 아니라 반쪽의 책이다. 그러나 반쪽이라고 말하는 사람은 없다. 그것은 주역의 원리를 모르기 때문이다. 그래서 늦은 감이 없지 않으나 앞으로 수많은 세월을 생각해서 완전한 해설판을 내놓기로 했다.
신비한 동양철학 92 ┃ 원공선사 편저 ┃ 396면 ┃ 16,000원 ┃ 신국판

육효대전
정확한 해설과 다양한 활용법
동양고전 중에서도 가장 대표적인 것이 주역이다. 주역은 옛사람들이 자연을 거울삼아 생활을 영위해 나가는 처세에 관한 지혜를 무한히 내포하고, 피흉추길하는 얼과 슬기가 함축된 점서인 동시에 수양·과학서요 철학·종교서라고 할 수 있다.
신비한 동양철학 37 ┃ 도관 박흥식 편저 ┃ 608면 ┃ 26,000원 ┃ 신국판

육효점 정론
육효학의 정수
이 책은 주역의 원전소개와 상수역법의 꽃으로 발전한 경방학을 같이 실어 독자들의 호기심을 충족시키는데 중점을 두었습니다. 주역의 원전으로 인화의 처세술을 터득하고, 어떤 사인의 답은 육효법을 탐독하여 찾으시기 바랍니다.
신비한 동양철학 80 ┃ 효명 최인영 편역 ┃ 396면 ┃ 29,000원 ┃ 신국판

육효학 총론
육효학의 핵심만을 정확하고 알기 쉽게 정리
육효는 갑자기 문제가 생겨 난감한 경우에 명쾌한 답을 찾을 수 있는 학문이다. 그러나 시중에 나와 있는 책들이 대부분 원서를 그대로 번역해 놓은 것이라 전문가인 필자가 보기에도 지루하며 어렵다는 느낌이 들었다. 그래서 보다 쉽게 공부할 수 있도록 이 책을 출간하게 되었다.
신비한 동양철학 89 ┃ 김도희 편저 ┃ 174쪽 ┃ 26,000원 ┃ 신국판

기문둔갑 비급대성
기문의 정수
기문둔갑은 천문지리·인사명리·법술병법 등에 영험한 술수로 예로부터 은밀하게 특권층에만 전승되었다. 그러나 아쉽게도 기문을 공부하려는 이들에게 도움이 될만한 책이 거의 없다. 필자는 이 점이 안타까워 천견박식함을 돌아보지 않고 감히 책을 내게 되었다. 한 권에 기문학을 다 표현할 수는 없지만 이 책을 사다리 삼아 저 높은 경지로 올라간다면 제갈공명과 같은 지혜를 발휘할 수 있을 것이다.
신비한 동양철학 86 │ 도관 박흥식 편저 │ 725면 │ 39,000원 │ 신국판

기문둔갑옥경
가장 권위있고 우수한 학문
우리나라의 기문역사는 장구하나 상세한 문헌은 전무한 상태라 이 책을 발간하였다. 기문둔갑은 천문지리는 물론 인사명리 등 제반사에 관한 길흉을 판단함에 있어서 가장 우수한 학문이며 병법과 법술방면으로도 특징과 장점이 있다. 초학자는 포국편을 열심히 익혀 설국을 자유자재로 할 수 있도록 하고, 개인의 이익보다는 보국안민에 일조하기 바란다.
신비한 동양철학 32 │ 도관 박흥식 저 │ 674면 │ 46,000원 │ 사륙배판

오늘의 토정비결
일년 신수와 죽느냐 사느냐를 알려주는 예언서
역산비결은 일년신수를 보는 역학서이다. 당년의 신수만 본다는 것은 토정비결과 비슷하나 토정비결은 토정 선생께서 사람들에게 용기와 희망을 주기 위함이 목적이어서 다소 허황되고 과장된 부분이 많다. 그러나 역산비결은 재미로 보는 신수가 아니라, 죽느냐 사느냐를 알려주는 예언서이이니 재미로 보는 토정비결과는 차원이 다르다.
신비한 동양철학 72 │ 역산 김찬동 편저 │ 304면 │ 16,000원 │ 신국판

國運 │ 나라의 운세
역으로 풀어본 우리나라의 운명과 방향
아무리 서구사상의 파고가 높다하기로 오천 년을 한결같이 가꾸며 살아온 백두의 혼이 와르르 무너지는 지경에 왔어도 누구하나 입을 열어 말하는 사람이 없으니 답답하다. 불확실한 내일에 대한 해답을 이 책은 명쾌하게 제시하고 있다.
신비한 동양철학 22 │ 백우 김봉준 저 │ 290면 │ 16,000원 │ 신국판

남사고의 마지막 예언
이 책으로 격암유록에 대한 논란이 끝나기 바란다
감히 이 책을 21세기의 성경이라고 말한다. 〈격암유록〉은 섭리가 우리민족에게 준 위대한 복음서이며, 선물이며, 꿈이며, 인류의 희망이다. 이 책에서는 〈격암유록〉이 전하고자 하는 바를 주제별로 정리하여 문답식으로 풀어갔다. 이 책으로 〈격암유록〉에 대한 논란은 끝나기 바란다.
신비한 동양철학 29 │ 석정 박순용 저 │ 276면 │ 19,000원 │ 신국판

원토정비결
반쪽으로만 전해오는 토정비결의 완전한 해설판
지금 시중에 나와 있는 토정비결에 대한 책들을 보면 옛날부터 내려오는 완전한 비결이 아니라 반면의 책이다. 그러나 반면이라고 말하는 사람이 없다. 그것은 주역의 원리를 모르기 때문이다. 따라서 늦은 감이 없지 않으나 앞으로의 수많은 세월을 생각하면서 완전한 해설본을 내놓았다.
신비한 동양철학 53 │ 원공선사 저 │ 396면 │ 24,000원 │ 신국판 양장

나의 천운 │ 운세찾기
몽골정통 토정비결
이 책은 역학계의 대가 김봉준 선생이 몽공토정비결을 우리의 인습과 체질에 맞게 엮은 것이다. 운의 흐름을 알리고자 호운과 쇠운을 강조하고, 현재의 나를 조명하고 판단할 수 있도록 했다. 모쪼록 생활서나 안내서로 활용하기 바란다.
신비한 동양철학 12 │ 백우 김봉준 저 │ 308면 │ 11,000원 │ 신국판

역점 | 우리나라 전통 행운찾기
쉽게 쓴 64괘 역점 보는 법
주역이 점치는 책에만 불과했다면 벌써 그 존재가 없어졌을 것이다. 그러나 오랫동안 많은 학자가 연구를 계속해왔고, 그 속에서 자연과학과 형이상학적인 우주론과 인생론을 밝혀, 정치·경제·사회 등 여러 방면에서 인간의 생활에 응용해왔고, 삶의 지침서로써 그 역할을 했다. 이 책은 한 번만 읽으면 누구나 역점가가 될 수 있으니 생활에 도움이 되길 바란다.
신비한 동양철학 57 | 문명상 편저 | 382면 | 26,000원 | 신국판 양장

이렇게 하면 좋은 운이 온다
한 가정에 한 권씩 놓아두고 볼만한 책
좋은 운을 부르는 방법은 방위·색상·수리·년운·월운·날짜·시간·궁합·이름·직업·물건·보석·맛·과일·기운·마을·가축·성격 등을 정확하게 파악하여 자신에게 길한 것은 취하고 흉한 것은 피하면 된다. 이 책의 저자는 신학대학을 졸업하고 역학계에 입문했다는 특별한 이력을 갖고 있기 때문에 더 많은 화제가 되고 있다.
신비한 동양철학 27 | 역산 김찬동 저 | 434면 | 16,000원 | 신국판

운을 잡으세요 | 改運秘法
염력강화로 삶의 문제를 해결한다!
행복과 불행은 누가 주는 것이 아니라 자기 자신이 만든다고 할 수 있다. 한 마디로 말해 의지의 힘, 즉 염력이 운명을 바꾸는 것이다. 이 책에서는 이러한 염력을 강화시켜 삶에서 일어나는 문제를 해결하는 방법을 알려준다. 누구나 가벼운 마음으로 읽고 실천한다면 반드시 목적을 이룰 수 있을 것이다.
신비한 동양철학 76 | 역산 김찬동 편저 | 272면 | 10,000원 | 신국판

복을 부르는방법
나쁜 운을 좋은 운으로 바꾸는 비결
개운하는 방법은 여러 가지가 있으나, 이 책의 비법은 축원문을 독송하는 것이다. 독송이란 소리내 읽는다는 뜻이다. 사람의 말에는 기운이 있는데, 이 기운은 자신에게 돌아온다. 좋은 말을 하면 좋은 기운이 돌아오고, 나쁜 말을 하면 나쁜 기운이 돌아온다. 이 책은 누구나 어디서나 쉽게 비용을 들이지 않고 좋은 운을 부를 수 있는 방법을 실었다.
신비한 동양철학 69 | 역산 김찬동 편저 | 194면 | 11,000원 | 신국판

천직 | 사주팔자로 찾은 나의 직업
천직을 찾으면 역경없이 탄탄하게 성공할 수 있다
잘 되겠지 하는 막연한 생각으로 의욕만 갖고 도전하는 것과 나에게 맞는 직종은 무엇이고 때는 언제인가를 알고 도전하는 것은 근본적으로 다르고, 결과도 다르다. 만일 의욕만으로 팔자에도 없는 사업을 시작했다고 하자, 결과는 불을 보듯 뻔하다. 그러므로 이런 때일수록 침착과 냉정을 찾아 내 그릇부터 알고, 생활에 대처하는 지혜로움을 발휘해야 한다.
신비한 동양철학 34 | 백우 김봉준 저 | 376면 | 19,000원 | 신국판

운세십진법 | 本大路
운명을 알고 대처하는 것은 현대인의 지혜다
타고난 운명은 분명히 있다. 그러니 자신의 운명을 알고 대처한다면 비록 운명을 바꿀 수는 없지만 향상시킬 수 있다. 이것이 사주학을 알아야 하는 이유다. 이 책에서는 자신이 타고난 숙명과 앞으로 펼쳐질 운명행로를 찾을 수 있도록 운명의 기초를 초연하게 설명하고 있다.
신비한 동양철학 1 | 백우 김봉준 저 | 364면 | 16,000원 | 신국판

성명학 | 바로 이 이름
사주의 운기와 조화를 고려한 이름짓기
사람은 누구나 타고난 운명이 있다. 숙명인 사주팔자는 선천운이고, 성명은 후천운이 되는 것으로 이름을 지을 때는 타고난 운기와의 조화를 고려해야 한다. 따라서 역학에 대한 깊은 이해가 선행함은 지극히 당연하다. 부연하면 작명의 근본은 타고난 사주에 운기를 종합적으로 분석하여 부족한 점을 보강하고 결점을 개선한다는 큰 뜻이 있다고 할 수 있다.
신비한 동양철학 75 | 정담 선사 편저 | 488면 | 24,000원 | 신국판

작명 백과사전
36가지 이름짓는 방법과 선후천 역상법 수록
이름은 나를 대표하는 생명체이므로 몸은 세상을 떠날지라도 영원히 남는다. 성명운의 유도력은 후천적으로 가공 인수되는 후존적 수기로써 조성 운화되는 작용력이 있다. 선천수기의 운기력이 50%이면 후천수기도의 운기력도50%이다. 이와 같이 성명운의 작용은 운로에 불가결한조건일 뿐 아니라, 선천명운의 범위에서 기능을 충분히 할 수 있다.
신비한 동양철학 81 │ 임삼업 편저 │ 송충석 감수 │ 730면 │ 36,000원 │ 사륙배판

작명해명
누구나 쉽게 활용할 수 있는 체계적인 작명법
일반적인 성명학으로는 알 수 없는 한자이름, 한글이름, 영문이름, 예명, 회사명, 상호, 상품명 등의 작명방법을 여러 사례를 들어 체계적으로 분석하여 누구나 쉽게 배워서 활용할 수 있도록 서술했다.
신비한 동양철학 26 │ 도관 박홍식 저 │ 518면 │ 19,000원 │ 신국판

역산성명학
이름은 제2의 자신이다
이름에는 각각 고유의 뜻과 기운이 있어 그 기운이 성격을 만들고 그 성격이 운명을 만든다. 나쁜 이름은 부르면 부를수록 불행을 부르고 좋은 이름은 부르면 부를수록 행복을 부른다. 만일 이름이 거지같다면 아무리 운세를 잘 만나도 밥을 좀더 많이 얻어 먹을 수 있을 뿐이다. 저자는 신학대학을 졸업하고 역학계에 입문한 특별한 이력으로 많은 화제가 된다.
신비한 동양철학 25 │ 역산 김찬동 저 │ 456면 │ 26,000원 │ 신국판

작명정론
이름으로 보는 역대 대통령이 나오는 이치
사주팔자가 네 기둥으로 세워진 집이라면 이름은 그 집을 대표하는 문패라고 할 수 있다. 따라서 이름을 지을 때는 사주의 격에 맞추어야 한다. 사주 그릇이 작은 사람이 원대한 뜻의 이름을 쓰면 감당하지 못할 시련을 자초하게 되고 오히려 이름값을 못할 수 있다. 즉 분수에 맞는 이름으로 작명해야 하기 때문에 사주의 올바른 분석이 필요하다.
신비한 동양철학 77 │ 청월 박상의 편저 │ 430면 │ 19,000원 │ 신국판

음파메세지 (氣)성명학
새로운 시대에 맞는 새로운 성명학
지금까지의 모든 성명학은 모순의 극치를 이룬다. 그러나 이제 새 시대에 맞는 음파메세지(氣) 성명학이 나왔으니 복을 계속 부르는 이름을 지어 사랑하는 자녀가 행복하고 아름다운 삶을 살아갈 수 있도록 하는데 도움이 되었으면 한다.
신비한 동양철학 51 │ 청암 박재현 저 │ 626면 │ 39,000원 │ 신국판 양장

아호연구
여러 가지 작호법과 실제 예 모음
필자는 오래 전부터 작명을 연구했다. 그러나 시중에 나와 있는 책에는 대부분 아호에 관해서는 전혀 언급하지 않았다. 그래서 아호에 관심이 있어도 자료를 구하지 못하는 분들을 위해 이 책을 내게 되었다. 아호를 짓는 것은 그리 대단하거나 복잡하지 않으니 이 책을 처음부터 끝까지 착실히 공부한다면 누구나 좋은 아호를 지어 쓸 수 있을 것이라고 생각한다.
신비한 동양철학 87 │ 임삼업 편저 │ 308면 │ 26,000원 │ 신국판

한글이미지 성명학
이름감정서
이 책은 본인의 이름은 물론 사랑하는 가족 그리고 가까운 친척이나 친구들의 이름까지도 좋은지 나쁜지 알아볼 수 있도록 지금까지 나와 있는 모든 성명학을 토대로 하여 썼다. 감언이설이나 협박성 감명에 흔들리지 않고 확실한 이름풀이를 볼 수 있을 것이다. 그리고 아름답고 멋진 삶을 살아갈 수 있는 이름을 짓는 방법도 상세하게 제시하였다.
신비한 동양철학 93 │ 청암 박재현 지음 │ 287면 │ 10,000원 │ 신국판

비법 작명기술
복과 성공을 함께 하려면
이 책은 성명의 발음오행이나 이름의 획수를 근간으로 하는 실제 이용이 가장 많은 기본 작명법을 서술하고, 주역의 괘상으로 풀어 길흉을 판단하는 역상법 5가지와 그외 중요한 작명법 5가지를 합하여 「보배로운 10가지 이름 짓는 방법」을 실었다. 특히 작명비법인 선후천역상법은 성명의 원획에 의존하는 작명법과 달리 정획과 곡획을 사용해 주역 상수학을 대표하는 하락이수를 쓰고, 육효가 들어가 응험률을 높였다.
신비한 동양철학 96 │ 임삼업 편저 │ 370면 │ 30,000원 │ 사륙배판

올바른 작명법
소중한 이름, 알고 짓자!
세상 부모들에게 가장 소중한 것이 뭐냐고 물으면 자녀라고 할 것이다. 그런데 왜 평생을 좌우할 이름을 함부로 짓는가. 이름이 얼마나 소중한지, 이름의 오행작용이 일생을 어떻게 좌우하는지 모르기 때문이다.
신비한 동양철학 61 │ 이정재 저 │ 352면 │ 19,000원 │ 신국판

호(雅號)책
아호 짓는 방법과 역대 유명인사의 아호, 인명용 한자 수록
필자는 오래 전부터 작명연구에 열중했으나 대부분의 작명책에는 아호에 관해서는 전혀 언급하지 않고, 간혹 거론했어도 몇줄 정도의 뜻풀이에 불과하거나 일반작명법에 준한다는 암시만 풍기며 끝을 맺었다. 따라서 필자가 참고한 문헌도 적었음을 인정한다. 아호에 관심이 있어도 자료를 구하지 못하는 현실에 착안하여 필자 나름대로 각고 끝에 본서를 펴냈다.
신비한 동양철학 97 │ 임삼업 편저 │ 390면 │ 20,000원 │ 신국판

관상오행
한국인의 특성에 맞는 관상법
좋은 관상인 것 같으나 실제로는 나쁘거나 좋은 관상이 아닌데도 잘 사는 사람이 왕왕있어 관상법 연구에 흥미를 잃는 경우가 있다. 이것은 중국의 관상법만을 익히고 우리의 독특한 환경적인 특징을 소홀히 다루었기 때문이다. 이에 우리 한국인에게 알맞는 관상법을 연구하여 누구나 관상을 쉽게 알아보고 해석할 수 있도록 자세하게 풀어놓았다.
신비한 동양철학 20 │ 송파 정상기 저 │ 284면 │ 12,000원 │ 신국판

정본 관상과 손금
바로 알고 사람을 사귑시다
이 책은 관상과 손금은 인생을 행복하게 만든다는 관점에서 다루었다. 그야말로 관상과 손금의 혁명이라고 할 수 있다. 여러분도 관상과 손금을 통한 예지력으로 인생의 참주인이 되기 바란다. 용기를 불어넣어 주고 행복을 찾게 하는 것이 참다운 관상과 손금술이다. 이 책이 일상사에 고민하는 분들에게 해결방법을 제시해 줄 것이다.
신비한 동양철학 42 │ 지창룡 감수 │ 332면 │ 16,000원 │ 신국판

이런 사원이 좋습니다
사원선발 면접지침
사회가 다양해지면서 인력관리의 전문화와 인력수급이 기업주의 애로사항이 되었다. 필자는 그동안 많은 기업의 사원선발 면접시험에 참여했는데 기업주들이 모두 면접지침에 관한 책이 있으면 좋겠다는 것이다. 그래서 경험한 사례를 참작해 이 책을 내니 좋은 사원을 선발하는데 많은 도움이 될 것이라고 믿는다.
신비한 동양철학 90 │ 정도명 지음 │ 274면 │ 19,000원 │ 신국판

핵심 관상과 손금
사람을 볼 줄 아는 안목과 지혜를 알려주는 책
오늘과 내일을 예측할 수 없을만큼 복잡하게 펼쳐지는 현실에서 살아남기 위해서는 사람을 볼줄 아는 안목과 지혜가 필요하다. 시중에 관상학에 대한 책들이 많이 나와있지만 너무 형이상학적이라 전문가도 이해하기 어렵다. 이 책에서는 누구라도 쉽게 보고 이해할 수 있도록 핵심만을 파악해서 설명했다.
신비한 동양철학 54 │ 백우 김봉준 저 │ 188면 │ 14,000원 │ 사륙판 양장

완벽 사주와 관상
우리의 삶과 관계 있는 사실적 관계로만 설명한 책

이 책은 우리의 삶과 관계 있는 사실적 관계로만 역을 설명하고, 역에 대한 관심과 흥미를 갖게 하고자 관상학을 추록했다. 여기에 추록된 관상학은 시중에서 흔하게 볼 수 있는 상법이 아니라 생활상법, 즉 삶의 지식과 상식을 드리고자 했다.

신비한 동양철학 55 | 김봉준·유오준 공저 | 530면 | 36,000원 | 신국판 양장

사람을 보는 지혜
관상학의 초보에서 실용까지

현자는 하늘이 준 명을 알고 있기에 부귀에 연연하지 않는다. 사람은 마음을 다스리는 심명이 있다. 마음의 명은 자신만이 소통하는 유일한 우주의 무형의 에너지이기 때문에 잠시도 잊으면 안된다. 관상학은 사람의 상으로 이런 마음을 살피는 학문이니 잘 이해하여 보다 나은 삶을 삶을 영위할 수 있도록 노력해야 한다.

신비한 동양철학 73 | 이부길 편저 | 510면 | 20,000원 | 신국판

한눈에 보는 손금
논리정연하며 바로미터적인 지침서

이 책은 수상학의 연원을 초월해서 동서합일의 이론으로 집필했다. 그야말로 논리정연한 수상학을 정리하였다. 그래서 운명적, 철학적, 동양적, 심리학적인 면을 예증과 방편에 이르기까지 상세하게 기술했다. 이 책은 수상학이라기 보다 바로미터적인 지침서 역할을 해줄 것이다. 독자 여러분의 꾸준한 연구와 더불어 인생성공의 지침서가 될 수 있을 것이다.

신비한 동양철학 52 | 정도명 저 | 432면 | 24,000원 | 신국판 양장

이런 집에 살아야 잘 풀린다
운이 트이는 좋은 집 알아보는 비결

한마디로 운이 트이는 집을 갖고 싶은 것은 모두의 꿈일 것이다. 50평이니 60평이니 하며 평수에 구애받지 않고 가족이 평온하게 생활할 수 있고 나날이 발전할 수 있는 그런 집이 있다면 얼마나 좋을까? 그런 소망에 한 걸음이라도 가까워지려면 막연하게 운만 기대하고 있어서는 안 된다. 좋은 집을 가지려면 그만한 노력이 있어야 한다.

신비한 동양철학 64 | 강현술·박흥식 감수 | 270면 | 16,000원 | 신국판

점포, 이렇게 하면 부자됩니다
부자되는 점포, 보는 방법과 만드는 방법

사업의 성공과 실패는 어떤 사업장에 어떤 품목으로 어떤 사람들과 거래하느냐에 따라 판가름난다. 그리고 사업을 성공시키려면 반드시 몇 가지 문제를 살펴야 하는데 무작정 사업을 시작하여 실패하는 사람들이 많다. 그래서 이 책에서는 이러한 문제와 방법들을 조목조목 기술하여 누구나 성공하도록 도움을 주는데 주력하였다.

신비한 동양철학 88 | 김도희 편저 | 177면 | 26,000원 | 신국판

쉽게 푼 풍수
현장에서 활용하는 풍수지리법

산도는 매우 광범위하고, 현장에서 알아보기 힘들다. 더구나 지금은 수목이 울창해 소조산 정상에 올라가도 나무에 가려 국세를 파악하는데 애를 먹는다. 따라서 사진을 첨부하니 많은 활용하기 바란다. 물론 결록에 있고 산도가 눈에 익은 것은 혈 사진과 함께 소개하였다. 이 책을 열심히 정독하면서 답산하면 혈을 알아보고 용산도 할 수 있을 것이다.

신비한 동양철학 60 | 전항수·주장관 편저 | 378면 | 26,000원 | 신국판

음택양택
현세의 운·내세의 운

이 책에서는 음양택명당의 조건이나 기타 여러 가지를 설명하여 산 자와 죽은 자의 행복한 집을 만들 수 있도록 했다. 특히 죽은 자의 집인 음택명당은 자리를 옳게 잡으면 꾸준히 생기를 발하여 흥하나, 그렇지 않으면 큰 피해를 당하니 돈보다도 행·불행의 근원인 음양택명당에 관심을 기울여야 한다.

신비한 동양철학 63 | 전항수·주장관 지음 | 392면 | 29,000원 | 신국판

용의 혈 │ 풍수지리 실기 100선
실전에서 실감나게 적용하는 풍수의 길잡이
이 책은 풍수지리 문헌인 만두산법서, 명산론, 금랑경 등을 이해하기 쉽도록 주제별로 간추려 설명했으며, 풍수지리학을 쉽게 접근하여 공부하고, 실전에 활용하여 실감나게 적용할 수 있도록 하는데 역점을 두었다.
신비한 동양철학 30 │ 호산 윤재우 저 │ 534면 │ 29,000원 │ 신국판

현장 지리풍수
현장감을 살린 지리풍수법
풍수를 업으로 삼는 사람들이 진가를 분별할 줄 모르면서 많은 법을 알았다고 자부하며 뽐낸다. 그리고는 재물에 눈이 어두워 불길한 산을 길하다 하고, 선하지 못한 물을 선하다 한다. 이는 분수 밖의 것을 바라기 때문이다. 마음가짐을 바로 하고 고대 원전에 공력을 바치면서 산간을 실사하며 적공을 쏟으면 정교롭고 세밀한 경지를 얻을 수 있을 것이다.
신비한 동양철학 48 │ 전항수·주관장 편저 │ 434면 │ 36,000원 │ 신국판 양장

찾기 쉬운 명당
실전에서 활용할 수 있는 책
가능하면 쉽게 풀어 실전에 도움이 되도록 했다. 특히 풍수지리에서 방향측정에 필수인 패철 사용과 나경 9층을 각 층별로 설명했다. 그리고 이 책에 수록된 도설, 즉 오성도, 명산도, 명당 형세도 내거수 명당도, 지각형세도, 용의 과협출맥도, 사대혈형 와겸유돌 형세도 등은 국립중앙도서관에 소장된 문헌자료인 만산도단, 만산영도, 이석당 은민산도의 원본을 참조했다.
신비한 동양철학 44 │ 호산 윤재우 저 │ 386면 │ 19,000원 │ 신국판 양장

해몽정본
꿈의 모든 것
시중에 꿈해몽에 관한 책은 많지만 막상 내가 꾼 꿈을 해몽을 하려고 하면 어디다 대입시켜야 할지 모르는 경우가 많았을 것이다. 그러나 최대한으로 많은 예를 들었고, 찾기 쉽고 명료하게 만들었기 때문에 해몽을 하는데 어려움이 없을 것이다. 한집에 한권씩 두고 보면서 나쁜 꿈은 예방하고 좋은 꿈을 좋은 일로 연결시킨다면 생활에 많은 도움이 될 것이다.
신비한 동양철학 36 │ 청암 박재현 저 │ 766면 │ 19,000원 │ 신국판

해몽 │ 해몽법
해몽법을 알기 쉽게 설명한 책
인생은 꿈이 예지한 시간적 한계에서 점점 소멸되어 가는 현존물이기 때문에 반드시 꿈의 뜻을 따라야 한다. 이것은 꿈을 먹고 살아가는 인간 즉 태몽의 끝장면인 죽음을 향해 달려가고 있는 인간이기 때문이다. 꿈은 우리의 삶을 이끌어가는 이정표와도 같기에 똑바로 가도록 노력해야 한다.
신비한 동양철학 50 │ 김종일 저 │ 552면 │ 26,000원 │ 신국판 양장

명리용어와 시결음미
명리학의 어려운 용어와 숙어를 쉽게 풀이한 책
명리학을 연구하는 이들은 기초공부가 끝나면 자연스럽게 훌륭하다고 평가하는 고전의 이론을 접하게 된다. 그러나 시결과 용어와 숙어는 어려운 한자로만 되어 있어 대다수가 선뜻 탐독과 음미에 취미를 잃는다. 그래서 누구나 어려움 없이 쉽게 읽고 깊이 있게 음미할 수 있도록 원문에 한글로 발음을 달고 어려운 용어와 숙어에 해석을 달아 이 책을 내게 되었다.
신비한 동양철학 103 │ 원각 김구현 편저 │300면 │ 25,000원 │ 신국판

완벽 만세력
착각하기 쉬운 서머타임 2도 인쇄
시중에 많은 종류의 만세력이 나와있지만 이 책은 단순한 만세력이 아니라 완벽한 만세경전으로 만세력 보는 법 등을 실었기 때문에 처음 대하는 사람이라도 쉽게 볼 수 있도록 편집되었다. 또한 부록편에는 사주명리학, 신살종합해설, 결혼과 이사택일 및 이사방향, 길흉보는 법, 우주천기와 한국의 역사 등을 수록했다.
신비한 동양철학 99 │ 백우 김봉준 저 │ 316면 │ 24,000원 │ 사륙배판

정본만세력

이 책은 완벽한 만세력으로 만세력 보는 방법을 자세하게 설명했다. 그리고 역학에 대한 기본적인 내용과 결혼하기 좋은 나이·좋은 날·좋은 시간, 아들·딸 태아감별법, 이사하기 좋은 날·좋은 방향 등을 부록으로 실었다.

신비한 동양철학 45 │ 백우 김봉준 저 │ 304면 │ 사륙배판 26,000원, 신국판 19,000원, 사륙판 10,000원, 포켓판 9,000원

정본 │ 완벽 만세력
착각하기 쉬운 서머타임 2도인쇄

시중에 많은 종류의 만세력이 있지만 이 책은 단순한 만세력이 아니라 완벽한 만세경전이다. 그리고 만세력 보는 법 등을 실었기 때문에 처음 대하는 사람이라도 쉽게 볼 수 있다. 또 부록편에는 사주명리학, 신살 종합해설, 결혼과 이사 택일, 이사 방향, 길흉보는 법, 우주의 천기와 우리나라 역사 등을 수록하였다.

신비한 동양철학 99 │ 김봉준 편저 │ 316면 │ 20,000원 │ 사륙배판

원심수기 통증예방 관리비법
쉽게 배워 적용할 수 있는 통증관리법

『원심수기 통증예방 관리비법』은 4차원의 건강관리법으로 질병이 악화되는 것을 예방하여 건강한 몸을 유지하는데 그 목적이 있다. 시중의 수기요법과 비슷하나 특장점은 힘이 들지 않아 어린아이부터 노인까지 누구나 시술할 수 있고, 배우고 적용하는 과정이 쉽고 간단하며, 시술 장소나 도구가 필요 없으니 언제 어디서나 시술할 수 있다.

신비한 동양철학 78 │ 원공 선사 저 │ 288면 │ 16,000원 │ 신국판

운명으로 본 나의 질병과 건강
타고난 건강상태와 질병에 대한 대비책

이 책은 국내 유일의 동양오술학자가 사주학과 정통명리학의 양대산맥을 이루는 자미두수 이론으로 임상실험을 거쳐 작성한 자료다. 따라서 명리학을 응용한 최초의 완벽한 의학서로 질병을 예방하고 치료하는데 활용하면 최고의 의사가 될 것이다. 또한 예방의학적인 차원에서 건강을 유지하는데 훌륭한 지침서로 현대의학의 새로운 장을 여는 계기가 될 것이다.

신비한 동양철학 9 │ 오상익 저 │ 474면 │ 26,000원 │ 신국판

서체자전
해서를 기본으로 전서, 예서, 행서, 초서를 연습할 수 있는 책

한자는 오랜 옛날부터 우리 생활과 뗄 수 없음에도 잘 몰라 불편을 겪는 사람들이 많아 이 책을 내게 되었다. 이 책에서는 해서를 기본으로 각 글자마다 전서, 예서, 행서, 초서 순으로 배열하여 독자가 필요한 것을 찾아 연습하기 쉽도록 하였다.

신비한 동양철학 98 │ 편집부 편 │ 273면 │ 16,000원 │ 사륙배판

택일민력(擇日民曆)
택일에 관한 모든 것

이 책은 택일에 대한 모든 것을 넣으려고 최선을 다하였다. 동양철학을 공부하여 상담하거나 종교인·무속인·일반인들이 원하는 부분을 쉽게 찾아 활용할 수 있도록 칠십이후, 절기에 따른 벼농사의 순서와 중요한 과정, 납음오행, 신살의 의미, 구성조견표, 결혼·이사·제사·장례·이장에 관한 사항 등을 폭넓게 수록하였다.

신비한 동양철학 100 │ 최인영 편저 │80면 │ 5,000원 │ 사륙배판

모든 질병에서 해방을 1·2
건강실용서

우리나라는 아주 오랜 옛날부터 건강과 관련한 약재들이 산천에 널려 있었고, 우리 민족은 그 약재들을 슬기롭게 이용하며 나름대로 건강하게 살아왔다. 그러나 오늘날 현대의학에 밀려 외면당하며 사라지게 되었다. 이에 옛날부터 내려오는 의학서적인 『기사회생』과 『단방심편』을 바탕으로 민가에서 활용했던 민간요법들을 정리하고, 현대에 개발된 약재들이나 시술방법들을 정리했다.

신비한 동양철학 102 │ 원공 선사 편저 │1권 448면·2권 416면 │ 각 29,000원 │ 신국판

참역학은 이렇게 쉬운 것이다② — 완결편
역학을 활용하는 방법을 정리한 책

『참역학은 이렇게 쉬운 것이다』에서 미처 쓰지 못한 사주를 활용하는 방법을 정리한다는 의미에서 다시 이 책을 내게 되었다. 전문가든 비전문가든 이 책이 사주라는 학문을 이해하는 데 도움이 되고, 사주에 있는 가장 좋은 길을 찾아 행복하게 살았으면 합니다. 특히 사주상담을 업으로 하는 분들도 참고해서 상담자들이 행복하게 살도록 도와주었으면 한다.

신비한 동양철학 104 | 청암 박재현 편저 | 330면 | 23,000원 | 신국판

인명용 한자사전
한권으로 작명까지 OK

이 책은 인명용 한자의 사전적 쓰임이 본분이지만 그것에 국한하지 않고 작명법들을 그것도 일반적으로 통용되는 기본적인 것 외에 주역을 통한 것 등 7가지를 간추려 놓아 여러 권의 작명책을 군살없이 대신했기에 이 한권의 사용만으로 작명에 관한 모든 것을 충족하고도 남을 것이다. 5,000자가 넘는 인명용 한자를 실었지만 음(音)으로 한 줄에 수십 자, 획수로도 여러 자를 넣어 가능한 부피를 줄이려고 노력하였다. 그리고 작명하는데 한자에 관해서는 다양하게 활용할 수 있도록 하였고, 일반적인 한자자전의 용도까지 충분히 겸비하도록 하였다.

신비한 동양철학 105 | 임삼업 편저 | 336면 | 24,000원 | 신국판

바로 내 사주
행복한 인생을 만들어 갈 수 있는 방법을 소개하는 책

역학이란 본래 어려운 학문이다. 수십 년을 공부해도 터득하기 어려운 학문이라 많은 사람이 중간에 포기하는 일이 많다. 기존의 당사주 책도 수백 년 동안 그 명맥을 유지해왔으나 적중률이 매우 낮아 일반인들에게 신뢰를 많이 받지 못했다. 그래서 지금까지 30여 년 동안 공부하며 터득한 비법을 토대로 이 책을 내게 되었다. 물론 어느 역학책도 백 퍼센트 정확하다고 장담할 수는 없다. 이 책도 백 퍼센트 적중률을 목표로 했으나 적어도 80% 이상은 적중할 것이라고 자부한다.

신비한 동양철학 106 | 김찬동 편저 | 242면 | 20,000원 | 신국판

주역타로64
인간사 주역괘 풀이

타로카드는 서양 상류사회의 생활상을 담은 그림으로 되어 있다. 그 속에는 자연과 인간이 겪을 수 있는 경험과 역사가 압축되어 있다. 이러한 타로카드를 점(占) 목적으로 사용하는 것인데, 주역타로64점은 주역의 64괘를 64매의 타로카드에 담아 점 도구로 사용한다. 64괘는 우주의 모든 형상과 형태의 끊임없는 변화의 원리로 나타난 것이다. 그리고 주역타로는 일반 타로의 공통적인 스토리와는 다른 점이 많으나 그 기본 이론은 같다. 주역타로의 추상적이며 미진한 정보에 더해 인간사에 대한 주역 괘풀이를 보탰으니 주역타로64를 점 도구로 활용하는 데 도움이 되었으면 한다.

신비한 동양철학 107 | 임삼업 편저 | 387면 | 39,000원 | 사륙배판

주역 평생운 비록
상수역의 하락이수를 활용한 비결

하락이수의 평생운, 대상운, 유년운, 월운은 주역의 표상인 괘효의 숫자로 기록했고, 그 해석 설명은 원문에 50,000여 한자 사언시구로 구성되어 간혹 어려운 글자, 흔히 쓰지 않는 낯선 글자, 주역의 괘효사를 인용한 것도 있어 한문 문장의 해석은 녹녹치 않은 것이어서 원문 한자 부분은 제외시키고 한글 해석만을 수록했다.

신비한 동양철학 109 | 경의제 임삼업 편저 | 872면 | 49,000원 | 사륙배판

사주 감정요결
세운을 판단하는 방법

사주를 간명하는 데 조금이라도 도움이 되었으면 하는 마음에서 『정법사주』에 이어 이 책을 내게 되었다. 여기서는 사주를 간명하는 데 근간이 되는 오행의 왕쇠강약을 세분해서 설명하고, 대운과 세운, 세운과 월운의 연관성과 십신과 여러 살이 운명에 미치는 암시와 십이운성으로 세운을 판단하는 방법을 설명했다.

신비한 동양철학 110 | 원각 김구현 편저 | 338면 | 36,000원 | 신국판

명리정종 정설(1·2)
명리정종의 완결판

이 책의 원서인 명리정종(命理正宗)은 중국 명대의 신봉(神峰) 장남(張楠) 선생이 저술한 명리서(命理書)다. 명리학(命理學)의 5대 원서는 어느 것 하나 귀하지 않은 것이 없지만 명리정종(命理正宗)은 연해자평(淵海子平)을 깊이 분석하며 비판한 것이 특징이다. 따라서 초학자는 연해자평(淵海子平)을 공부한 후 이 책을 공부하는 것이 좋다.

신비한 동양철학 108 │ 역산 김찬동 편역 │ 648/400면 │ 49,000/39,000원 │ 신국판

팔자소관
역학의 대조인 하락(河洛)에서 우주와 사람의 운명이 변하는 원리를 정리한 책

이 책은 역학의 대조인 하락(河洛)에서 우주가 변화는 원리를 정리한 것으로, 이는 만물의 근본과 인간의 운명은 한 치의 오차도 없이 맞물려 돌아간다는 내용을 담았다. 이는 즉 우리가 생활 속에서 흔하게 쓰는 "팔자 못 고친다", "팔자소관이다", "팔자 탓이다" 등등 많은 말로 팔자를 뛰어넘을 수 없다고 하는데, 이는 마지막 체념의 말인가 하여 이 책의 제목도 『팔자소관』으로 했으며, 이를 증명하는 데 주력했다. 운(運)은 시간이요 명(命)은 공간이다. 이를 주제로 누구나 알기 쉽고 이해하기 쉽도록 쓴 글이니 필독을 권하는 바다.

신비한 동양철학 111 │ 김봉준·안남걸 공저 │ 292면 │ 30,000원 │ 신국판